ANTHOLOGIE
de
LA POÉSIE
SYMBOLISTE
et
DÉCADENTE

PATRICK MCGUINNESS

ANTHOLOGIE
de
LA POÉSIE
SYMBOLISTE
et
DÉCADENTE

LES BELLES LETTRES

2001

ISBN : 2-251-44197-2

DES DÉCADENTS PLEINS D'ÉNERGIE

Nier l'imminence d'une Réforme et d'une Renaissance, c'est-à-dire d'une novation de systèmes et de formes, serait nier l'étoile polaire. Toutes proportions gardées, la contemporaine avant-garde de l'Art Prochain rappelle, par son bariolage, les précurseurs scientifico-philosophiques du seizième siècle. La Renaissance d'autrefois comme la Renaissance de demain, offrent à leur début une confuse mais fertile variété de credos et de formules. [...] Le collectif volcan où fermentent ces esprits divers érupte chaque jour davantage.

Ainsi Saint-Pol-Roux, poète, dramaturge et théoricien de l'idéoréalisme, répondait-il en 1891 à l'*Enquête sur l'évolution littéraire* de Jules Huret. La même enquête suscita de son contemporain Joséphin Péladan (le « Sâr ») une réponse assez différente : « Je crois à la fatale et imminente putréfaction d'une latinité sans Dieu et sans symbole. » Le contraste entre un poète qui se croit le témoin du début d'une glorieuse aventure artistique et un dramaturge-romancier-polémiste qui pense assister à la fin de la civilisation latine ouvre sur un des grands paradoxes de cette fascinante période.

C'est sous le signe du théâtral que Jules Huret, journaliste au *Figaro* (le même journal qui avait publié, cinq ans plus tôt, le « manifeste du symbolisme » de Jean Moréas et qui allait, en 1909, publier le « manifeste du futurisme » de

7

Marinetti) y publie ses entretiens avec les principaux écrivains de l'époque. Il entreprend son enquête pour satisfaire « un public, friand de toutes les cuisines, qui s'est immiscé de lui-même dans les querelles intestines de l'art[1] ». Se donnant le rôle de « reporter-impresario », Huret excite l'intérêt de ses lecteurs en avouant sa surprise face aux « mœurs combatives » des écrivains qu'il avait rencontrés :

> *Quel, mon étonnement, quand j'ai vu, au lieu de la lutte courtoise où je conviais les écoles, ces pugilats et ces estafilades d'assommeurs et de spassadins[2] !*

L'enquête eut un très grand succès, et parut quelques mois plus tard en volume. Huret avait raison d'estimer que les débats littéraires étaient capables de susciter l'intérêt public, et que, savamment mise en scène, la vie artistique pouvait être théâtrale, sinon feuilletonesque. Pour leur part, les écrivains de l'époque – naturalistes, décadents, symbolistes (sans parler des hydropathes, des zutistes et des rose-croix) – se connaissaient plutôt bien en campagnes publicitaires. Depuis presque dix ans, on lançait manifestes et contre-manifestes, revues et suppléments littéraires. Les chefs d'écoles l'étaient sans le savoir, tandis que d'autres qui se prenaient pour des chefs d'écoles ne l'étaient pas.

Huret réussit parfaitement à évoquer l'atmosphère de l'époque. Il interviewe Maeterlinck dans les brumes gantoises, Verlaine lui déclare « avec un accent de douceur à peine absinthée : « Je n'ai plus qu'une mère, c'est l'Assistance publique », tandis que René Ghil lui dit que « c'est affirmer son impuissance qu'être symboliste », lui assurant que l'avenir appartient à Marcel Batilliat, Henri Corbel et Léon Dequillebecq. Huret n'avait pas eu tort de présenter son enquête comme une espèce de mélodrame artistique. Il avait affaire à une société littéraire qui (à quelques exceptions près)

---

1. Jules Huret, *Enquête sur l'évolution littéraire* (1891), préface et notes de Daniel Grojnowski, Paris, José Corti, 1999, p. 41.
2. *Ibid.*, p.43.

se voyait volontiers comme essentiellement théâtrale, et, si la poésie de l'époque fournissait des pitres, des clowns et des pierrots (l'anthologie que nous présentons en est d'ailleurs bien peuplée), les écrivains eux-mêmes agissaient souvent en guignols ou en gladiateurs. Pendant ce temps, dans le véritable théâtre, il se produisait aussi une révolution : au théâtre d'Art de Paul Fort et au théâtre de l'Œuvre de Lugné-Poë (où le jeune Artaud fit ses premier pas d'acteur), on représentait les pieces de Maeterlinck, les poèmes de Poe, de Laforgue, de Verlaine.

Les lecteurs qui rencontreront les poètes décadents et symbolistes pour la première fois remarqueront qu'ils ont affaire à une époque d'étiquettes, d'« ences », d'« ismes » et de « logies ». L'enquête de Huret montre à quel point les écrivains eux-mêmes (sans parler des lecteurs) avaient du mal à s'y retrouver. Au milieu de ce tourbillon terminologique (Laurent Tailhade parlait de « symbolo-décadents-instrumento-gagaïstes »), il serait peut-être rassurant de rappeler que les deux poètes que les jeunes symbolistes et décadents revendiquaient pour pères, Paul Verlaine et Stéphane Mallarmé, demeuraient sceptiques envers ces étiquettes. Mallarmé, qui pour sa part disait avoir « Mal à la dent/ D'être décadent », déclara à Huret qu'il « abominait » les écoles. Dans « Crise de vers », il écrit :

> Décadente, Mystique, les Écoles se déclarant ou étiquetées en hâte par notre presse d'information, adoptent, comme rencontre, le point d'un Idéalisme qui (pareillement aux fugues, aux sonates) refuse les matériaux naturels et, comme brutale, une pensée exacte les ordonnant ; pour ne garder de rien que la suggestion.

Verlaine aborda la question de la doctrine à son inimitable façon, disant à Jules Huret : « Le symbolisme ?... comprends pas... Ça doit être un mot allemand... hein ? »

*

Depuis la fin des années 1870, les avant-gardes artistiques se multipliaient à Paris. Les théories, les idées, les débats fleurissaient, mais on notera surtout la contribution des artistes liés aux hydropathes et aux revues *Le Chat Noir*, *Le Scapin* et *Le Lutèce* (où parurent en série *Les Poètes maudits* de Verlaine), à la préhistoire des décadents. Chez eux, ainsi que chez les zutistes et les « artistes incohérents », on remarque l'exagéré qui fut la norme de l'époque, l'extraordinaire qui lui servit de quotidien. À l'autre bout de la gamme se trouvent les parnassiens, auprès de qui des écrivains comme Mallarmé, Villiers de l'Isle-Adam et Verlaine avaient débuté. Il est intéressant de noter, dans une histoire littéraire trop souvent construite autour d'oppositions binaires, que ces mêmes écrivains se trouvent également dans le journal du *Chat Noir*, côte à côte avec les premiers *performance poets*, Rollinat, Krysinska, Alphonse Allais, et même Erik Satie (qui y donna ses *Mémoires d'un amnésique*). Paul Valéry nous met en garde contre une lecture des œuvres qui oublierait le bruit des disputes et des conversations qui accompagne toute manifestation écrite, ou qui ignorerait les lieux de rencontre :

> *Une histoire de la Littérature qui ne mentionne pas l'existence et la fonction de ces établissements à l'époque est une histoire morte et sans valeur. Comme les salons, les cafés ont été des véritables laboratoires d'idées, des lieux d'échanges et de chocs...*

Rappelons d'abord que, en général, les manifestes littéraires arrivent *après* les œuvres qu'ils sont supposés lancer, et qu'ils sont, le plus souvent, la ratification de tendances et de pratiques déjà existantes. L'année 1886 devient l'année des manifestes et des petites revues : Anatole Baju publie le « manifeste décadent » en avril 1886, puis fonde la revue *Le Décadent* ; en septembre paraissent le « manifeste symboliste » de Jean Moréas, puis suivent les revues *La Vogue* et *Le Symboliste*. Quelques mois plus tard, René Ghil fonde *La Décadence artistique et littéraire*, qualifiant Baju de « sotte nullité », et promettant une revue plus sérieuse et théoriquement plus évoluée. La même année, Ghil publie son *Traité du Verbe,* avec un avant-propos de Mallarmé, bref texte qui vaut n'importe quel manifeste littéraire. En fait, la poésie nouvelle est déjà riche de plusieurs œuvres importantes :1886 est l'année des *Illuminations* de Rimbaud, de *L'Imitation de Notre-Dame la Lune* de Laforgue et des *Cantilènes* de Moréas. C'est aussi l'année de *L'Ève future* de Villiers et des *Moines* de Verhaeren, l'année où Maeterlinck arrive à Paris et fonde, avec Pierre Quillard et Saint-Pol-Roux, la revue *La Pléiade,* tandis qu'en Belgique Albert Mockel crée *La Wallonie.* Si l'on rappelle que Huysmans avait publié *À Rebours* en 1884, la même année que *Les Poètes maudits* et *Jadis et Naguère* de Verlaine, on ne peut que conclure que les manifestes sont des prises de conscience plutôt que de véritables lancements de mouvements.

Anatole Baju et ses collaborateurs[3] partaient mal : le mot « décadent » avait un sens littéraire et artistique qui ne correspondait pas du tout à son acception historique et sociologique. C'était le sens baudelairien qui les attirait, le sens entendu par Gautier quand il parlait de la décadence comme du « couronnement des choses » et demandait : « Le soleil couchant, pour être moins simple de ton que celui du matin, est-il un soleil de décadence digne de mépris et d'anathème ? » Baudelaire avait défini la décadence :

> — *suprême soupir d'une personne robuste déjà transformée et préparée pour la vie spirituelle, – est singulièrement propre à exprimer la passion poétique telle que l'a comprise le monde poétique moderne*[4].

Ce n'est pas à proprement parler un déclin qu'évoque Baudelaire, mais un changement d'état – voire une élévation. Chez lui, le terme « décadence » acquiert un sens imprégné de modernité, de subtilité et de complexité.

3. Gautier, Histoire du romantisme, Paris, Flammarion, s.d., p. 305.
4. Baudelaire, *Œuvres complètes*, Paris, La Pléiade, 1975, t. I, p. 940.

On pourrait aller plus loin : le jeune artiste « décadent » n'était pas, au temps où Baju et les premiers symbolistes s'emparaient de l'épithète, ce qu'il devint plus tard : morbide, maladif, pervers, pessimiste. Le décadent n'était rien de plus qu'un artiste qui vivait en un temps de décadence ; Baudelaire n'avait-il pas dit, dans *Le Peintre de la Vie moderne*, que le dandy était « le dernier éclat d'héroïsme dans les décadences[5] ? ». Étant de son temps, le poète « décadent » refuse de s'en abstraire. Être décadent signifie à la fois assumer sa situation historique et y résister.

Les décadents et les symbolistes sont réputés pour leur ultralittérarité, leur désir de s'abstraire de leur moment historique ; mais, en y regardant de plus près, on s'aperçoit que plusieurs de ces écrivains étaient politiquement actifs et fascinés par la modernité. La science, le progrès social, la démocratie et l'art populaire intéressaient bon nombre d'entre eux, et il serait faux de les imaginer tous voués à l'évasion et à l'isolement. Pensons, parmi bien d'autres, à Saint-Pol-Roux et à Remy de Gourmont écrivant sur le cinéma, à Verhaeren s'intéressant au socialisme, à Mallarmé au procès de Fénéon, à Pierre Quillard sur l'Arménie. Mallarmé écrit dans « Magie » qu'« il n'existe d'ouvert à la recherche mentale que deux voies, en tout, où bifurque notre besoin, à savoir, l'esthétique d'une part et aussi l'économie politique ». Louise Michel assistait aux premières soirées décadentes, et, les revues de l'époque publiaient non seulement des poèmes, mais aussi des articles sur Proudhon, Bakounine ou Edith Cavell. La science et la politique étaient mêlées à la littérature, et si quelques artistes voulaient s'affranchir de la vie commune, bien d'autres se voulaient, comme le disait Baudelaire, « hommes du monde ».

Pour les décadents des années 1880, l'art se développait à contre-courant de l'histoire et de la vie politique. L'art

5. Baudelaire, *Œuvres complètes*, T. II, p. 711.

des décadents se pensait moderne, novateur et progressiste, et Baju, sentant peut-être que le mot était trop chargé d'associations pessimistes et malsaines, tenta d'en imposer un autre. Le « décadisme » fut la nouvelle catégorie. Pour Verlaine, ravi de cette belle « trouvaille », le mot désignait « une littérature éclatant par un temps de décadence, non pour marcher dans le pas de son époque, mais pour s'insurger contre »[6]. Révolte et résistance et non pas, comme on allait le croire, langueur et fatalisme. Le « décadisme » de Baju – à l'opposé de l'acception usuelle du mot décadence – fixait son regard sur le futur :

> L'avenir est au décadisme. Nés du surblaséisme d'une civilisation schopenhaueresque, les décadents ne sont pas une école littéraire. Leur mission n'est pas de fonder. Ils n'ont qu'à détruire, à faire tomber les vieilleries et à préparer les éléments foetusiens de la grande littérature nationale du XXe siècle. {...}
> Songez donc. Humer le virus exotique du mélancholico-pessimo-naturalisme, absterger ses plaies suppurentes et infectes.
> Faut avoir le cœur bien placé.[7]

Quand Baju expliquait la méthode littéraire, c'était sans grande originalité, mais en définissant d'une manière assez rude les ambitions d'une phalange de jeunes avant-gardistes :

> Notre but consiste à éveiller le plus grand nombre de sensations possibles avec la moindre quantité de mots. Notre style doit être tourmenté, parce que la banalité est l'épouvantail de cette fin de siècle, et nous devons rajeunir les vocables tombés en désuétude ou en créer de nouveaux pour noter l'idée dans la complexité de ses nuances les plus fugaces[8].

On pouvait lire de tels propos dans la plupart des jeunes revues de l'époque (notamment celles de Moréas, de Kahn et de Paul Adam), et Baju ne fait ici que proposer comme définition ce qui était déjà un consensus. On voit aussi, d'après ce « manifeste », que ces décadents-ci se situaient

6. Verlaine, lettre au Décadent, 1er-15 janvier, 1888.
7. *Le Décadent*, n° 1, p. 1.
8. *Le Décadent*, n° 28, p. 1.

13

non pas à la fin mais dans un *intermède*. Mallarmé parlait de son époque comme d'un interrègne, d'une période de transition, tandis que Baudelaire avait (toujours dans *Le Peintre de la Vie moderne*) évoqué le « trouble » des « époques transitoires ».

Il se peut que la meilleure définition – ou plutôt « anti-définition » – soit proposée par Remy de Goumont. Dans son important essai *Stéphane Mallarmé et l'idée de la décadence*, il s'essaie à « l'anatomie d'une idée », annonçant que « s'il s'agit de Mallarmé et d'un groupe littéraire, l'idée de décadence signifie surtout son contraire, c'est-à-dire, l'innovation ». Et il précise :

> *L'idée de décadence n'est donc que l'idée de mort naturelle. {…} On va de Longchamp à Sedan, mais aussi on va d'Epsom à Waterloo. La longue décadence des empires détruits est une des plus singulières illusions de l'histoire ; si des empires moururent de maladie ou de vieillesse, la plupart, au contraire, périrent de mort violente, en pleine force physique, en pleine vigueur intellectuelle.*

Pour Gourmont, l'idée de décadence n'est ni historiquement juste ni esthétiquement valable. Toujours prêt à pratiquer ce qu'il appelait des « dissociations d'idées », Gourmont refuse les grandes simplifications qui exercent tant de pouvoir sur les imaginations et insiste au contraire sur l'énergie du mouvement.

Une des œuvres-clés du mouvement « décadent » fut un recueil parodique. *Les Déliquescences, poèmes décadents d'Adoré Floupette* est un cas intéressant, parce que le livre a paru en 1885, c'est-à-dire *avant* la véritable émergence des décadents. C'est peut-être le seul cas d'une parodie qui précède – et peut-être même alimente – le sujet parodié. Verlaine déclara à Jules Huret qu'on lui avait lancé l'épithète de décadent comme une injure et qu'il l'avait « ramassée comme un défi ». Il avait raison : pour les décadents, c'est l'épithète qui les avait choisis, et non le contraire.

Si Verlaine avait dressé l'image glorieuse du poète maudit (en l'occurrence, Corbière, Desbordes-Valmore,

Rimbaud, Mallarmé, Villiers, et Verlaine par lui-même surnommé « Pauvre Lélian »), pour bien d'autres, les avant-gardistes de la fin du dix-neuvième siècle représentaient moins un point de départ qu'un retour en arrière. Pour certains, comme Rodenbach, les cafés et les brasseries étaient pleins d'épaves d'artistes qui avaient succombé à l'illusion de croire qu'on peut vivre son art sans en produire. Si Valéry voyait dans les cafés l'énergie vitale de l'époque, Rodenbach y percevait la grande tragédie de la fin du romantisme : une génération de jeunes gens doués d'un tempérament artistique mais depourvus d'art. Rodenbach accuse Murger et la Bohème d'avoir empoisonné toute une génération avec les grands mensonges du romantisme :

> *Pas de Bohème ! La Bohème est néfaste ! {…} La Bohème est surtout un genre de vie : hors de soi, sans discipline, ni règle. {…} Et voilà les jeunes gens parlant leurs livres, leurs tableaux, incapables déjà de les réaliser {…} Depuis cinquante ans les brasseries du quartier Latin sont pleines de leurs victimes, et maintenant les cabarets de Montmartre, où la vie de Bohème continue*[9].

Le dix-neuvième siècle avait débuté avec des hommes sûrs d'assister à une fin : fin d'une race, fin d'une civilisation, fin d'un monde. Pour Rodenbach, les « vieillards nés d'hier » dépeints par Musset rôdaient encore dans les milieux litté-raires, et la fin du dix-neuvième siècle n'était pas une crise terminale mais plutôt un retour vers d'anciennes positions. En Ecosse, Robert Louis Stevenson, dans un article sur Whitman (qui représentait, pour certains, le comble de la décadence, pour d'autres, une régénérante virilité), se plai-gnait des jeunes Renés qui peuplaient les milieux litté-res. Peut-être que la grande tragédie des soi-disant décadents est qu'ils n'étaient pas les premiers à se croire les derniers.

Tout semblait avoir été dit, pensé, senti, mais les plus grands poètes savent toujours que l'impuissance est une étape et non un terme, et que le moment où l'on croit qu'il n'y a

9. *Évocations*, Bruxelles, La Renaissance du Livre, 1924, p. 283.

rien de nouveau à dire est le moment-limite à partir duquel on commence à créer. Mallarmé débute sa « Symphonie littéraire », hommage aux « maîtres inaccessibles » Gautier, Baudelaire et Banville, en invoquant la « Muse moderne de l'Impuissance » mais, pour certains poètes du début du vingtième siècle, c'était précisément ce qui les attirait. Ezra Pound et T. S. Eliot, fondateurs du modernisme anglo-américain, ont découvert la source de leur modernité chez Laforgue et Corbière, empruntant pour leurs premières paroles la voix de deux poètes qui avaient chanté le déclin, l'échec et l'isolement. Ironie poétique, qui donnerait peut-être raison à ce malmené de l'histoire littéraire, Anatole Baju, qui avait promis de préparer « les éléments fœtusiens » du vingtième siècle. Dans « Mélange adultère de tout » de T. S. Eliot, Corbière et Laforgue retrouvent leur voix mais non leur contexte :

> *En Amérique, professeur ;*
> *En Angleterre, journaliste ;*
> *C'est à grands pas et en sueur*
> *Que vous suivrez à peine ma piste.*
> *En Yorkshire, conférencier ;*
> *À Londres, un peu banquier,*
> *Vous me paierez bien la tête.*
> *C'est à Paris que je me coiffe*
> *Casque noir de jemenfoutiste*[10]

C'est l'époque des grands ratés et des petits réussis. Camille Mauclair raconte comment, indigné de voir Villiers traité de « raté » dans un article, il avait rapporté l'insulte à Mallarmé. Mallarmé lui dit :

> *Mais ratés, nous le sommes tous {…} Que pouvons-nous être d'autre,*
> *puisque nous mesurons notre fini à un infini ? {…} La récompense est*
> *d'être précisément sur ce plan supérieur un raté, c'est-à-dire un homme qui,*
> *dédaignant l'avantage immédiat et facile, s'est mesuré d'emblée avec ce qui*
> *nous domine et nous dépasse de toute part. Tel est du moins mon credo peut-*
> *être désespéré mais qui me fait vivre. {…} Allons Mauclair, quoi que la*
> *vie nous réserve, ne craignez rien et n'enviez jamais les réussis.*

*

10. T. S. Eliot, *Collected Poems,* Londres, Faber and Faber, 1963, p. 49.

Le manifeste de Moréas, du 18 septembre 1886, prétendait diriger les énergies littéraires et donner une colonne vertébrale théorique au nouveau mouvement poétique. Le groupe se définit surtout en ce qu'il est *contre* :

> *Ennemis de l'enseignement, la déclamation, la fausse sensibilité, la description objective, la poésie symbolique cherche à vêtir l'Idée d'une forme sensible qui, néanmoins, ne serait pas son but à elle-même mais qui, tout en servant à exprimer l'Idée, demeurerait sujette.*

Par rapport aux écrits de Baju, le manifeste de Moréas est rempli de considérations techniques, et c'est d'ailleurs en quoi les symbolistes pensèrent se distinguer de leurs anciens confrères décadents. Revendiquant « la rime illuscescente et martelée comme un bouclier d'or et d'airain, auprès de la rime aux fluidités absconses » et « d'impollués vocables, la période qui s'arc-boute alternant avec la période aux défaillances ondulées, les pléonasmes significatifs, les mystérieuses ellipses », Moréas se montre à la fois novateur et traditionaliste : « La bonne langue instaurée et modernisée, la bonne et luxuriante et fringante langue d'avant les Vaugelas et les Boileau... » On ne savait alors pas que Moréas allait devenir un chef d'école en série, et son manifeste marqua sans doute le moment ou les mots « symboliste » et « symbolisme » l'emportèrent sur « décadents » et « décadisme »

Le ton hautain et docte de Moréas attira beacoup l'attention, mais tous les poètes étaient, chacun à sa façon, des théoriciens. Paul Valéry se souvient que

> *Ce fut un temps de théories, de curiosités, de gloses et d'explications passionnées. Une jeunesse assez sévère repoussait le dogme scientifique qui commençait de n'être plus à la mode et elle n'adoptait pas le dogme religieux qui n'y était pas encore ; elle croyait trouver dans le culte profond et minutieux de l'ensemble des arts une discipline, et peut-être une vérité, sans équivoque[11].*

11. « Avant-propos » à *Connaissance de la Déesse, Œuvres*, Paris, La Pléiade, 1957, t. I, p. 1273.

On objecta aux symbolistes que la poésie s'était toujours servie de symboles. Ils répondirent que leur symbole était pluridimensionnel, et que, d'ailleurs, chaque poète en avait une vision différente. Gustave Kahn se souvient :

> *Il fallait expliquer qu'il y avait symboles et symboles, symboles pour religieux, symboles pour rose-croix, symboles pour symbolistes, variété de symboles pour chaque symboliste*[12].

Charles Morice, qui passa pour le porte-parole et le théoricien du mouvement à la suite de la publication de son livre *La Littérature de tout-à-l'heure* (1889), dit à Jules Huret : « L'école symboliste ? Il faudrait d'abord qu'il y en ait une. Pour ma part, je n'en connais pas. » Quand Huret posa la question à Moréas, l'auteur du manifeste profita de l'occasion pour nier l'existence du symbolisme et faire de la publicité pour sa nouvelle « école romane ». Ce n'est pas pour rien qu'un livre de souvenirs sur l'époque s'appelle *La Mêlée symboliste*, ni qu'un des ouvrages de référence critique sur le mouvement s'intitule *La Crise des valeurs symbolistes*[13].

Le lecteur qui cherche le véritable esprit du symbolisme peut suivre Remy de Gourmont dans la préface au *Livre des Masques*, qui a résolu le problème en refusant de le résoudre :

> *On ne peut comparer un artiste qu'à lui-même, mais il y a profit et justice à noter des dissemblances : nous tacherons de marquer, non en quoi les « nouveaux venus » se ressemblent, mais en quoi ils diffèrent, c'est-à-dire en quoi ils existent, car être existant, c'est être différent.*

Pour Gourmont, le symbolisme était surtout une unité de différences, et c'est ceci que cette anthologie cherche à montrer. Si la poésie symboliste allait avoir une influence diffuse mais décisive sur la poésie moderne en Europe, le

---

12. Gustave Kahn, « Les Origines du Symbolisme » (réédition de la préface de *Symbolistes et Décadents*), Paris, Messein, 1936, pp. 60-61.
13. Michel Décaudin, *La Crise des valeurs symbolistes*, Toulouse, Privat, 1960. Parmi les ouvrages de référence sur le symbolisme, notons, Guy Michaud, *Message poétique du symbolisme*, Paris, Nizet, 1961 (édition abrégée, *Le Symbolisme tel qu'en lui-même*, 1995).

mouvement produisit aussi des critiques importants : Gourmont (dont le jeune T. S. Eliot était imprégné[14]), Teodor de Wyzewa, Albert Mockel, et c'est vers ceux-ci, plutôt que vers les polémistes et les propulseurs de manifestes qu'il faudrait se tourner pour comprendre les courants et les contextes intellectuels du symbolisme.

Si l'on avait eu du mal à définir « décadent », « décadisme » et « décadence », « symbole », « symbolisme » et « symboliste » furent également difficiles à cerner. Un des premiers historiens du mouvement, le poète et critique Tancrède de Visan, reprocha aux poètes de la génération précédente le terme « symbolisme », parce qu'il ne correspondait pas au sens habituel d'utilisation des symboles[15]. Le symbole symboliste est ouvert, pluridimensionnel, et dépend du lecteur, qui, dans la plupart des cas, devient co-créateur du poème, metteur en scène de ses possibilités sémantiques. Le poète déchiffre, et il encode. Le lecteur déchiffre à son tour, mais sans nécéssairement retrouver le même point d'origine que le poète. L'une des meilleures définitions du symbolisme est celle de Verhaeren (*Impressions*, III)[16] :

> *On part de la chose vue, ouïe, sentie, tâtée, goûtée, pour en faire naître l'évocation et la somme par l'idée. Un poète regarde Paris fourmillant de lumières nocturnes, émietté en une inifinité de feux et colossal d'ombre et d'étendue. S'il en donne la vue directe, comme pourrait le faire Zola, c'est-à-dire en le décrivant dans ses rues, ses places, ses monuments, ses rampes de gaz, ses mers nocturnes d'encre, ses agitations fiévreuses sous les astres immobiles, il en présentera, certes, une sensation très artistique, mais rien ne sera moins symboliste. Si, par contre, il en dresse pour l'esprit la vision indirecte, évocatoire, s'il prononce : « une immense algèbre dont la clef est perdue », cette phrase nue réalisera, loin de toute description et de toute notation de faits, le Paris lumineux, ténébreux et formidable.*

14. Sur Gourmont, voir Charles Dantzig, *Remy de Gourmont, Cher Vieux Daim*, Paris, Le Rocher, 1990.

15. Tancrède de Visan, « Essai sur le Symbolisme », *Paysages introspectifs,* Paris, Jouve, 1904.

16. Impressions, T. III, Paris, Mercure de France, 1928, p. 116.

Henri de Régnier assure que le symbole n'est pas une valeur statique mais une étape dans un processus intellectuel :

> *Le Symbole est le couronnement d'une série d'opérations intellectuelles qui commencent au mot même, passent par l'image et la métaphore, comprennent l'emblème et l'allégorie. Il est la plus complète, la plus parfaite figuration de l'idée...*

Les symbolistes cherchaient à provoquer une lecture active où le lecteur ne serait pas consommateur mais producteur ; comme le dit Albert Mockel, l'un des plus fins théoriciens du groupe : « Le Poète doit chercher moins à conclure qu'à donner à penser, de telle sorte que le lecteur, collaborant par ce qu'il devine, achève en lui-même les paroles écrites. » Le symbole, restant fluide, ouvert et à plusieurs facettes, s'opposait à l'emblème ou à l'allégorie. Mockel poursuit :

> *L'allégorie serait la représentation explicite ou analytique, par une image, d'une idée abstraite PRÉCONÇUE ; elle serait aussi la représentation convenue – et par cela même explicite – de cette idée {...}.*
>
> *Au contraire, le symbole suppose la RECHERCHE INTUITIVE des divers éléments idéaux épars dans les Formes.*
>
> *Les images du monde extérieur sont comme les mots d'un langage. Séparément ils ne savent où ils vont et n'ont qu'une sorte de signification latente. Mais lorsqu'ils sont unis harmonieusement en une phrase, chacun d'eux s'est pour ainsi dire orienté et leur ensemble exprime un sens complet. Une œuvre d'art est une phrase dont les Formes sont les mots ; l'idée émane naturellement des Formes coordonnées[17].*

Ce qui rassemblait ces poètes était l'ambition d'écrire pour ce que Mallarmé nommait un « esprit ouvert à la compréhension multiple ». Peut-être que le symbole symboliste est un lieu de projection ou de convergence où se rejoignent la lecture et l'écriture. Les meilleurs écrivains symbolistes accordèrent à la lecture un prestige spécial, et si cette époque marque la naissance de la poésie moderne, elle inaugure aussi l'ère de la lecture moderne. Cette lecture est

---

17. Albert Mockel, « Propos de littérature », *Esthétique du Symbolisme*, Bruxelles, Palais des Académies, 1962, pp. 85-6.

partielle, provisoire, elle cherche à compliquer, mais aussi à se scruter elle-même, à découvrir ses propres réflexes. Le lecteur symboliste ne lit plus : il subit, il éprouve, il met en scène : « Ce conte s'adresse à l'intelligence du lecteur, qui met les choses en scène », écrit Mallarmé dans *Igitur*. Cette métaphore théâtrale est au centre de l'ambition de Mallarmé : le lecteur crée sur la scène intérieure, tandis que le poète, « ordonnateur de fêtes en chacun », lui fournit le drame. Valéry, qui assista à la récitation d'*Un coup de dés*, témoigne d'une expérience de lecture parmi les plus remarquables :

> *Il me sembla voir la figure d'une pensée, pour la première fois placées dans notre espace {…} Ici, véritablement, l'étendue parlait, songeait, enfantait des formes temporelles. L'attente, le doute, la concentration étaient* choses visibles. *Ma vue avait affaire à des silences qui auraient pris corps {…} Je me sentais livré à la diversité de mes impressions*[18].

On se demande si T. S. Eliot pensait à son compatriote Francis Vielé-Griffin quand il lança l'idée de l'*objective correlative*, qu'il définissait ainsi : « Un groupe d'objets, une situation, une série d'événements qui seront la formule de cette émotion *particulière* ; de sorte que, une fois les données extérieures qui se réalisent dans cette expérience sensorielle présentées, l'émotion sera immédiatement présente[19]. » Dans les *Entretiens politiques et littéraires* en 1891, Vielé-Griffin avait écrit :

> *Le symbole qui ne peut avoir d'existence que* corrélativement à l'objet de la symbolisation *est la synthèse d'une série antérieure à celle-ci par hypothèse ;*
> *le symbolisme, donc, en tant que doctrine esthétique, comporterait, en principe, la* réalisation *symbolique d'un rêve d'art synthétique d'idées et de décors*[20].

18. « Le Coup de dés », Valéry, *Œuvres*, t. I, p. 624.
19. « *a set of objects, a situation, a chain of events which shall be the formula of that* particular *emotion ; such that when the external facts, which must terminate in sensory experience, are given, the emotion is immediately evoked* ».T. S. Eliot, « Hamlet and his Problems », *The Sacred Wood*, Londres, Methuen, 1920, p. 100.
20. C'est nous qui soulignons.

21

Pour ces deux poètes, c'est l'accumulation, la combinaison et la synthèse qui produisent l'effet. Il convient peut-être aussi de rappeler qu' Eliot (qui, sans être un symboliste, avait su adapter les procédés symbolistes) avouait ne pas être très sûr de ce qu'il entendait par *objective correlative*.

*

Paul Valéry fait allusion à une autre dimension du mouvement symboliste quand il déclare :

> *Ce qui fut baptisé le* Symbolisme *se résume très simplement dans l'intention commune à plusieurs familles de poètes (d'ailleurs ennemies entre elles) de reprendre à la Musique leur bien*[21].

Pour Valéry et Mallarmé, c'est l'*idée* de la musique, la « musique dans le sens propre[22] », qui attire le poète : la musique comme art abstrait, affranchi de la représentation et suffisante à elle-même. Ce n'est évidemment pas la même musique dont parle Verlaine quand il déclare dans son « Art poétique » : « De la musique avant toute chose. » L'idée de la musicalité, qui alimenta le vers impair de Verlaine ainsi que le vers libre, représente une partie de l'héritage romantique : plus qu'une technique, c'était une manière de sentir et d'éprouver. Si Poe représentait la poésie pure et la parfaite technique, Whitman représentait la liberté et l'abandon, la nature et la démocratie. Parmi les propos sur le vers libre, retenons, de Vielé-Griffin :

> *Le vers libre est une conquête morale essentielle à toute activité poétique ; le vers libre n'est pas qu'une forme graphique, c'est avant tout une attitude mentale*[23].

L'héritage de Gautier, passant par les parnassiens, amenait non à la musique mais à la sculpture et aux arts plastiques. Les mots ne sont pas des notes musicales mais

---

21. *Connaissance de la Déesse.*
22. Mallarmé, *Œuvres complètes*, p. 330.
23. « Une Conquête morale », *La Phalange* (1907), p. 415.

des pierreries, des joyaux, des diamants ; pour Jarry ce sont des « polyèdres d'idées », capables de produire une poésie qui fait « dans la route des phrases un carrefour de tous les mots »[24]. Dans le *Traité du Narcisse*, Gide fusionne les deux métaphores en évoquant à la fois l'harmonie musicale et les facettes du cristal : « Chaque chose détient, virtuelle, l'intime harmonie de son être, comme chaque sel, en lui, l'archétype de son cristal. » Pour certains poètes, le symbole avait une valeur quasi mystique. Maeterlinck, par exemple, qui puisa sa vision de la création symbolique chez Emerson :

> *Tout ce que peut faire le poète, c'est se mettre, par rapport au symbole, dans la position du charpentier d'Emerson. Le charpentier {…} s'il doit dégrossir une poutre, ne la place pas au-dessus de sa tête, mais sous ses pieds, et ainsi, à chaque coup de hache qu'il donne, ce n'est plus lui seul qui travaille, ses forces musculaires sont insignifiantes, mais c'est la terre entière qui travaille avec lui {…} Il en est de même du poète {…}; il est plus ou moins puissant, non pas en raison de ce qu'il fait lui-même, mais en raison de ce qu'il parvient à faire exécuter par les autres, et par l'ordre mystérieux et la force occulte des choses*[25] !

Le symbole pouvait représenter les cimes de la conscience créatrice ou les ténèbres du moi ; c'est l'ultime expression de l'agencement littéraire, ou bien la convergence des forces mystérieuses sur le travail d'un poète à demi conscient de la portée de son œuvre. C'est l'époque de l'entrevu, du sous-entendu, du caché ; du secret, des intermittences et des chuchotements ; qualités qui se manifestent différemment de poète en poète. Les poèmes de Mallarmé, s'ils sont suggestifs, le sont différemment de ceux de Verlaine ou de Rodenbach. Ceux-ci sont à leur tour différents des demi-tons de Samain ou de Stuart Merrill, ou de la fluidité des poèmes en vers libres de Régnier ou de Vielé-Griffin. Il y a le secret et le fermé, le difficile et l'impossible, l'indécis et l'indécidable.

24. Jarry, *Les Minutes de sable mémorial*, Paris, Gallimard 1977, p. 26.
25. Maeterlinck, réponse à Jules Huret, *Enquête sur l'évolution littéraire*, *op. cit.*, p. 155.

Les symbolistes ont raffiné le non-dit aussi bien que le dit : Maeterlinck et le silence théâtral, Mallarmé et le « significatif silence » qui n'est « pas moins beau de composer que les vers ». Dans une lettre de 1937, Samuel Beckett écrit à son ami Axel Kaun que « C'est mieux d'écrire RIEN que de ne rien écrire[26] » ; chez les symbolistes, la composition poétique prend en compte le blanc du papier, le silence ou le vide, qui deviennent – chez Mallarmé comme plus tard chez Beckett – matières primaires. Laforgue et Valéry rêvèrent d'une poésie « sur rien ». Hélas, certains écrivains produisirent une telle poésie sans effort.

Le langage poétique des symbolistes ne manquait jamais d'étonner. En 1888, Vanier, « bibliopole des symbolistes et des décadents », publia un *Petit Glossaire pour servir à l'intelligence des auteurs décadents et symbolistes*. L'auteur, « Jacques Plowert » (Paul Adam, aidé de Moréas, Kahn et Fénéon), cherche à aplanir la « pernicieuse difficulté de lecture » des auteurs en question. Il semblait que pour beaucoup de lecteurs, ces poètes qui se vantaient de déchiffrer le monde des apparences ne faisaient que le chiffrer de nouveau. Le *Petit Glossaire* contribua au débat sur « l'obscurité » du langage symboliste et le détournement du génie français. Ce qui frappe d'abord dans ce glossaire, où « Plowert » parle du « prestige hermétique des vocables », est la déclaration que « MM. Verlaine et Mallarmé n'employèrent jamais un mot exclus des dictionnaires officiels et leurs noms se trouveront rarement aux bas des exemples ». En fait, contrairement à bien des jeunes écrivains, les deux maîtres du symbolisme ne pratiquaient pas le langage « tarabiscoté », n'utilisaient pas les « abracadabrances » affectionnées par leurs disciples. Parmi les vedettes du nouveau glossaire on trouve Laforgue, mort l'année précédente. Fénéon, qui avec Edouard

---

26. *« It is better to write NOTHING than not to write at all »*, Beckett, lettre à Axel Kaun, *Disjecta*, Londres, Calder, 1983, p. 171.

Dujardin prépara l'édition des *Derniers vers* de Laforgue, écrit dans une étude qui parut dans *L'Art moderne* de 1890 :

> *Parfois il juxtapose, accole, soude deux mots pour en former un troisième où se mélangent équivoquement leurs valeurs ; il obtient ainsi* sexciproque, *dont le sens participe sans doute de sexuel et de réciproque,* violupté *(viol et volupté),* crucifiger *(crucifier et figer),* Eternullité *(Eternité et nullité)...*

Le « Plowert » est rempli de laforguismes superbes – « ubiquiter », « paranymphe », « callipédique » – mais, tandis que les jeunes poètes se complaisaient à créer des néologismes et à puiser dans les dictionnaires spécialisés, Mallarmé, à inventer, préférait *réécrire* les mots. Dans *Les Dates et les Œuvres*, René Ghil se souvient d'une conversation avec Mallarmé concernant l'obscurité :

> *Ce sont le mots mêmes que le bourgeois lit tous les matins, les mêmes ! Mais, voilà (et ici son sourire s'accentuait), s'il lui arrive de les retrouver en tel mien poème, il ne les comprend plus ! C'est qu'ils ont été récrits par un poète.*

Mallarmé est fasciné par le langage commun, par la réécriture poétique ; c'est rarement son vocabulaire qui inquiète ; ce sont plutôt les suspensions et les renouements syntaxiques, la complexité des idées et la multiplicité des interprétations possibles. C'est l'infiltration du langage quotidien par la poésie. Pour les symbolistes, le Verbe était à la fois mystique, doué d'une force occulte (les propos littéraires de l'époque sont remplis de références aux sortilèges), et un signe littéraire, simple outil qui attendait son utilisation par le poète. Ce n'est pas seulement une époque où l'on raffinait et où l'on purifiait : on prenait plaisir à contaminer la langue. Le poète cherchait peut-être à « donner un sens plus pur au mots de la tribu », mais il savait aussi que les termes-clés de la poésie de l'époque – « symbole », « suggestion », « synthèse » – étaient des lieux d'intersection plutôt que de pures valeurs. Ces mots baignaient dans un contexte vivant, et la plupart des grands discours de l'époque – ésotérisme, philosophie, psychologie, religion et science – sont mis à contribution par les symbolistes. Cette anthologie cherche entre autres à montrer la grande variété de leur langage poétique.

Les fameuses « correspondances » de Baudelaire, une des idées fondatrices du symbolisme, promettent la synthèse et l'éclaircissement des relations occultes. D'autre part, elles menacent un univers cerné et réduit, et une tendance symboliste et décadente est visible par exemple chez Maeterlinck. Le rêve d'unité secrète dans *Serres chaudes* devient un cauchemar de claustration ; le langage critique semble étrangler une poésie tellement consciente d'elle-même qu'elle ne sait pas s'exprimer sans faire allusion à ses propres procédés :

> *Ô serre au milieu des forêts !*
> *Et vos portes à jamais closes !*
> *Et tout ce qu'il y a sous votre coupole !*
> *Et sous mon âme en vos analogies !*[27]

Dans son compte rendu du *Petit Glossaire*, Anatole France résume très bien l'opinion anti-symboliste :

> *{Les symbolistes} créent, comme le famulus de Wagner, avec des fourneaux, des cornues, des ballons et des alambics. Leurs mots ont l'air de sortir d'une bouteille et sentent la pharmacie.*

Rimbaud avait parlé de la « parade sauvage », mais Anatole France ne voyait qu'un « carnaval philologique », et une pharmacie où Rimbaud avait aperçu « l'alchimie du verbe ».

*

Le mouvement symboliste fut un mouvement international et cosmopolite. On réinventait les poètes morts (Poe, Baudelaire, Goethe), on accueillait, en personne ou en traduction, des étrangers (Whistler, Swinburne, Stefan

27. « Serre chaude ».

George), on découvrait le premier grand mouvement francophone. Les artistes et les écrivains de l'époque venaient de tous les pays : Moréas était grec, Vielé-Griffin et Stuart Merrill américains, Wyzewa et Krysinska polonais. Comme s'en souviendra Gourmont : « Tous ont apporté avec eux quelque ferment poétique, quelque odeur spéciale dont l'atmosphère littéraire s'est imprégnée[28]. » Ce furent surtout les Belges – Verhaeren, Rodenbach, Maeterlinck, Van Lerberghe – qui définirent l'étendue et l'inspiration du symbolisme, en définissant par là même la littérature belge d'expression française. Il est difficile d'imaginer le symbolisme (comme plus tard le surréalisme), sans l'apport tout particulier des écrivains belges. Il y a Maeterlinck, qui lui fournit un théâtre, Verhaeren, qui lui montre une poésie urbaine et socialiste, Rodenbach, qui laisse un des grands romans symbolistes, *Bruges-la-Morte*. Parmi les revues belges, mentionnons *La Wallonie* d'Albert Mockel, à laquelle le jeune Ezra Pound consacra une chronique dans la *Little Review* en 1917, et qui, d'après lui, constitue à elle seule « une histoire du symbolisme ». Les poètes belges étaient parfaitement placés, entre l'inspiration flamande et la langue française, pour réinventer le langage poétique du symbolisme, et pour fournir au mouvement quelques-unes de ses plus mémorables images.

Les cercles symbolistes sont aussi des laboratoires de réception de la littérature et des pensées étrangères : les poètes élisabéthains traduits par Maeterlinck, Whitman traduit par Laforgue, Poe traduit par Mallarmé. C'est l'époque des collaborations et des rencontres. Même les rencontres qui n'ont pas pu avoir lieu, comme celle de Yeats et Mallarmé, donnent à rêver[29]. En France, Poe trouve le

28. « De Baju à René Ghil », *Promenades littéraires*, 4ᵉ série.
29. Yeats est venu voir Mallarmé au début de mars 1894, alors que Mallarmé se trouvait à Oxford et à Cambridge pour donner sa conférence « La Musique et les Lettres ». Geneviève Mallarmé décrit Yeats à son père comme « une espèce d'Anglais ne sachant pas un mot de français ».

« pays natal de son génie », et les symbolistes français sont parmi les premiers à reconnaître la spécificité de la littérature américaine. La passion française pour Poe étonne encore dans les pays anglophones, comme en témoigne Thom Gunn dans *Readings in French* :

> *Bien qu'Edgar Poe écrive une prose lucide,*
> *Juste et rhétorique sans effort,*
> *Elle perd toute clarté,*
> *Dieu sait,*
> *Dans sa version anglaise, si mal traduite*[30].

*

En 1912, Ezra Pound fit son premier séjour à Paris. Sachant que pour se faire entendre jusqu'en Angleterre il fallait exagérer, il annonça à son public que le plus grand poète de langue anglaise était Yeats, un Irlandais, et que « l'histoire de la gloire poétique anglaise [était] l'histoire d'une série de vols heureux à la poésie française »[31]. Il écrivit une série d'articles sur la question, « *The Approach to Paris* », qui parut dans le *New Age* en 1913-14. Quatre ans plus tard, en 1918, il publia une étude sur les poètes français (« *A Study in French Poets* »). Il y note que l'époque symboliste avait été « glauque » et « nacre ». Ce qu'il reproche aux symbolistes est leur « tendance mobilière », « l'odeur de talc » qu'ils émettent. Cette anthologie présente un peu du mobilier symboliste : un ptyx (d'usage incertain), plusieurs consoles, des divans, des chandeliers – en somme une sélection représentative de ce qu'Artaud nomma « le bric-à-brac » symboliste. On y trouvera aussi quelques exemples de la flore et de la faune affectionnées par les poètes symbolistes et décadents : des nénuphars, des lys, lauriers, des lacs glacés

---

30. « *Though Edgar Poe writes a lucid prose, / Just and rhetorical without exertion, / It loses all lucidity, God knows, / In the single, poorly rendered English version* », Thom Gunn, « Readings in French », *Collected Poems*, Londres, Faber and Faber, 1993, p. 98.

31. « *The history of English poetic glory is a history of successful steals from the French.* » *The New Age*, 11 septembre 1913.

et des jardins abandonnés, des sphinx, des sylphes, et même, grâce à Renée Vivien, une satyresse.

Pour Pound, le symbolisme restait pourtant le berceau de la poésie moderne, un mouvement qui représentait l'image même du cosmopolitisme littéraire qu'il recherchait. Il chercha à engager Gourmont comme co-éditeur d'une revue qu'il désirait fonder et qui aurait « triangulé » New York, Londres et Paris. La mort de Gourmont en 1915 mit fin à cette ambition de joindre non seulement les pays, mais aussi les générations. Trois ans plus tard, Pound envoyait sa *Little Review* à Albert Mockel, à Liège. Mockel lui adressa une lettre que Pound imprima avec fierté dans un numéro ultérieur de sa revue : « N'y a-t-il pas là quelques traits de ressemblance avec l'œuvre que vous tentez aujourd'hui, en Amérique, et, à trente années d'intervalle, une sorte de cousinage ? » demandait Mockel. L'expression est bien choisie : le symbolisme français, comme cela arrive toujours à la poésie, s'est découvert une descendance qu'il n'attendait pas.

Alphonse Allais

Poème morne

Traduit du belge

Pour Maeterlinck

Sans être surannée, celle que j'aimerais aurait un certain âge.
Elle serait revenue de tout et ne croirait à rien.
Point jolie, mais persuadée qu'elle ensorcelle tous les hommes,
sans en excepter un seul.
On ne l'aurait jamais vue rire.
Sa bouche apâlie arborerait infréquemment le sourire
    navrant de ses désabus.

Ancienne maîtresse d'un peintre anglais, ivrogne et cruel,
qui aurait bleui son corps,
tout son corps,
à coups de poing,
elle aurait conçu la vive haine de tous les hommes.

Elle me tromperait avec un jeune poète inédit,
dont la chevelure nombreuse, longue
et pas très bien tenue
ferait retourner les passants
et les passantes.

Je le saurais, mais, lâche, je ne voudrais rien savoir.
Rien !
Seulement, je prendrais mes précautions.
Le jeune poète me dédierait ses productions,
ironiquement.

Cette chose-là durerait des mois
et des mois.
Puis, voilà qu'un beau jour Éloa s'adonnerait à la morphine.

Car c'est Éloa qu'elle s'appellerait.

La morphine accomplirait son œuvre néfaste.
Les joues d'Éloa deviendraient blanches, bouffies,
si bouffies
qu'on ne lui verrait plus les yeux,
et piquetées de petites tannes.
Elle ne mangerait plus.
Des heures entières, elle demeurerait sur son canapé,
comme une grande bête lasse.
Et des relents fétides se mêleraient aux buées de son haleine.

Un jour que le pharmacien d'Éloa serait saoul,
il se tromperait,
et, au lieu de morphine,
livrerait je ne sais quel redoutable alcaloïde.
Éloa tomberait malade,
comme un cheval.
Ses extrémités deviendraient froides
comme celles d'un serpent,
et toutes les angoisses de la constriction
se donneraient rendez-vous dans sa gorge.

L'agonie commencerait.

Ma main dans la main d'Éloa,
Éloa me ferait jurer,
qu'elle morte,
je me tuerais.
Nos deux corps, enfermés dans la même bière,
se décomposeraient en de communes purulences.
Le jus confondu de nos chairs putréfiées passerait dans
    la même sève,

produirait le même bois des mêmes arbustes,
s'étalerait, viride, en les mêmes feuilles,
s'épanouirait, radieux, vers les mêmes fleurs.

Et, dans le cimetière,
au printemps,
quand une jeune femme dirait : *Quelle bonne odeur !*
cette odeur-là, ce serait, confondues, nos deux âmes
    sublimées.

Voilà les dernières volontés d'Éloa.
Je lui promettrais tout ce qu'elle voudrait, et même d'autres
                                                    choses.

Éloa mourrait.

Je ferais à Éloa des obsèques convenables, et,
le lendemain,
Je prendrais une autre maîtresse
Plus drôle.

Le Chat noir

Le rire triste

Ma Muse hypocondriaque mène (ô surprise !)
Depuis cette nuitée, un train de patachons :
La folle tant traîna de bouchons en bouchons,
Tant but de bocks qu'Elle est immodérément grise ;

Lâchant, à tout propos, maints verbes folichons,
Elle éclate et se tord, comme dans une crise
D'hystérie. *Etiam submejit* sa chemise,
Et se tortille ainsi qu'un grand tire-bouchons !...

Mais, tandis que, tenant son ventre des deux mains,
Elle se spiralise et va par les chemins,
Titubant dans son rire et dans sa griserie,

Je reste triste, car tout cela, je le sais,
Cache, au fond, les sanglots des vieux amours blessés :
La Gaîté de ma Muse est une hypocrisie ?

Le Décadent

Anatole Baju

Désirs fous

À Madame de Vernais

Sous le scintillement des stellaires clartés
Où se spiralisaient, dans une voix confuse,
Les ultimes rumeurs que la terre diffuse
Emmi l'espace immense aux vierges bleuités,

L'aurette émolliait de ses moiteurs légères
Les âpres frondaisons mortes d'aridité
Et blandissait d'un doux frisson de volupté
Les êtres alanguis cachés sous les fougères.

La nature était belle à cette heure du soir
Ainsi qu'une endeuillée en larmes sous son voile,
Alliciante avec sa couronne d'étoiles

Comme la jeune veuve à même se douloir.
J'ardais : je sentais sourdre un désir en mon âme
De l'étreindre en mes bras comme on presse une femme.

Le Décadent

80

35

Chronique littéraire

Ô fragilité des productions humaines ! Où est cette belle littérature d'antan, riche, ondoyante, mélancolique, voluptueuse connue sous le nom de Romantisme ?

Elle est à l'égout.

Est-ce possible. Ô néant ! Ô baudruche crevée d'un coup d'épingle.

La langue de Victor Hugo, de Musset, de Lamartine, Gautier et tant d'autres s'est donc tellement banalisée, tellement aveulie, tellement abjectée, qu'il n'y a plus maintenant dans aucune langue un vocable – si dégoûtant soit-il pour la nommer.

Ô Waterloo, je pleure et je m'arrête, hélas !

Le romantisme lui aussi a été waterloopipé. C'est la destinée. Rien d'éternel. Les littératures succèdent aux littératures sans interruption de la même manière que les jours et les nuits se succèdent.

II

Le présent est au naturalisme.

Celui-ci triomphe sur toute la ligne grâce à l'affaissement du niveau intellectuel.

Fils dénaturé du Romantisme il taloche son vieux père caduc avec la plus hyrcanienne des cruautés.

Chose épatante, le public se plaint qu'il sent l'ordure.

Je ne vois qu'il puisse fleurer la violette.

Le romantisme était un ulcère, une tumeur. Le naturalisme c'est le romantisme en putréfaction, les purulences d'un abcès crevé. On le voit commencer à tituber tout gluant des crachats de la foule.

Les écrivains de cette école me rappellent des vidangeurs et des charretiers journalisant leurs faits et gestes dans leurs moments de loisirs.

III

L'avenir est au décadisme.

Nés du surblaséisme d'une civilisation schopenhaueresque les Décadents ne sont pas une école littéraire. Leur mission n'est pas de fonder. Ils n'ont qu'à détruire, à tomber les vieilleries et préparer les éléments fœtusiens de la grande littérature nationale du XXe siècle.

Labeur immense, tâche ingrate et irragoûtante. Songez donc. Humer le virus exotique du mélancolico-romantico-pessimo-naturalisme, absterger ses plaies suppurantes et infectes.

Faut avoir le cœur bien placé !

Le Décadent

HENRY BATAILLE

Les souvenirs

Les souvenirs, ce sont des chambres sans serrures,
Des chambres vides où l'on n'ose plus entrer,
Parce que de vieux parents jadis y moururent.
On vit dans la maison où sont ces chambres closes...
On sait qu'elles sont là comme à leur habitude,
Et c'est la chambre bleue et c'est la chambre rose...
La maison se remplit ainsi de solitude,
Et l'on y continue à vivre en souriant...
J'accueille quand il veut le souvenir qui passe,
Je lui dis : « Mets-toi là... Je reviendrai te voir... »
Je sais toute ma vie qu'il est bien à sa place,
Mais j'oublie quelquefois de revenir le voir. –
Ils sont ainsi beaucoup dans la vieille demeure.
Ils se sont résignés à ce qu'on les oublie,
Et si je ne viens pas ce soir ni tout à l'heure,
Ne demandez pas à mon cœur plus qu'à la vie...
Je sais qu'ils dorment là, derrière les cloisons,
Je n'ai plus le besoin d'aller les reconnaître ;
De la route je vois leurs petites fenêtres, –
Et ce sera jusqu'à ce que nous en mourions.
Pourtant je sens parfois, aux ombres quotidiennes,
Je ne sais quelle angoisse froide, quel frisson,
Et ne comprenant pas d'où ces douleurs proviennent
Je passe...
    Or, chaque fois, c'est un deuil qui se fait.
Un trouble est en secret venu nous avertir
Qu'un souvenir est mort ou qu'il s'en est allé...
On ne distingue pas très bien quel souvenir,
Parce qu'on est si vieux, on ne se souvient guère...

Pourtant, je sens en moi se fermer des paupières.

La Chambre blanche

Paul Claudel

« *Celui-là seul saura sourire...* »

À Stéphane Mallarmée

Celui-là seul saura sourire, s'il a plu
À la Muse elle-même, institutrice et Mère,
De former, lui ouvrant la Lettre et la Grammaire,
Sa lèvre au vers exact et au mot absolu.

La sécurité de l'office qui l'élut
Rit que rien d'éternel comme rien d'éphémère
N'échappe à la mesure adéquate et sommaire
De la voix qui finit où le verbe conclut.

Gardien pur d'un or fixe où l'aboi vague insulte !
Si, hommage rustique et témoignage occulte,
Ma main cherche quoi prendre au sol pour s'en armer,

Je choisis de casser la branche militaire
Dont la feuille à ta tempe honore, Mallarmé,
Amère, le triomphe, et verte, le mystère.

∞

Chanson d'automne

Dans la lumière éclatante d'automne
   Nous partîmes le matin.
La magnificence de l'automne
   Tonne dans le ciel lointain.

Le matin qui fut toute la journée,
   Toute la journée d'argent pur,
Et l'air de l'or jusqu'à l'heure où Dionée
   Montre sa corne dans l'azur.

Toute la journée qui était d'argent vierge,
   Et la forêt comme un grand ange en or,
Et comme un ange bordé de rouge avec arbre
comme un cierge clair
   Brûlant feu sur flamme, or sur or !

     Ô l'odeur de la forêt qui meurt, la sentir !
   Ô l'odeur de la fumée, la sentir ! et de sang vif à la
mort mêlée !
   Ô l'immense suspens sec de l'or par la rose du jour
clair en fleur !
    Ô couleur de la giroflée !

   Et puis qui s'est tu, et qui éclate, et qui s'étouffe
et reprend corps,
    J'entends au cœur de la forêt finie,
   Et qui reprend, et qui s'enroue, et qui se prolonge,
plus sombre,
    L'appel inaccessible du cor.

L'appel sombre du cor inconsolable
   À cause du temps qui n'est plus,
Qui n'est plus à cause de ce seul jour admirable
   Par qui la chose n'est plus.

Qui fut une fois, hélas !
Une fois et qui ne sera plus :
    À cause de l'or que voici,
À cause de tout l'or irréparable,
        À cause du soir que voici !
        À cause de la nuit que voici !
À cause de la lune et de la Grande-Ourse que voici !

Œuvre poétique

Tristan Corbière

Le crapaud

Un chant dans une nuit sans air…
La lune plaque en métal clair
Les découpures du vert sombre.

… Un chant ; comme un écho, tout vif
Enterré, là, sous le massif…
– Ça se tait : Viens, c'est là, dans l'ombre…

– Un crapaud ! – Pourquoi cette peur,
Près de moi, ton soldat fidèle !
Vois-le, poète tondu, sans aile,
Rossignol de la boue… – Horreur ! –

… Il chante. – Horreur ! ! – Horreur pourquoi ?
Vois-tu pas son œil de lumière…
Non il s'en va, froid, sous sa pierre.
....

Bonsoir – ce crapaud-là c'est moi.

Ce soir, 20 juillet.

ଚ୍ଚ

42

Vous venez d'acheter cet ouvrage et nous vous en remercions vivement. Pour mieux vous satisfaire, merci de nous signaler les domaines qui vous intéressent particulièrement :

Philosophie ❏

Histoire ❏

Textes grecs et latins ❏

Moyen Âge, Renaissance ❏

Ésotérisme, mythes et religions ❏

Histoire des sciences ❏

Essais, documents, littérature ❏

Nous vous proposons de vous envoyer gratuitement :

Notre catalogue général ❏

Nos avis de nouveautés ❏

Veuillez cocher les cases correspondantes.

NOM : . . . .

PRÉNOM : . . . .

PROFESSION : . . . .

ADRESSE : . . . .
. . . .

CODE POSTAL : . . . .

VILLE : . . . .

E.MAIL : . . . .

Retrouvez aussi notre catalogue et nos nouveautés sur www.lesbelleslettres.com

CARTE POSTALE

Librairie où vous avez acheté ce livre :

. . . .

Ville : . . . .

Titre du volume acheté : . . . .

. . . .

Suggestions : . . . .

. . . .

À : . . . . le : . . . .

Société d'Édition

LES BELLES LETTRES

95, boulevard Raspail

75006 PARIS

FRANCE

La fin

Oh ! combien de marins, combien de capitaines,
Qui sont partis joyeux pour des courses lointaines
Dans ce morne horizon se sont évanouis !
....
Combien de patrons morts avec leurs équipages !
L'Océan, de leur vie a pris toutes les pages,
Et, d'un souffle, il a tout dispersé sur les flots,
Nul ne saura leur fin dans l'abîme plongée
....
Nul ne saura leurs noms, pas même l'humble pierre,
Dans l'étroit cimetière où l'écho nous répond,
Pas même un saule vert quis'effeuille à l'automne,
Pas même la chanson plaintive et monotone
D'un aveugle qui chante à l'angle d'un vieux pont.
V. Hugo, Oceano nox.

Eh bien, tous ces marins – matelots, capitaines,
Dans leur grand Océan à jamais engloutis...
Partis insoucieux pour leurs courses lointaines
Sont morts – absolument comme ils étaient partis.

Allons ! c'est leur métier ; ils sont morts dans leurs bottes !
Leur *boujaron*[1] *au* cœur, tout vifs dans leurs capotes...
– *Morts...* Merci : la *Camarde* a pas le pied marin ;
Qu'elle couche avec vous : c'est votre bonne femme...
– Eux, allons donc : Entiers ! enlevés par la lame !
   Ou perdus dans un grain...

Un grain... est-ce la mort ça ? la basse voilure
Battant à travers l'eau ! – Ça se dit *encombrer...*
Un coup de mer plombé, puis la haute mâture
Fouettant les flots ras – et ça se dit *sombrer.*

---

1. Boujaron : ration d'eau de vie.

– Sombrer – Sondez ce mot. Votre *mort* est bien pâle
Et pas grand-chose à bord, sous la lourde rafale…
Pas grand-chose devant le grand sourire amer
Du matelot qui lutte. – Allons donc, de la place ! –
Vieux fantôme éventé, la Mort change de face :
        La Mer !…

  Noyés ? – Eh allons donc ! Les *noyés* sont d'eau douce.
– Coulés ! corps et biens ! Et, jusqu'au petit mousse,
Le défi dans les yeux, dans les dents le juron !

À l'écume crachant une chique râlée,
Buvant sans hauts-de-cœur *la grand-tasse salée…*
– Comme ils ont bu leur boujaron. –

    . . . .

– Pas de fond de six pieds, ni rats de cimetière :
Eux ils vont aux requins ! L'âme d'un matelot
Au lieu de suinter dans vos pommes de terre,
        Respire à chaque flot.

– Voyez à l'horizon se soulever la houle ;
On dirait le ventre amoureux
D'une fille de joie en rut, à moitié soûle…
Ils sont là ! – La houle a du creux. –

– Écoutez, écoutez la tourmente qui beugle !…
C'est leur anniversaire – Il revient bien souvent –
Ô poète, gardez pour vous vos chants d'aveugle ;
– Eux : le *De profundis* que leur corne le vent.

… Qu'ils roulent infinis dans les espaces vierges !…
Qu'ils roulent verts et nus
Sans clous et sans sapin, sans couvercle, sans cierges…
– Laissez-les donc rouler, *terriens* parvenus !

À bord. 11 février.

44

Épitaphe

Sauf les amoureux commençans ou finis qui veulent commencer par la fin il y a tant de choses qui finissent par le commencement que le commencement commence à finir par être la fin la fin en sera que les amoureux et autres finiront par commencer à recommencer par ce commencement qui aura fini par n'être que la fin retournée ce qui commencera par être égal à l'éternité qui n'a ni fin ni commencement et finira par être aussi finalement égal à la rotation de la terre où l'on aura fini par ne distinguer plus où commence la fin d'où finit le commencement ce qui est toute fin de tout commencement égale à tout commencement de toute fin ce qui est le commencement final de l'infini défini par l'indéfini. – Égale une épitaphe égale une préface et réciproquement.

Sagesse des Nations

Il se tua d'ardeur, ou mourut de paresse.
S'il vit, c'est par oubli ; voici qu'il se laisse :

– Son seul regret fut de n'être pas sa maîtresse. –

Il ne naquit par aucun bout,
  Fut toujours poussé vent-de-bout
  Et fut un arlequin-ragoût,
  Mélange adultère de tout.

Du *je-ne-sais-quoi.* – Mais ne sachant où :
  De l'or, – mais avec pas le sou ;
  Des nerfs, – sans nerf. Vigueur sans force ;
  De l'élan, – avec une entorse ;
  De l'âme, – et pas de violon ;
   De l'amour, – mais pire étalon,
  – Trop de noms pour avoir un nom. –

45

Coureur d'idéal, – sans idée ;
Rime riche, – et jamais rimée ;
Sans avoir été, – revenu ;
Se retrouvant partout perdu.

Poète, en dépit de ses vers ;
Artiste sans art, – à l'envers ;
Philosophe, – à tort à travers.

Un drôle sérieux, – pas drôle.
Acteur : il ne sut pas son rôle ;
Peintre : il jouait de la musette ;
Et musicien : de la palette.

Une tête ! – mais pas de tête ;
Trop fou pour savoir être bête ;
Prenant pour un trait le mot *très*.
– Ses vers faux furent ses seuls vrais.

Oiseau rare – et de pacotille ;
Très mâle... et quelquefois très *fille ;*
Capable de tout, – bon à rien ;
Gâchant bien le mal, mal le bien.
Prodigue comme était l'enfant
Du Testament, – sans testament.
Brave, et souvent, par peur du plat,
Mettant ses deux pieds dans le plat.

Coloriste enragé, – mais blême ;
Incompris... – surtout de lui-même ;
Il pleura, chanta juste faux ;
– Et fut un défaut sans défauts.

Ne fut *quelqu'un* ni quelque chose.
Son naturel était la *pose.*
Pas poseur, – posant pour *l'unique ;*
Trop naïf, étant trop cynique ;

Ne croyant à rien, croyant tout.
– Son goût était dans le dégoût.

Trop crû, – parce qu'il fut trop cuit,
Ressemblant à rien moins qu'à lui,
Il s'amusa de son ennui,
jusqu'à s'en réveiller la nuit.
Flâneur au large, – à la dérive,
Épave qui jamais n'arrive…

Trop *Soi* pour se pouvoir souffrir,
L'esprit à sec et la tête ivre,
Fini, mais ne sachant finir,
Il mourut en s'attendant vivre
Et vécut, s'attendant mourir.

Ci-gît, – cœur sans cœur, mal planté,
Trop réussi, – comme *raté*.

&

Sonnet
avec la manière de s'en servir

Réglons notre papier et formons bien nos lettres :

Vers filés à la main et d'un pied uniforme,
Emboîtant bien le pas, par quatre en peloton ;
Qu'en marquant la césure, un des quatre s'endorme…
Ça peut dormir debout comme soldats de plomb.

Sur le *railway* du Pinde est la ligne, la forme ;
Aux fils du télégraphe : – on en suit quatre, en long ; ...
À chaque pieu, la rime – exemple : *chloroforme.*
– Chaque vers est un fil, et la rime un jalon.

– Télégramme sacré – 20 mots. – Vite à mon aide...
(Sonnet – c'est un sonnet –) ô Muse d'Archimède !
– La preuve d'un sonnet est par l'addition :

– Je pose 4 et 4 = 8 ! Alors je procède,
En posant 3 et 3 ! – Tenons Pégase raide :
« Ô lyre ! Ô délire : Ô... » – Sonnet – Attention !

ဆာ

Décourageux

Ce fut un vrai poète : il n'avait pas de chant.
Mort, il aimait le jour et dédaigna de geindre.
Peintre : il aimait son art – Il oublia de peindre...
Il voyait trop. – Et voir est un aveuglement.

– Songe-creux : bien profond il resta dans son rêve ;
Sans lui donner la forme en baudruche qui crève,
Sans *ouvrir le bonhomme,* et se chercher dedans.

– Pur héros de roman : il adorait la brune,
Sans voir s'elle était blonde... Il adorait la lune ;
Mais il n'aima jamais – Il n'avait pas le temps.

– Chercheur infatigable : Ici-bas où l'on rame,
Il regardait ramer, du haut de sa grande âme,
Fatigué de pitié pour ceux qui ramaient bien...

Mineur de la pensée : il touchait son front blême,
  Pour gratter un bouton, ou gratter le problème
    Qui travaillait là – Faire rien. –

– Il parlait : « Oui, la Muse est stérile ! elle est fille
« D'amour, d'oisiveté, de prostitution ;
« Ne la déformez pas en ventre de famille
« Que couvre un étalon pour la production !

« Ô vous tous qui gâchez, maçons de la pensée !
« Vous tous que son caprice a touchés en amants,
« – Vanité, vanité – La folle nuit passée,
« Vous l'affichez *en charge* aux yeux ronds des manants !

« Elle vous effleurait, vous, comme chats qu'on noie,
« Vous avez accroché son aile ou son réseau,
« Fiers d'avoir dans vos mains un bout de plume d'oie,
« Ou des poils à gratter, en façon de pinceau ! »

– Il disait : « Ô naïf Océan ! Ô fleurettes,
« Ne sommes-nous pas là, sans peintres, ni poètes !...
« Quel vitrier a peint ! quel aveugle a chanté !...
« Et quel vitrier chante en raclant sa palette,

« Ou quel aveugle a peint avec sa clarinette !
« Est-ce l'art ?... »
          – Lui resta dans le Sublime Bête
Noyer son orgueil vide et sa virginité.

Les Amours jaunes

CHARLES CROS

Sonnet liminaire

Bibelots d'emplois incertains,
Fleurs mortes aux seins des almées,
Cheveux, dons de vierges charmées,
Crêpons arrachés aux catins.

Tableaux sombres et bleus lointains,
Pastels effacés, durs camées,
Fioles encore parfumées,
Bijoux, chiffons, hochets, pantins,

Quel encombrement dans ce coffre !
Je vends tout. Accepte mon offre,
Lecteur. Peut-être quelque émoi,

Pleurs ou rire, à ces vieilles choses
Te prendra. Tu paieras, et moi
J'achèterais de fraîches roses.

කග

Le hareng saur

Il était un grand mur blanc – nu, nu, nu,
Contre le mur une échelle – haute, haute, haute,
Et, par terre, un hareng saur – sec, sec, sec.

Il vient, tenant dans ses mains – sales, sales, sales,
Un marteau lourd, un grand clou – pointu, pointu, pointu,
Un peloton de ficelle – gros, gros, gros.

Alors il monte à l'échelle – haute, haute, haute,
Et plante le clou pointu – toc, toc, toc,
Tout en haut du grand mur blanc – nu, nu, nu.

Il laisse aller le marteau – qui tombe, qui tombe, qui tombe,
Attache au clou la ficelle – longue, longue, longue,
Et, au bout, le hareng saur – sec, sec, sec.

Il redescend de l'échelle –– haute, haute, haute,
L'emporte avec le marteau – lourd, lourd, lourd ;
Et puis, il s'en va ailleurs, – loin, loin, loin.

Et, depuis, le hareng saur – sec, sec, sec,
Au bout de cette ficelle – longue, longue, longue,
Très lentement se balance – toujours, toujours, toujours,

J'ai composé cette histoire, – simple, simple, simple,
Pour mettre en fureur les gens – graves, graves, graves,
Et amuser les enfants – petits, petits, petits.

Le Coffret de Santal

℘

Sonnet

Je sais faire des vers perpétuels. Les hommes
Sont ravis à ma voix qui dit la vérité.
La suprême raison dont j'ai, fier, hérité
Ne se payerait pas avec toutes les sommes.

J'ai tout touché : le feu, les femmes, et les pommes ;
J'ai tout senti : l'hiver, le printemps et l'été ;
J'ai tout trouvé, nul mur ne m'ayant arrêté.
Mais Chance, dis-moi donc de quel nom tu te nommes ?

Je me distrais à voir à travers les carreaux
Des boutiques, les gants, les truffes et les chèques
Où le bonheur est un suivi de six zéros.

Je m'étonne, valant bien les rois, les évêques,
Les colonels et les receveurs généraux
De n'avoir pas de l'eau, du soleil, des pastèques.

಄

Sonnet

Moi, je vis la vie à côté,
Pleurant alors que c'est la fête.
Les gens disent : « Comme il est bête ! »
En somme, je suis mal coté.

J'allume du feu dans l'été,
Dans l'usine je suis poète ;
Pour les pitres je fais la quête.
Qu'importe ! J'aime la beauté.

Beauté des pays et des femmes,
Beauté des vers, beauté des flammes,
Beauté du bien, beauté du mal.

J'ai trop étudié les choses ;
Le temps marche d'un pas normal
Des roses, des roses, des roses !

Le Collier de griffes

Jean Delville

Figure tombale

Pose ta blanche main de marbre sur mon cœur,
Toi, dont le geste calme et divin, ô Statue,
Apaise la chair trouble et qui semble vêtue
D'impérial silence et d'austère douceur.

La vie sous ta main pacifique s'est tue.
L'œil clair de tes yeux clos allume dans l'erreur
Les clartés de la mort qui planent sur l'horreur,
Où la dalle à jamais, un soir, s'est abattue.

Au funèbre jardin où j'ai compté mes pas
Ton ombre tristement sur mon front blême tombe.
Ô gardienne du seuil ne me connais-tu pas ?

Parle-moi maintenant des secrets de la tombe,
Bouche pieuse et grave où vit la vérité :
Je suis seule avec toi devant l'éternité.

La Jeune Belgique

LÉON DEUBEL

Candeur

À J.-B. Carlin

Je suis un grand garçon timide et nostalgique
Qui traverse la vie en n'y voulant rien voir.
J'ai quelque part sans doute oublié mon espoir
Étourdiment, comme un bagage chimérique.

Je rêve de baisers et de soirs magnifiques,
Et je subis le mal ambiant comme un devoir ;
J'admets qu'il est parfois possible d'y surseoir,
Et je fais bruyamment des projets pacifiques.

J'aime le soir tombant des douleurs apaisées,
Le microcosme obscur des herbes méprisées.
Jusqu'à son geste las qui provoque mes pleurs.

Retiré dans la tour de mon âme harmonique,
J'éprouve le besoin de me croire ironique,
Et je cultive le dédain des gens comme une fleur !

La Chanson balbutiante

෪

Liminaires

À J.-B. Carlin.

I
Celui au Critique :

Ci-gît mon âme désolée
Parmi de la littérature.
Vous en aimez le mausolée ?
Moi j'en goûte l'architecture.

Des funérailles isolées,
À la messe rien que des hures,
Une messe de raison pure,
L'eau bénite en était salée.

Au fronton du temple j'ai mis :
« Le public n'entre pas ici,
« Ou montrez patte musicienne. »

Monsieur Critique frappe hautement,
Puis, ayant lu, sourit un temps
Au fond d'une âme normalienne.

II
Celui au Disciple :

Dédaigne la cloche vulgaire
De notre rime au rendez-vous
Où l'ont conviée les ors roux
Des couchants et de la lumière.

Prends pour musique indéfinie
De ton vers une voix de femme,

56

Et cherche à faire de ton âme
La raison d'être du génie.

Pour t'éviter le ridicule
De te croire presque sacré,
Trouve ta peine minuscule
Et ris d'elle avant d'en pleurer.

N'aime pas la littérature,
Mais l'Art qui la différencie,
Ecris comme l'on balbutie
Et crois à ta gloire future !

III
Celui du cher « Moi » :

Je suis Celui des crépuscules
Et des images puériles,
Je rythme des chansons faciles
Dont je conserve le scrupule.

Je ne sors guère de moi-même.
À quoi bon ? tout afflue en moi ;
Je fais le signe de la croix
Et je ciselle des blasphèmes,

Je suis jeune : c'est ridicule.
Mais si mon âge est minuscule,
J'ai des muscles incontestés,

Pour la deuxième fois je livre
Ma volonté de faire un livre :
Il ne faudrait pas s'entêter.

Le Chant des Routes et des Déroutes

Les maudits

Jules Laforgue

À Touny-Léris

Pierrot qu'on exila sous quelque redingote,
Grand-prêtre de Tanit, amant de Salammbô,
Qui fièrement voua sa jeunesse cagote
Au culte émancipé d'un astre comme il faut ;

Laforgue ! ô doux conteur de contes à soi-même,
Doux poète illuné des soirs de flânerie,
Vrai, le donquichottisme a sa monotonie
Quand les moulins à vent ne tournent qu'en nous-mêmes.

Aussi tu préféras correctement sortir
(Hamlet qui réprimas le « *to be* » d'un sourire)
D'un monde mal acquis à tes chevaleries ;

Petit amant berné qui partais à la brune
Prouver par A plus B ton amour à la lune,
Va, dors, convalescent des blessures de vie.

II
Arthur Rimbaud

À André Girodie

Tel à courir le monde en qui tu connus mieux
La somptuosité rebelle de ton cœur,
Avide d'actes enfin permis à ta ferveur,
Tu vécus petit roi des chimères sans dieu.

58

Enfant, tu raillais bien, dressé devant la table
Ainsi que la statue proche du Commandeur,
Les dogmes avilis et grognant dans l'étable,
L'appel des libertés que fouaillent les montreurs.

Pour quels triomphes fous, d'or, de sonorités,
Laissas-tu celui qui, comme en un reliquaire,
Avec de chères mains d'ardente humanité,

Te chercha loin, génial, aux abîmes du Livre ?
Tu partais à l'avant penché des bateaux ivres,
Et la Mort exila cet exil volontaire.

III
Verlaine

À Jules Mouquet

La voix du rossignol qui monte dans les choses
M'est une douce invite à te lire, Verlaine,
Par ce soir, tandis qu'une brise tiède halène
Le long de l'avenue où des marbres reposent.

Tous les parfums se sont blottis au cœur des roses,
Le jardin rêve au fond de sa légende ancienne,
Et les cygnes du lac, immobiles, retiennent
Le tranquille bonheur que leurs ailes enclosent.

Seule, au bord du grand ciel tremble une étoile d'or
Et la lune qui fait la page douce et mièvre
Se plaît sur ton poème amène où tout s'endort :

Parfums, lueurs, et vous, lentes musiques vieilles
Que traverse, innombrable, avec le vent qui bruit
Ton âme, ô vagabond, qui fut celle des nuits !

Sonnets intérieurs

Edouard Dubus

Solitaire

Blanche, comme les flots de blanche mousseline,
Enveloppant sa chair exsangue de chlorose,
Elle rêve sur un divan dans une pose
Exquise de langueur, et de grâce féline.

De ses yeux creux jaillit un regard qui câline
.... dans le vague, elle se rose,
Sa bouche se carmine et frissonne mi-close,
Sa taille par instants se cambre, puis s'incline.

Sa gorge liliale, où rouges sont empreintes
Des lèvres, se raidit comme sous les étreintes,
Elle sursaute en proie au plaisir, et retombe.

Dans ses longs cheveux d'or épars rigide et pâle,
Et sans l'harmonieux tressaillement d'un râle,
On dirait un cadavre un peu frais pour la tombe.

℅

Mensonge d'automne

Pour G.-Albert Aurier

Croyant que surgiront des soleils éclatants
Parmi les ciels d'automne, aux rires de printemps,
Où s'exhale un avril des mourantes corolles,
Où s'élève un palais fragile, les mains folles,
Pour y passer un triomphal été futur,
Baigné par les splendeurs en feu d'un pur azur.

Quand c'est fini, le vent pleure à chaque fenêtre,
Et le froid seul, bien seul, mortellement pénètre
L'édifice promis aux torrides clartés,
Prophétisant : que les regards épouvantés

Contempleront l'œuvre illusoire en agonie.
Les murs enlinceulés par la neige infinie
Crouleront.
   Et dès lors, vagabond des ravins,
On aura, comme juste abri des songes vains,
Après les jours en deuil, où planent les désastres,
Les claires nuits d'hiver, où grelottent les astres.

❧

Aurore

Pour Stuart Merrill

L'or rosé de l'aurore incendie
Les vitraux du palais où se danse
Une lente pavane affadie
Aux parfums languissants de l'air dense.

L'éclat falot de la bougie agonise,
À l'infini, dans les glaces de Venise.

Les rideaux mal rejoints sont, aux franges,
Allumés des splendeurs de l'aurore ;
La musique a des sons bien étranges :
On dirait un remords qui pérore.

Mourants ou morts déjà les sourires mièvres ;
Les madrigaux sont morts sur toutes les lèvres.

On s'en va, deux à deux, sans étreinte,
Sans cueillir un lambeau de dentelle,
Ecoutant tout rêveur, mais sans crainte,
Le bruit sourd de son cœur qui pantèle.

Pour défaillir, ne faut-il pas qu'on oublie
Le triste éveil d'une ancienne folie ?

Dans la salle de bal nue et vide
Reste seul un bouquet qui se fane,
Pour mourir du même jour livide
Que l'espoir des danseurs de pavane.

L'éclat falot de la bougie agonise,
À l'infini, dans les glaces de Venise...

P. V.

Je ne peux pas vivre avec ma conscience,
Il me fait peur d'aller où sont les maudits.
J'ai bien renoncé pourtant au Paradis,
– Cuirassons nos lâches cœurs d'insouciance.

Veux-tu du vin ou du rhum ?
Ou des Potions qui donnent la folie ?
Dis-moi donc un moyen sûr, pour que j'oublie
Cet horrible. *In secula seculorum !*

Le Remords avec sa voix de mélodrame.
Je l'entendrai lorsque sonnera mon glas
Jetons cet enragé sous un matelas,
Essayons d'étouffer sous la chair notre âme.

Quand les violons sont partis

ÉDOUARD DUJARDIN

« *Sous les guirlandes du matin…* »

Sous les guirlandes du matin
Et ses guipures et ses lointains,
Parmi les teintes d'aubépines et de thyms
Et les grisailles du ciel argentin,

Tandis que l'orient envermeille
Votre fenêtre, votre miroir et votre treille,
Oh ! tandis que d'un blanc soleil
Il ensoleille
Le cadre en mousseline où vos yeux sommeillent,

Pour un jour encor, pour un jour nouveau,
Pour un jour de plus parmi les jours et l'infini des renouveaux,

Apparaissez,
L'aube bruit, l'aurore rit, les effrois de la nuit sont passés,
Surgissez,

Et plus bénigne et plus radieuse et plus belle,
Oh ! manifestez-vous en vos cadences et en vos ailes,
En vos douceurs, amie ! et en cette âme fidèle.

La Comédie des amours

∽

64

L'Angleterre

Connais-tu l'île blanche de Thulé ?
Connais-tu ce ciel de nuages auréolé,
Ce ciel ceint de brume éphémère ?
Connais-tu la vaporeuse terre,
Le pays pâlement constellé,
L'Angleterre ?

Connais-tu ce sol fourmillant
Où tout est bruit et mouvement ?
Là les foules humaines
En des confusions souveraines
Grouillent éternellement
Vers où l'illusion les mène.

Combien moelleux le songe dort
Et s'envole et se repose et vole encor
Parmi ces rives, ô Tamise,
Où la paix de l'être s'hyperbolise,
Tandis qu'en un insatiable effort
Roule la multitude grise !

Ô trop pensive Dalila,
N'est-ce pas là
Que deux amours immaculées
Auraient leur couche apparcillée,
En ce calme et ce brouhaha
Par qui toutes choses sont emmêlées ?

ℬ

65

Hommage à Wagner

Ainsi le morne dieu connaissant la Fin proche,
Entrevoyant la fin des grands Ors superflus,
S'acheminait vers les achèvements voulus ;
– Ainsi Tristan criait au jour son long reproche,

Et son désir au jour mauvais plus ne s'accroche,
Aspiration à des hymens absolus ;
– Ainsi le Pur, en qui les Mondes ne sont plus,
Planait, extatique Colombe, sur la Roche…

Ô mépriseur, nieur serein, ô attesté
Blasphémateur de l'ordinaire, en l'unité
Vivant, ô découvreur des réels récifs, Mage,

À nous, ainsi, l'esprit hautain et le pervers
Génie, ainsi le rêve et la non vaine image
Et l'idée où se meut l'autre et l'autre univers !

∞

Hommage à Mallarmé
(Souvenir du voilier de Valvins)

Dans la barque, au ras des eaux, qui s'assoupit,
La voile large tendue parmi l'espace et blanche,
Tandis que le jour décroît, que le soir penche,
Le bon nocher vogue sur le fleuve indéfini.

À pleine voile, aussi, le soir, l'idée luit,
Au-dessus de la vie et du tourbillon et de l'avalanche,
Blanche en un encadrement de sombres branches,
Là-bas à l'horizon vague de l'esprit.

Maître,
Sur la rive d'où je vois votre voile apparaître,
Et dans mon âme que réconforte la clarté,

Je regarde et j'adore
Le rayonnement argenté
Qui dans le crépuscule semble une aurore.

Le Délassement du Guerrier

De Visitation

Or, au dimanche froid, maritime et d'hiver,
    Aux lèvres amer,
    D'une ville très port-de-mer,
Dans un dimanche froid, maritime et d'hiver ;

Aux quatre heures de soir longues d'après-dînée
    De lampes allumées,
    — Et lasses, et comme enfumées —
Des quatre heures de soir longues d'après-dînée ;

De la famille nous est venue visiter,
    — Famille d'été,
    Et de soleil très endettée, —
De la famille nous est venue visiter.

Or, avec les mains bleues de leurs jours de navires,
    Plus debout qu'assis,
    Disant en anglais raccourci
Le parler de leurs mains comme aux jours des navires,

Les parents de retour des bonnes Australies,
    Et riches trop tard,
    — Oncles d'Amérique et soudards —
Les parents de retour des bonnes Australies,

Les grands-parents sous la lampe jaune en allés
    Pour prendre le thé,
    Graves et de solennité,
Les grands-parents sous la lampe jaune en allés,

De mains m'ont fait signe d'être à l'enfant-très-femme,
— Très-femme et très-âme —
Les parents de celle de l'âme
De mains m'ont fait signe d'être à l'enfant-très-femme ;

Et parlant de profil, comme à des yeux fermés,
Ils ont dit très doux :
Nous sommes ceux venus vers vous
Et d'annonciation vers la bien-aimée.

ℰ

Aux yeux
(*extraits*)

I

Et me voici vers vous, les hommes et les femmes,
Avec mes plus beaux jours pour le cœur et pour l'âme

Et la bonne parole où tous les mots qui s'aiment
Semblent des enfants blancs en robes de baptême ;

Car c'est en aujourd'hui la belle Renaissance,
Où ma douce sœur Joie et son frère Innocence

S'en sont allés cueillir, en se donnant la main,
Sous des oiseaux chantants les fleurs du romarin,

Pour fêter paix venue aux jardins de jouvence,
Qu'ouvrent ici la foi et la bonne espérance.

Or, voici doux pays et lors, à mes couleurs,
La vie comme un bouquet de joies et de senteurs,

Et dimanche, les yeux, dans le très bon royaume
Des bêtes et des gens, des maisons et des chaumes,

Et tout mon peuple heureux de sages et de fous
Mais attentifs aux croix, du cœur jusqu'aux genoux ;

Or, c'est fête, les yeux, et réjouissez-vous
Ainsi que des enfants dans mes jours les plus doux.

Car c'est le temps venu après bien des prières,
Et des villes bâties toits à toits, pierre à pierre,

De la maison promise et dont le seuil est prêt
À tous ceux de travail pour du bonheur après ;

Et c'est voiles, au loin, dès mon pays sans leurre,
Parlant à guidons bleus pour devancer d'une heure

Ma paix haute déjà dans les meilleures âmes ;
Mais réjouissez-vous lors, les hommes, les femmes,

Et selon tout mon cœur en rêve de bonté,
Pour un prêche aujourd'hui d'amour et charité.

VI

Alors aussi, tous mes bons anges,
Ceux de plumes et de velours,
Riez dans les ciels à l'entour
De vos mains où les oiseaux mangent,

70

Et soyez heureux d'être aux anges,
Les yeux, montés au haut des tours,
Pour voir la mer en son séjour
Entre les arbres et mes anges.

Puis, avec les oiseaux qui volent
Ici des villes à la mer,
Aussi cherchez, les yeux, en clair,
Les voiles loin qui font les folles,

Et fêtez le vent, banderolles,
Aux quatre coins du ciel où jouent
Les enfants à s'enfler les joues
De tous mes mots sus comme un rôle,

Pour la joie des gens bénévoles
Et qui savent que pour leur bien,
C'est de mon paradis qui vient,
Déjà la voix dans mes paroles.

ᴈ

Aux mains
(*extraits*)

V

Mais lors c'est, las, mon temps venu
De dire adieu, et jusqu'aux roses,
À ma maison ainsi qu'aux choses
Qui, par tous mes noms, m'ont connu ;

Car, à présent, c'est en pâture
Mon âme, à tous et sans merci,
Pour les pauvres mots que j'ai dits
Dans ma croyance aux joies futures.

Or, pour ma peine ou mon pardon,
Qu'attendent ceux de mes prières,
Dans mes carreaux voici les pierres,
Et les mouches lors, sur mon front,

Puis, dans le beau jour où tous sortent,
Les yeux allés, de large en long,
Aux fenêtres de ma maison,
Et les bouches haut qui s'exhortent

À rire dans leurs entretiens,
De ma foi simple qu'on apporte
À Pilate qui, sous ma porte,
M'ayant jugé, lave ses mains.

VI

Et lors mettez le crâne avec le lièvre
Dans l'herbe où broute près du loup la chèvre

Et faites venir les bons charpentiers
Pour dresser ma croix, selon leur métier,

Avec les cordes, plus en leurs mains brunes
Les marteaux de bois en forme de lune.

Puis, dans le sable chauffé du plein jour,
Placez mes amis, et tout à l'entour

Laissez faire au ciel d'ici ses nuages
Sur le monde en rond de mes paysages

Où, vers les marchés, dont c'est la saison,
Piétons, cavaliers, charrettes s'en vont

Inconscients, las, de la vie qu'ils traînent,
Sauf les pauvres gens tristes de ma peine.

Car c'est pour eux seuls, et si dévoués,
Tout mon cœur qui dit sa tâche achevée

Et, malgré tout, heureuse en la misère
De cette passion et du calvaire

Qu'il faut à tous ceux de sincérité,
Disant haut les mots de vraie vérité,

Or, laissez alors sonner les trois heures
De mon Vendredi-Saint sur les demeures,

Où les bonnes gens qui m'ont bien aimé
Me savent par cœur depuis des années,

Et puis, comme aux enfants, penchez ma tête
Vers les choses d'ici toujours en fête,

Car voici qu'enfin tout est consommé
Dans ma pauvre vie allée en fumées

Au jour le jour des larmes et du rire,
Mais que je n'ai sue comme il fallait dire.

℘

73

Vies
(extraits)

II
Et chacun faisant son métier

Et chacun faisant son métier,
voici planter le jardinier
      selon sa vie,
d'être aux plantes, avec ses mains,
        doux et bon comme à des humains,
sous le soleil et sous la pluie,

en son royaume des jardins,
des parterres et des chemins
      où tout concerte :
tonnelles, quinconces, berceaux,
et par ses soins, branches, rameaux,
pour taire, à tous, musique verte.

Or c'est ici ses harmonies
et voyez, lors, et tout en vie,
      chanter les fleurs ;
puis, pour l'ornement du feuillage,
mûrir les fruits, sur les treillages,
en senteurs, parfums et couleurs ;

et yeux alors, comme un dimanche,
voici fête d'arbre et branches
      de toute part,
et la terre comme embellie
de tant de choses accomplies
par ses mains et selon son art.

Mais comme en image à présent

Mais comme en image à présent
voyez ici souffler le vent
    et tout qui plie :
arbres, mâts, croix, roseaux, sapins,
et puis aussi la mer au loin
qui hurle et crie,

faisant écume, embruns et eaux,
pour la kermesse des bateaux,
    les bleus, les verts,
vagues en bas, vagues en haut,
donnant du flanc, donnant du dos,
    beauprés en l'air.

Mais lors, et tout à son métier,
voyez aussi le batelier
    assis en poupe,
et comme il rit, l'écoute aux mains,
de s'aller ainsi corps et biens
    de cap en coupe ;

car c'est la vie qu'il s'est choisie,
ainsi qu'il parlait en lui
    selon la chair,
de ceux de Flandre que l'on voit
    depuis tous les temps, rame aux doigts,
    à vau la mer.

La Louange de la vie

Idylle symbolique

L'enfant abdique son extase,
Et, docte déjà par chemins,
Elle dit le mot : Anastase !
Né pour d'Éternels parchemins,

Avant qu'un Sépulcre ne rie
Sous aucun climat, son aïeul,
De porter ce nom : Pulchérie !
Caché par le trop grand Glaïeul.

Stéphane Mallarmé

Amoureuses Hypnotisées
Par l'Indolence des Espoirs,
Ephèbes doux, aux reflets noirs,
Avec des impudeurs rosées,

Par le murmure d'un Ave,
Disparus ! Ô miracle Étrange !
Le démon suppléé par l'Ange,
Le vil Hyperbole sauvé !

Ils parlent, avec des nuances,
Comme, au cœur vert des boulingrins,
Les Bengalis et les serins,
Et ceux qui portent des créances.

Mais ils disent le mot : Chouchou,
– Né pour du papier de Hollande, –
Et les voilà seuls, dans la lande,
Sous le trop petit caoutchouc !

Les Déliquescences

76

ANDRÉ FONTAINAS

Sonnet

Rade aux frissons futurs des océans d'aurores,
Sera-ce en le reflet d'un lointain vespéral
Que des vaisseaux cimés de leur azur astral
Atterriront aux quais de tes jardins sonores ?

Ville, ô Toi, du triomphe et de fleurs, qui décores
De joie, avec ta foule en fête, un littoral
Où des prêtres sans pompe et sans deuil augural
Se détournent de boire en d'impures amphores :

Garde l'orgueil de vivre et l'orgueil dans l'amour
Et la douceur frémissante d'un songe chaste.
Orgueil candide, aux yeux vers la mer, sur la tour.

Vigile, des mâts d'ombre errant par la mer vaste ;
Vent du large, menace sombre aux jardins clairs,
Crains le nuage gros de tempête et d'éclairs.

Crépuscules

ε‰

« *Sur le basalte, au portique...* »

Sur le basalte, au portique des antres calmes,
Lourd de la mousse des fucus d'or et des algues

Parmi l'occulte et lent frémissement des vagues
S'ouvrent en floraisons hautaines dans les algues,
Les coupes d'orgueil de glaïeuls grêles et calmes...

Le mystère où vient mourir le rythme des vagues
Exhale en lueurs de longues caresses calmes.
Et le rouge corail où se tordent des algues
Étend à la mer des bras sanglants de fleurs calmes,
Qui mirent leurs reflets sur le repos des vagues.

Et te voici parmi les jardins fleuris d'algues
En la nocturne et lointaine chanson des vagues,
Reine dont les regards pensifs en clartés calmes
Sont de glauques glaïeuls érigeant sur les vagues
Leurs vasques aux pleurs doux du corail et des algues.

Les Vergers illusoires

ɕɔ

« *Voix vibrante de rêve...* »

Voix vibrante de rêve et de chant qui m'affoles,
Ô voix frêle et sonore, où planent par essaims
Les rires éclatants plus clairs que des tocsins,
Ô sa voix... je l'écoute autant que ses paroles.

Je retrouve en sa voix vos inflexions molles,
Âme des vieux rebecs, esprit des clavecins,
Baisers épanouis en rapides larcins,
Confidences d'amour des anciennes violes.

Sa voix, c'est la douceur des songes innocents,
C'est un souffle d'iris, de cinname et d'encens,
C'est un enivrement d'harmonie et d'optique,

Et c'est, au fond de moi, fait d'un vivant soleil
De fierté lumineuse et de rythme vermeil,
Le plus éblouissant et le plus pur cantique.

ℰℓ

Le lac crépusculaire

Parmi les tiges rivulaires,
Le long du lac sous les vapeurs crépusculaires,
Voix mystérieuse, tu pleures
Vers le bois violé d'embûches et de leurres :
Voix de souffrance, de colères,
Quel rire, flèche sûre avec son vol qui vibre
Fendit la livide brume qu'elle déchire,
Quel rire aigu outrage la chair de ton angoisse,
Voix de douleur, voix d'angoisse ?

Tôt la livide brume s'est refermée
Sur l'hivernale torpeur des arbres et du lac
Et désormais
Nul murmure aux joncs rivulaires et du lac
Et nul frémissement ne court plus l'eau du lac
Où s'installe la solitude désolée ;
Le vent de nul sanglot n'émeut plus la vallée
Sur qui des arbres pèse la brume étalée
Muette et désolée.

Ô mort frileuse du grand lac crépusculaire
Que le languide hiver de lourds brouillards submerge,
Un prestige de fleurs réjouira la berge
Et peut-être une joie amoureuse très claire
Renaîtra parmi l'or de tous ces longs roseaux
En vive éclosion de lumineux oiseaux
Épris éperdument des corolles nouvelles.
Parfums défunts d'iris, de lys et d'asphodèles
Qui sous les eaux dormez à présent d'un sommeil
Immuable ! ou parfums, vous mêlant au soleil
Qui rit en la chanson renaissante des feuilles,
Insidieux parfums du mystère aboli,
Vous renaîtrez du calice des fleurs d'oubli,
L'été futur vous mentira d'où tu endeuilles,
Ô voix de cet hiver ! les bois crépusculaires
Lourds d'angoisses, d'embûches et de leurres
Où, voix accusatrice et dolente, tu pleures
Sous l'outrage de l'âpre rire
Qui, flèche, dans la chair se rive et te déchire.

Le Sang des Fleurs

80

PAUL FORT

La grande ivresse

Par les nuits d'été bleues où chantent les cigales, Dieu verse sur la France une coupe d'étoiles, le vent porte à ma lèvre un goût du ciel d'été ! Je veux boire à l'espace fraîchement argenté.

L'air du soir est pour moi le bord de la coupe froide où, les yeux mi-fermés et la bouche goulue, je bois, comme le jus pressé d'une grenade, la fraîcheur étoilée qui se répand des nues.

Couché sur un gazon dont l'herbe est encore chaude de s'être prélassée à l'haleine du jour, oh ! que je viderais, ce soir, avec amour, la coupe immense et bleue où le firmament rôde !

Suis-je Bacchus ou Pan ? je m'enivre d'espace ; et j'apaise ma fièvre à la fraîcheur des nuits. La bouche ouverte au ciel où grelottent les astres, que le ciel coule en moi ! Que je me fonde en lui !

Enivrés par l'espace et les cieux étoilés, Byron et Lamartine, Hugo, Shelley sont morts. L'espace est toujours là ; il coule illimité ; à peine ivre il m'emporte, et j'avais soif encore !

ॐ

L'alerte

À M. G. Confade.

Le soir tombe. Les faunes, aux toisons fatiguées, ont laissé dans les sources, en remontant les rives, les naïades fluides couler sur le gravier, s'échapper de leurs bras les tailles fugitives.

Ils ouvrent, s'y plongeant, les roseaux en corbeilles, et dorment. Leurs bras velus s'étendent sur les sources. Nonchalamment pendantes, les mains fauves y baignent, caressant les échines des nymphes dans leur course.

Les doigts, où fuit l'eau vive, peignent les crins dorés : l'eau se ride entraînant, avec les chevelures, ce qui tombe d'étoiles à travers la feuillée ; et l'on entend les faunes ronfler sur le murmure.

C'est l'heure où Pan, rêveur, siffle dans la forêt. Le rossignol caché lui répond ; et leurs trilles montent, se poursuivant dans les arbres qui brillent, tant, pour les écouter, la lune est venue près.

Le satyre s'est tu, et l'oiseau se lamente... Plus un bruit... Hors des sources, les naïades ont sauté, d'un saut si doux qu'un faune ne fut pas éveillé. Elles courent ! Dans la plaine est-ce un berger qui chante ?

Pan hume, autour de lui, l'agréable vapeur qui se répand sous bois de tant d'épaules nues, et suit jusqu'à l'orée le sillage d'odeur de Galatée furtive, et qu'il a reconnue.

Toutes, sur la lisière, sont couchées attentives à de grands bruits secrets, dans l'horizon perdus, et le satyre, inquiet, se penche pour ravir un chant que n'entend pas son oreille poilue.

Il s'est précipité, grimpant au plus haut chêne qui tord ses noirs rameaux sur le ciel étoilé. Vif, il atteint la cime par les vents dépouillée, et ses regards phosphorescents fouillent la plaine.

Toute la terre est nue jusqu'à l'horizon courbe, où la plaine se fond aux regards ; et nul arbre, nul foyer, nul troupeau, nulles formes ne bougent : au clair de lune la plaine herbeuse luit comme un marbre.

Sur sa branche craquante, et sifflant, Pan trépigne, et la forêt profonde, feuille à feuille, frémit. Haussant leurs cornes d'or, qui trouent l'argent des cimes, mille têtes crépues émergent autour de lui.

Le dos de la forêt grouille de toisons fauves ; le grand chêne panique en est comme échevelé. Les feuilles sont des mains ; chaque branche est un faune auquel des mains s'agrippent, qui veulent se hisser !

Emportée vers les cimes, la troupe des naïades semble nager dans l'air entre les bras velus. Alerte !... À leur clameur douloureuse et sauvage, des trompettes de guerre, faunes, ont répondu !

Comme une vague se gonfle en parcourant la mer, tous voient se rapprocher, livide, l'horizon noir. Et des fleurs métalliques jettent de froids éclairs sur le sombre cristal de l'air au fond du soir.

ಐ

Hymne dans la nuit

L'ombre, comme un parfum, s'exhale des montagnes, et le silence est tel que l'on croirait mourir. On entendrait, ce soir, le rayon d'une étoile remonter en tremblant le courant du zéphyr.

Contemple. Sous ton front que tes yeux soient la source qui charme de reflets ses rives dans sa course... Sur la terre étoilée surprends le ciel, écoute le chant bleu des étoiles en la rosée des mousses.

Respire, et rends à l'air, fleur de l'air, ton haleine, et que ton souffle chaud fasse embaumer des fleurs, respire pieusement en regardant le ciel, et que ton souffle humide étoile encor les herbes.

Laisse nager le ciel entier dans tes yeux sombres, et mêle ton silence à l'ombre de la terre : si ta vie ne fait pas une ombre sur son ombre, tes yeux et sa rosée sont les miroirs des sphères.

Sens ton âme monter sur sa tige éternelle : l'émotion divine, et parvenir aux cieux, suis des yeux ton étoile, ou ton âme éternelle, entrouvrant sa corolle et parfumant les cieux.

À l'espalier des nuits aux branches invisible, vois briller ces fleurs d'or, espoir de notre vie, vois scintiller sur nous, – scels d'or des vies futures, – nos étoiles visibles aux arbres de la nuit.

Écoute ton regard se mêler aux étoiles, leurs reflets se heurter doucement dans tes yeux, et mêlant ton regard aux fleurs de ton haleine, laisse éclore à tes yeux des étoiles nouvelles.

Contemple, sois la chose, laisse penser tes sens, éprends-toi de toi-même épars dans cette vie. Laisse ordonner le ciel à tes yeux, sans comprendre, et crée de ton silence la musique des nuits.

Ballades françaises

ℰℐ

Il y a de cela 90 ans

À ma nièce Gabrielle Fort, fille unique de Rachilde

Rachilde naît aux loups près des bois de Thiviers, aux poètes encore, à son génie en outre – je résume – à la Poésie, dont loups-cerviers qu'elle ira voir de nuit ou par lune ou par foudre,

lorsqu'elle s'enfuira – sur laineuses sandales étouffeuses des pas – de sa maison natale, pour aviver plus verts ses yeux verts aux yeux verts des loups, frangeant l'orée or-noir sous le couvert.

Nulle peur de l'enfant, nulle des loups et louves. Allez donc l'arracher cette Rachilde enfant aux regards fascinants et qui son regard couvent. De temps à autre, ils le peuvent bien ses parents.

Mais la féerie est là – tous ces loups qui s'en viennent éclairer pour jamais l'âme rachildienne, sous le nom Poésie qui séduira plus tard son Léo, son Verlaine, ah ! tous ses « compaings » d'art, et Barrès et Villiers, puis enfin – ça plus chouette que toutes les chouettes de Minerve ! – son *Vallette*,

sage homme à qui vient d'elle amour de Poésie, tant qu'il y gagnera la sombre fantaisie, laborieuse, de publier, publier, publier 150 Apollons sans leurs bourses délier.

La voici morte, cette Fée monagénaire, Feus Verhaeren, Laforgue, Elskamp, Lautréamont, Griffin, Régnier, Louÿs, Kahn, Moréas, Gourmont, Maeterlinck, Jammes, tous, sortez tous de votre Aire

céleste ! accueillez-la celle à qui France doit de vous connaître, ou vite, ou sur le bout des doigts ; mais je veux que derrière vous, l'éternel jour nous illumine, eh oui ! trouvères ; oui, troubadours !

cent oreilles de loups pointant – ouïes de velours... Justice à tous, justice à Rachilde surtout, à l'Époux s'acharnant au labeur comme un fou héroïque – *et nocturne* – alors justice aux loups !

∞

Convoi de Paul Verlaine
après un tourbillon de neige

(Rêverie en souvenir de ton plus beau jour, boulevard Saint-Michel)

Ce Boul'Mich' tout de neige et bleu froid cent pour cent, à la Breughel du « Massacre des Innocents », avec foule de personnages aux foulards blancs, écarlates, roux, vert tendre ou vert criard,

tu le revois, mon âme, ce Boul'Mich' d'autrefois et dont le plus beau jour fut un jour de beau froid : Dieu ! s'ouvrit-il jamais une voie aussi pure au convoi d'un Grand Mort suivi de miniatures ?

Tous les grognards – petits – de Verlaine étaient là, frissonnant, toussotant, glissant sur le verglas, mais qui suivaient ce mort et la désespérance, morte enfin, du Premier Rossignol de la France

ou plutôt du Second (François de Montcorbier, voici belle lurette, en fut le vrai Premier). N'importe ! Lélian, je vous suivrai toujours ! premier ? second ? vous seul. En ce plus froid des jours,

n'importe ! je suivrai toujours, l'âme enivrée, ah ! folle d'une espérance désespérée, Montesquiou-Fezensac et Bibi-la-Purée, vos deux gardes du corps, – entre tous moi *dernier*.

Ballades du beau hasard

Georges Fourest

Épître falote et testamentaire
pour régler l'ordre et la marche
de mes funérailles

> *Allons donner notre ordre à des Pompes funèbres*
> *À l'égal de son nom, illustres et célèbres.*
> Pierre Corneille, *Sertorius*, V, 3.

Il ne me convient point, barons de Catalogne,
lorsque je porterai mon âme à Lucifer,
qu'on traite ma dépouille ainsi que la charogne
d'un employé de banque ou de chemins de fer ;

que mon enterrement soit superbe et farouche,
que les bourgeois glaireux bâillent d'étonnement
et que Sadi Carnot, ouvrant sa large bouche,
se dise : « Nom de Dieu ! le bel enterrement ! »

I

Le linceul sera simple et cossu : dans la bile
d'un pédéraste occis par Capeluche vers
l'an treize cent soixante, un ouvrier habile
a tanné douze peaux de caprimulges verts :

pour ôter au cadavre un aspect trop morose
premier que me vêtir du suaire teignez
mes sourcils en bleu ciel et mes cheveux en rose
de flamant et dorez mes ongles bien rognés.

Ce coffre d'orichalque ocellé de sardoines
et doublé de samit qu'autrefois Gengis-Khan
offrit à mon aïeul semble des plus idoines
à recevoir mon corps aimé de Dinican !

Etendez-moi rigide au fond de cette bière,
placez entre mes mains nos livres décadents :
Laforgue, Maldoror, Rimbaud, Tristan Corbière
mais pas de René Ghil : ça me fout mal aux dents !

II

Pour corbillard, je veux un très doré carrosse
conduit par un berger Watteau des plus coquets,
et que traînent, au lieu d'une poussive rosse,
dix cochons peints en vert comme des perroquets ;

celle que j'aimai seul, ma négresse ingénue
qui mange des poulets et des lapins vivants,
derrière le cercueil, marchera toute nue
et ses cheveux huilés parfumeront les vents ;

les croque-morts seront vêtus de laticlaves
jaune serin, coiffés d'un immense kolbach
et trois mille zeibecks pris entre mes esclaves
suivront le char jouant des polkas d'Offenbach ;

vous, sur des hircocerfs, des zèbres, des girafes
juchés et clamitant des vers facétieux,
vous cavalcaderez munis de deux carafes
d'onyx pour recueillir le pipi de vos yeux,

tandis que méprisant ta faune, ô Lacépède,
drapé dans une peau de caméléopard
mon vieux compaing Deibler, sur un vélocipède,
braillera la *Revue* et le *Chant du Départ* !

Dans un temple phallique atramenté de moire,
Monsieur Docre, chanoine et prêtre habituel
des Sabbats, voudra bien chanter la Messe noire
évoquant Belphégor d'après son rituel.

Ce gâteau de Savoie ayant Hugo pour fève,
le Panthéon classique, est un morne tombeau ;
pour moi j'aimerais mieux (que le Dyable m'enlève !)
le gésier d'un vautour ou celui d'un corbeau !

Puisque j'ai convomi la société fausse
où les fiers et les forts ne sont que réprouvés,
monsieur le fossoyeur, vous creuserez ma fosse
parmi les assassins, dans le Champ-des-Navets !

Ni croix, ni monument : sous la Lune hagarde
je sortirai parfois, la nuit, pareil aux loups-
garous et les bourgeois diront : « Que Dieu nous garde ! »
quand surgira mon spectre, à l'heure des filous !...

L'épitaphe ? Barons, laissez la rhétorique
funèbre aux bonnetiers ! Sur ma pierre, par la
barbe Mahom ! gravez en lettre rouge brique
ces quatre alexandrins où tout mon cœur parla :

– « Ci-gît Georges Fourest ; *il* portait la royale
« tel autrefois Armand Duplessis-Richelieu,
« sa moustache était fine et son âme loyale !
« Oncques il ne craignit la vérole ni Dieu !... »

Et pour épastrouiller la tourbe scélérate,
s'il vous faut exalter en moi quelque vertu,

narrez que j'exécrais le pleutre démocrate
et que le bout de mes souliers était pointu !

Et tout sera parfait ! Et moi, dans la géhenne,
grinçant et debout sur les brasiers tisonnés,
je hurlerai tel cri de blasphème et de haine
que je terrifierai le Dyable et ses damnés ! ! !

Or, j'ai scellé ce pli des sept sceaux d'Aquitaine,
moi, neveu d'Astaroth, maudit par *Jésus-Christ !*
et pour être compris même de monsieur Taine,
je m'exprime en vulgaire et non point en sanscrit !

La Négresse blonde

René Ghil

Sonnet

En ta dentelle où n'est notoire
Mon doux évanouissement
Taisons pour l'âtre sans histoire
Tel vœu de lèvres résumant.

Toute ombre hors d'un territoire
Se teinte itérativement
À la lueur exhalatoire
De pétales de remuement.

Il sied à nos bonheurs de n'être
Que doute de mourir ou naître,
Et, qui dut choir quand il vainquait,

D'enserrer mal de somnolence
Le vague et l'amoureux bouquet
Des chères roses du silence.

છ

Impromptu pour orgue et flûtes

À Stuart Merrill

Trop longtemps évaguant en émois d'une mare
Où nul espoir d'exil voguant un peu n'amarre
Un seul pouvoir d'immense aller en le Moment,
Sans éveil augural à longs rais s'exhumant
Un veuvage de grand Minuit de moi s'empare.

Viendras-tu la priée en pliant le genou !

ouïe au pur désert qui palpite de lune,
et les doigts impollus longs en ramilles où
Tel oiseau de sanglot ivre des heures ou
Mortellement plaignant l'envolement de l'Une
Allume un souvenir de pierre rare et d'ors,
Viendras-tu vers la nuit qui pleure et n'a plus d'âmes
Radieuse et réglant le vent d'ailes des rames !

et les deux nous irions sans mémoire dehors :
dans la vanité d'eaux où sont les lis de lune.

Mais qui m'avèrent là que le songe me ment
Voilà que les roseaux plangorent largement.

လ

Sonnet

Ma Triste, les oiseaux de rire
Même l'été ne voient pas
Au Mutisme de morts de glas
Qui vint aux grands rameaux élire

Tragique d'un passé d'empire
Un seul néant dans les amas
Plus ne songeant au vain soulas
Vers qui la ramille soupire.

Sous les hauts dômes végétants
Tous les sanglots sans ors d'étangs
Veillent privés d'orgueils de houle

Tandis que derrière leur soir
Un souvenir de Train qui roule
Au loin propage l'inespoir.

ဆ

Pour l'enfant ancienne

Tue en l'étonnement de nos yeux mutuels
Qui délivrèrent là l'or de latentes gloires,
Que, veuve dans le Temple aux signes rituels,
L'onde d'éternité réprouve nos mémoires.

Tel instant qui naissait des heurts éventuels
Tout palmés de doigts longs aux nuits ondulatoires
Vrais en le dôme espoir des vols perpétuels
Nous ouvrit les passés de nos pures histoires

94

Une moire de vains soupirs pleure sous les
Trop seuls saluts riants par nos vœux exhalés,
Aussi haut qu'un néant de plumes vers les gnoses.

Advenus rêves des vitraux pleins de demains
Doux et nuls à pleurer, et d'un midi de roses,
Nous venons l'un à l'autre en élevant les mains.

∞

Heur d'hiver

Flammes mortes tant ardentes en stupeur d'heures :
Fleurs d'hiver et d'espoir qui s'étiolent d'heures
mineures derrière le vitrage...
                                    Mentez !...
Flammes mortes perpétuant en stupeur d'heures,
tant ardentes d'espoir aride des lueurs
d'étés qui ne sont plus, là ni partout ! lueurs
sur le vitrage du grand soleil pâmé d'heures :
mentez à ses grands Yeux nostalgiques d'étés.

Tes Yeux parmi la matinée ont vu mineures
non pas les Fleurs :
                          du soleil, du soleil d'étés.
   Teintes d'heur et splendeurs, ô dis-le-toi les heures
derrière le vitrage en regardant les peurs
puériles que donne en quelle étrange soie
de Chine,
          ce vol chimérique qui s'éploie...

Mais ardentes d'espoir aride des lueurs
d'étés qui ne sont plus, là ni partout ! lueurs :

95

Flammes mortes tant ardentes et stupeur d'heures,
Fleurs d'hiver derrière le vitrage,

                                                    mentez !

                            ∞

L'odeur d'Ilang-Ilang[1]

           « *Baou ilang-ilang...* »

Baou ilang-ilang soudah-ilang
saïa soudah mentioum sampé mati...
Dekat pelipis saïa iang tenang
pelipis-nia Nona tourout hati.

Saïa soudah mentioum sampé mati
douka dari kasih niang ta kata.
Pelipis-nia Nona tourout hati
dengan douwa niawa mendedek-lah.

Douka dari kasih niang ta kata,
sepaïa sebalou diaoh dekat.
Dengan douwa niawa mendedek-lah
dahi Nona dari-mana niat.

Sepaïa sebalou diaoh dekat
pelipis-nia Nona tourout hati.
Dahi-Nona dari-mana niat
Saïa soudah mentioum sampé mati...

---

1. Poème écrit directement en javanais par René Ghil, qui possédait à
fond cette langue, et traduction française faite par le poète lui-même.

« *L'odeur d'ilang-ilang...* »

L'odeur d'ilang-ilang qui s'évapore
Je l'ai respirée jusqu'à mourir...
Contre ma tempe, d'un silence d'eau pleine,
La tempe de Nona au rythme de son cœur...

Je l'ai respirée jusqu'à mourir,
La douceur triste d'une tendresse qui ne parle pas.
La tempe de Nona au rythme de son cœur,
Bat du battement de deux âmes.

La douceur triste d'une tendresse qui ne parle pas,
Pour qu'elle demeure sans cesse loin et près,
Bat du battement de deux âmes
Le front de Nona d'où me vient le sort,

Pour qu'elle demeure sans cesse loin et près,
La tempe de Nona au rythme de son cœur,
Le front de Nona d'où me vient le sort,
Je l'ai respirée jusqu'à mourir...

Poèmes séparés

Le parc

Quand nous avons vu que la petite porte était fermée,
Nous sommes restés longtemps à pleurer ;
Quand nous avons compris que ça ne servait pas à grand-chose,
Nous avons repris lentement le chemin.

Tout le jour, nous avons longé le mur du jardin,
D'où parfois nous venaient des bruits de voix et de rires ;
Nous pensions qu'il y avait peut-être des fêtes sur l'herbe,
Et cette idée-là nous faisait mélancoliques.

Le soleil vers le soir a rougi les murs du parc ;
Nous ne savions pas ce qui s'y passait, car on ne voyait
Rien que des branches qui, par-dessus le mur, s'agitaient
Et qui laissaient de temps en temps tomber des feuilles.

 જી

Promontoire

Nous avons erré jusqu'au soir vers la mer –
Falaises ! d'où l'on croit qu'on va voir autre chose…
Quand le soleil s'est couché dans la lande rose,
Nous nous sommes perdus sur le bord de la mer.

Une grève mouvante et qui s'en est allée
À la mer grise et de crépuscule mêlée
Et qu'on n'entendait pas…
Nos pieds nus se sont enfoncés dans la vase.

Ô tache sur la peau délicate ! – un peu d'eau claire
Où tremper ses pieds nus dans le flot de la mer –
Vague, et déjà la nuit s'y serait bien passée ;
Mais voici que s'écoule entre tes doigts ouverts
Cette eau de crépuscule où tu fusses lavée.

L'eau tiède faisait un clapotement triste
Le long de la grève solitaire.

Les Poésies d'André Walter

Iwan Gilkin

Psychologie

À Camille Lemonnier

Je suis un médecin qui dissèque les âmes,
Penchant mon front fiévreux sur les corruptions,
Les vices, les péchés et les perversions
De l'instinct primitif en appétits infâmes.

Sur le marbre, le ventre ouvert, hommes et femmes
Etalent salement dans leurs contorsions
Les ulcères cachés des noires passions.
J'ai palpé les secrets douloureux des grands drames,

Puis, les deux bras encor teints d'un sang scrofuleux,
Poète, j'ai noté dans mes vers scrupuleux
Ce que mes yeux aigus ont vu dans ces ténèbres.

Et s'il manque un sujet au couteau disséqueur,
Je m'étends à mon tour sur les dalles funèbres
Et j'enfonce en criant le scalpel dans mon cœur.

☙

Hermaphrodite

Il dort, nu, rose et pur comme une fleur divine,
L'être mystérieux des rêves d'autrefois ;
Couché dans l'herbe comme un rameau d'églantine,
Il dort dans la clairière en fleurs au fond des bois.

Son bras est replié sous sa tête charmante ;
Sur son corps délicat les regards du soleil
Attardent longuement leur caresse dormante
Et glissent en tremblant de la nuque à l'orteil.

Près du jeune dormeur, avec de doux murmures,
Un ruisseau transparent court dans les gazons frais
À l'ombre des figuiers chargés de figues mûres
Et fuit dans les iris vers les sombres forêts.

∞

Le mauvais jardinier

Dans les jardins d'hiver, des fleuristes bizarres
Sèment furtivement des végétaux haineux,
Dont les tiges bientôt grouillent comme les nœuds
Des serpents assoupis aux bords boueux des mares.

Leurs redoutables fleurs magnifiques et rares,
Où coulent de très lourds parfums vertigineux,
Ouvrent avec orgueil leurs vases vénéneux.
La mort s'épanouit dans leurs splendeurs barbares.

Leurs somptueux bouquets détruisent la santé
Et c'est pour en avoir trop aimé la beauté
Qu'on voit dans les palais languir les blanches reines.

Et moi je vous ressemble, ô jardiniers pervers !
Dans les cerveaux hâtifs où j'ai jeté mes graines,
Je regarde fleurir les poisons de mes vers.

∽

Hypnotisme

Par les yeux solennels du vaisseau, les hublots,
Sur la mer et le ciel ouvrant leurs insomnies,
Le passager peut voir les houles infinies
Ourler tout l'horizon de l'écume des flots.

Dans tes yeux transparents je vois ton âme bleue,
Mon enfant, dérouler son azur expansif,
Où passent, sous un ciel monotone et pensif,
Des vagues que le vent pousse de lieue en lieue.

Le nostalgique appel des vierges borizons
Vers l'inconnu m'attire et m'invite au voyage ;
– Vers l'inconnu du gouffre où gronde un grand naufrage,
Ou vers l'or inconquis des magiques toisons,

Qu'importe ? Ivre d'espace et de houle athlétique,
Bercé par les roulis de ta puissante chair,
Œil contre œil, en tes yeux je regarde la mer
Sans borne et les flots bleus de ton cœur pacifique.

La nuit

Stances dorées

(extraits)

I

Le Bateleur

Un principe, une loi : sache que l'Être est l'Être.
Le Supérieur est comme l'Inférieur.
Sois toi-même et toi seul. Apprends à te connaître.
Reflet du Tout-Puissant, reflète sa splendeur.

XII

Le Pendu

Tu mourras pour la foi dont tu prêches le règne.
Veux-tu vivre, tais-toi ! Si tu parles, péris !
Mets le feu dans la terre, et que la terre craigne !
Le Grand-Œuvre est Phénix : il naît de ses débris.

XV

Le Diable

Si ton dieu n'est pas Dieu, tu ne sers que le diable.
Tout désordre est Satan ; c'est le feu dévorant.
N'affronte point sa foudre ou sois invulnérable,
Mais le mal n'est que l'ombre où dort le Dieu vivant.

XXII

Le Monde

Au cœur du monde gît la couronne des Mages.
C'est l'éternel repos de l'éternel souhait.
Du centre du Soleil, délivré des nuages,
Le Mage parfait sait, ose, veut et se tait.

Stances dorées

103

ALBERT GIRAUD

Initiation

Viens, mon enfant : là-bas, sous la garde d'un ange,
Trésorier des secrets du Savoir défendu,
Pour les cœurs dévoyés saigne une vigne étrange
Où siffle le serpent du Paradis perdu.

L'ange dort quand je veux. Va, mon bel enfant, mange
À folles dents la grappe où ma bouche a mordu :
Demain tu connaîtras le prix de la vendange
Et la vertu du vin que l'aîné t'a vendu.

Tu te regarderas agir, penser et vivre ;
Tu seras à la fois le lecteur et le livre
Et l'obscur écrivain de ce livre odieux ;

Et tu mourras très vieux, cultivant ta souffrance,
Pour avoir abdiqué le sceptre d'ignorance
Qui te sacrait l'égal des héros et des dieux.

Dernières Fêtes

104

Papillons noirs

De sinistres papillons noirs
Du soleil ont éteint la gloire,
Et l'horizon semble un grimoire
Barbouillé d'encre tous les soirs

Il sort d'occultes encensoirs
Un parfum troublant la mémoire ;
De sinistres papillons noirs
Du soleil ont éteint la gloire.

Des monstres aux gluants suçoirs
Recherchent du sang pour le boire,
Et du ciel, en poussière noire,
Descendent sur nos désespoirs,
De sinistres papillons noirs.

&

Coucher de soleil

Le Soleil s'est ouvert les veines
Sur un lit de nuages roux :
Son sang, par la bouche des trous,
S'éjacule en rouges fontaines.

Les rameaux convulsifs des chênes
Flagellent les horizons fous :
Le Soleil s'est ouvert les veines
Sur un lit de nuages roux.

Comme, après les hontes romaines
Un débauché plein de dégoûts
Laissant jusqu'aux sales égouts
Saigner ses artères malsaines.
Le Soleil s'est ouvert les veines !

☙

Absinthe

Dans une immense mer d'absinthe,
Je découvris des pays soûls,
Aux ciels capricieux et fous
Comme un désir de femme enceinte.

La capiteuse vague tinte
Des rythmes verdâtres et doux :
Dans une immense mer d'absinthe,
Je découvris des pays soûls.

Mais soudain ma barque est étreinte
Par des poulpes visqueux et mous :
Au milieu d'un gluant remous
Je disparais, sans une plainte,
Dans une immense mer d'absinthe.

Pierrot lunaire

Emile Goudeau

L'éventail

Je hais le vent du Nord porteur de suicide,
Je hais le vent de l'Est, lourd poméranien,
Je hais le vent d'Ouest transocéanien,
Sempiternel verseur de l'eau qui nous oxyde.

Et malgré mon amour pour le Midi lucide
Je hais aussi le vent du Sud. Parisien
Echappé du typhus, naguère aérien,
Le choléra me guette à jamais implacide.

Noroît ! suroît ! nord-ê ! Zéphyr ! Cyclone lourd !
D'une part Ataxie, et de l'autre Chlorose !
La rose des trente-deux vents n'est pas ma rose,

Chère ! car si je dois périr, marin d'amour,
Aux éclairs de tes yeux, aux brises de tes joues,
Je veux sombrer sous l'éventail que tu secoues.

 හ

Extrême-Orient

Ka-Ka-Doi, mandarin militaire, et Ku-Ku,
Auteur d'un million et quelques hémistiches,
Causent en javanais sur le bord des potiches,
Monosyllabiquant d'un air très convaincu.

Vers l'an cent mil et trois, ces magots ont vécu
À Nangazaki qui vend des cheveux postiches :
C'étaient d'honnêtes gens qui portaient des fétiches
Sérieux ; mais, hélas ! chacun d'eux fut cocu.

Comment leur supposer des âmes frénétiques ?
Et quel sujet poussa ces poussahs lymphatiques
À se mettre en colère, un soir ? Je ne sais pas !

Mais un duel s'ensuivit. – Ô rages insensées !
Car ils se sont ouvert le ventre avec fracas…
Voilà pourquoi vos deux potiches sont cassées.

Poèmes à dire

Symboles

Les violets, les ors, les verts, les pourpres fiers
Ont tonné dans le bleu naissant de l'Orient ;
Les doutes, les ardeurs, les désirs, les colères
Troublent l'océan blanc de l'âme qui m'est chère.

Pourpres et violets s'entremêlent, aveuglant
Les yeux du dieu Soleil, qui revient des enfers
Les doutes, les colères s'allument, enténébrant
Le cœur pur où fulgure obscur le diamant.

Çà et là des ors tels que des lampes légères ;
Plus haut planent lucides les verts évanescents ;
Les désirs, s'envolant sur le dos des chimères,
Jouent avec la lumière et le crin des crinières.

Soleil ! Salut, sauveur ! Salut, soleil vivant,
Maître du ventre nu et prince de la terre !
Salut, âme ! Et salut, chair, sauvées du néant !
Âme, donne ta grâce, et chair, donne ton sang.

ဆ

La neige

Simone, la neige est blanche, comme ton cou,
Simone, la neige est blanche, comme tes genoux.

Simone, ta main est froide comme la neige,
Simone, ton cœur est froid comme la neige.

La neige ne fond qu'à un baiser de feu,
Ton cœur ne fond qu'à un baiser d'adieu.

La neige est triste sur les branches des pins,
Ton front est triste sous tes cheveux châtains.

Simone, ta sœur la neige dort dans la cour,
Simone, tu es ma neige et mon amour.

ɞɔ

Hiéroglyphes

Ô pourpiers de mon frère, pourpiers d'or, fleur d'Anhour,
Mon corps en joie frissonne quand tu m'as fait l'amour,
Puis je m'endors paisible au pied des tournesols.
Je veux resplendir telle que les flèches de Hor :
Viens, le kupi embaume les secrets de mon corps,
Le hesteb teint mes ongles, mes yeux ont le kohol.
Ô maître de mon cœur, qu'elle est belle, mon heure !
C'est de l'éternité quand ton baiser m'effleure,
Mon cœur, mon cœur s'élève, ah ! si haut qu'il s'envole.

Armoises de mon frère, ô floraisons sanglantes
Viens, je suis l'Amm où croît toute plante odorante,
La vue de ton amour me rend trois fois plus belle.
Je suis le champ royal où ta faveur moissonne,
Viens vers les acacias, vers les palmiers d'Ammonn ;
Je veux t'aimer à l'ombre bleue de leurs flabelles.
Je veux encore t'aimer sous les yeux roux de Phrâ

Et boire les délices du vin pur de ta voix,
Car ta voix rafraîchit et grise comme Élel.

Ô marjolaines de mon frère, ô marjolaines,
Quand ta main comme un oiseau sacré se promène
En mon jardin paré de lys et de sesnis,
Quand tu manges le miel doré de mes mamelles,
Quand ta bouche bourdonne ainsi qu'un vol d'abeilles
Et se pose et se tait sur mon ventre fleuri,
Ah ! je meurs, je m'en vais, je m'effuse en tes bras,
Comme une source vive pleine de nymphéas,
Armoises, marjolaines, pourpiers, fleurs de ma vie !

Divertissements

℘

Litanies de la rose

À Henry de Groux

Fleur hypocrite,
Fleur du silence.

Rose couleur de cuivre, plus frauduleuse que nos joies,
rose couleur de cuivre, embaume-nous dans tes mensonges,
fleur hypocrite, fleur du silence.

Rose au visage peint comme une fille d'amour, rose au
cœur prostitué, rose au visage peint, fais semblant d'être
pitoyable, fleur hypocrite, fleur du silence.

Rose à la joue puérile, ô vierge des futures trahisons, ros à la joue puérile, innocente et rouge, ouvre les rets de tes yeux clairs, fleur hypocrite, fleur du silence.

Rose aux yeux noirs, miroir de ton néant, rose aux yeux noirs, fais-nous croire au mystère, fleur hypocrite, fleur du silence.

Rose couleur d'or pur, ô coffre-fort de l'idéal, rose couleur d'or pur, donne-nous la clef de ton ventre, fleur hypocrite, fleur du silence.

Rose couleur d'argent, encensoir de nos rêves, rose couleur d'argent, prends notre coeur et fais-en de la fumée, fleur hypocrite, fleur du silence.

Rose au regard saphique, plus pâle que les lys, rose au regard saphique, offre-nous le parfum de ton illusoire virginité, fleur hypocrite, fleur du silence.

Rose au front pourpre, colère des femmes dédaignées, rose au front pourpre, dis-nous le secret de ton orgueil, fleur hypocrite, fleur du silence.

Rose au front d'ivoire jaune, amante de toi-même, rose au front d'ivoire jaune, dis-nous le secret de tes nuits virginales, fleur hypocrite, fleur du silence.

Rose aux lèvres de sang, ô mangeuse de chair, rose aux lèvres de sang, si tu veux notre sang, qu'en ferions-nous ? bois-le, fleur hypocrite, fleur du silence.

Rose couleur de soufre, enfer des désirs vains, rose couleur de soufre, allume le bûcher où tu planes, âme et flamme, fleur hypocrite, fleur du silence.

Rose couleur de pêche, fruit velouté de fard, rose sournoise, rose couleur de pêche, empoisonne nos dents, fleur hypocrite, fleur du silence.

Rose couleur de chair, déesse de la bonne volonté, rose couleur de chair, fais-nous baiser la tristesse de ta peau fraîche et fade, fleur hypocrite, fleur du silence.

Rose vineuse, fleur des tonnelles et des caves, rose vineuse, les alcools fous gambadent dans ton haleine : souffle-nous l'horreur de l'amour, fleur hypocrite, fleur du silence.

Rose violette, ô modestie des fillettes perverses, rose violette, tes yeux sont plus grands que le reste, fleur hypocrite, fleur du silence.

Rose rose, pucelle au cœur désordonné, rose rose, robe de mousseline, entrouvre tes ailes fausses, ange, fleur hypocrite, fleur du silence.

Rose en papier de soie, simulacre adorable des grâces incréées, rose en papier de soie, n'es-tu pas la vraie rose, fleur hypocrite, fleur du silence ?
......

Le Livre des litanies

ℰℂ

La voix

À N...

Sonnet en prose

Je vais vers la mer qui m'emplira les oreilles de son bruit.
Je vais vers la forêt qui m'emplira le cœur de son silence.
Et je jouirai du bruit comme d'un silence et du silence
comme de ta voix.

Ta voix, c'est tout ce que j'emporte. Elle répondra au
bruit, elle répondra au silence : car il faut répondre aux
invités de la nature. Quand, elle nous prend au dépourvu,
elle nous dévore. J'aurai ta voix.

J'aurai ton rire, qui est la voix plus belle, ton rire qui
tomba comme une pluie sur la terre sèche de mon cœur.

Ainsi la nature verra que je ne suis pas nu ni désarmé contre ses ruses. Parmi le bruit ou le silence j'aurai ta voix.

Proses moroses

114

Les *Heures* des Franciscains
(traduit du latin)

Anima Christi, sanctifica me.
Corpus Christi, salva me.
Sanguis Christi, inebria me.
Aqua lateris Christi, lave me.
Passio Christi, conforta me.
O bone Jesu, exaudi me.
Intra vulnera tua, absconde me.
Ne permittas me separari a te.
Ab hoste maligno defende me.
In hora mortis meae voca me
Et jube me venire ad te,
Ut cum sanctis tuis laudem te
In saecula saeculorum. Amen.

Âme du Christ, sanctifie-moi.
Corps du Christ, sauve-moi.
Sang du Christ, enivre-moi.
Eau du côté du Christ, lave-moi.
Passion du Christ, conforte-moi.
Ô bon Jésus, exauce-moi.
Entre tes blessures cache-moi.
Ne permets pas qu'on me sépare de toi.
Contre l'ennemi malin défends-moi.
À l'heure de la mort, appelle-moi.
Et ordonne-moi de venir à toi,
Afin que je te loue avec tes saints, toi,
En tous les siècles des siècles. Amen.

Le Latin mystique

À Verlaine

Verlaine, clair de lune odorant des jardins,
Sanglots fous des jets d'eau pleurant dans la nuit vaine,
Femmes sur les vieux bancs, parfums frais de verveine,
Rires et longs baisers après les fiers dédains ;

Douce plaine de France où les soleils divins
Mûrissent, lents, les blés et les raisins, ô plaine
D'où s'en viendront, à plein cellier, à huche pleine,
Les pains simples et bons et la gaîté des vins...

Oh ! le pain fut la chair et le vin fut le sang
De Celui que la croix a tordu gémissant
Pour nos péchés, pour nos baisers, ô bien-aimée...

Derrière les coteaux, écoute : au loin appelle,
Vers le parc plein d'amants rêveurs sous la ramée
Une cloche au son clair de petite chapelle...

La Maison de l'enfance

&

Nocturne

J'ai regardé longtemps des cygnes dans la nuit.
Ils nageaient, vaguement lumineux, sans un bruit.
À peine l'eau glissait le long des plumes douces,

Et montait par moments ou baissait dans les mousses.
Le beau lac ondulait paisible sous leur flanc,
Et paraissait dans l'ombre un grand miroir tremblant.
Ils allaient, par la nuit et l'eau, blancs et funèbres ;
On eût cru voir des nefs d'argent dans les ténèbres.
Quand un souffle plus frais caressait le lac mort
Et défaillait parmi les grands iris du bord,
L'eau noire, reflétant la claire nuit sans voiles,
Déferlait dans les fleurs tout un reflux d'étoiles,
Parfois, ainsi qu'un bras mystérieux et blanc,
Un cou plongeait, élargissant un cercle lent
Qui ridait le miroir du lac, jusqu'à la grève ;
Et l'un d'entre eux jetait un sanglot, comme en rêve.
On eût dit, à travers la pâle obscurité,
Au bord d'un Styx profond ou d'un sombre Léthé,
Sous un doux ciel de limbe où tremblaient mille flammes,
On eût dit une attente étrange et blanche d'âmes.

La Beauté de vivre

CHARLES GUÉRIN

L'Éros funèbre

NUIT d'ombre, nuit tragique, ô nuit désespérée !

J'étouffe dans la chambre où mon âme est murée
Où je marche depuis des heures, âprement,
Sans pouvoir assourdir ni tromper mon tourment.
Et j'ouvre la fenêtre au large clair de lune.
Sur les champs nage au loin sa cendre bleue et brune.

Comme une mélodie heureuse au dessin pur
La colline immobile ondule sur l'azur
Et lie à l'horizon les étoiles entre elles.
L'air frémit des soupirs, de voix, de souffles d'ailes.
Une vaste rumeur gronde au bas des coteaux
Et trahit la présence invisible des eaux.
Je laisse errer mes yeux, je respire, j'écoute
Les sombres chiens de ferme aboyer sur la route
Où sonnent les sabots d'un passant attardé.

Et sur la pierre froide où je suis accoudé,
Douloureux jusqu'au fond de l'âme et solitaire,
Je blasphème la nuit lumineuse et la terre
Qui semblent me sourire et m'ignorent hélas !
Et sachant que la vie, à qui n'importe pas
Un cœur infiniment désert de ce qu'il aime,
Ne se tait que pour mieux s'adorer elle-même,
Je résigne l'orgueil par où je restais fort,
Et j'appelle en pleurant et l'amour et la mort.

« C'est donc toi, mon désir, ma vierge bien-aimée !
Faible comme une lampe à demi consumée

Et contenant ton sein gonflé de volupté,
Tu viens enfin remplir ta place à mon côté
Tu laisses défaillir ton front sur mon épaule,
Tu cèdes sous ma main comme un rameau de saule,
Ton silence m'enivre et tes yeux sont si beaux,
Si tendres que mon cœur se répand en sanglots.
C'est toi-même, c'est toi qui songes dans mes bras !
Te voici pout toujours mienne, tu dormiras
Mêlée à moi, fondue en moi, pensive, heureuse !
Et prodigue sans fin de ton âme amoureuse !
Ô Dieu juste, soyez béni par cet enfant
Qui voit et contre lui tient son rêve vivant !
Mais toi, parle, ou plutôt, sois muette, demeure
Jusqu'à ce qu'infidèle au ciel plus pâle, meure
Au levant la dernière étoile de la nuit.

Déjà l'eau du matin pèse à l'herbe qui luit,
Et, modelant d'un doigt magique toutes choses
L'aube à pleins tabliers sème ses jeune roses.
Ô la sainte rumeur de sève et de travail !
Écoute passer, cloche à cloche, le bétail,
Et rauquement mugir la trompe qui le guide.
La vallée a ses tons d'émeraude liquide,
Les toits brillent, les bois fument, le ciel est clair,
Chaque vitre au soleil répond par un éclair.

La douceur de la vie entre par la fenêtre.
J'aime à cause de toi l'aube qui vient de naître,
Et, mêlée à la grâce heureuse du décor,
Mon immortelle amour, tu m'es plus chère encor.
Nous tremblons, enivrés du vin de notre fièvre,
Et nous nous demandons tout bas et lèvre à lèvre,
Quels matins purs, quels soirs lumineux et bénis
Couvent nos doigts tressés comme les brins des nids.
Et ni la terre en joie et ni le ciel en flammes,
Rien ne détourne plus du rêve nos deux âmes,
Qui parmi la rumeur grandissante du jour

119

Pleurent dans le silence infini de l'amour. »
L'amour ?... rouvre les yeux, mon pauvre enfant, regarde !

Le val est bleu de clair de lune, le jour tarde,
La rivière murmure au loin avec le vent,
Et te voilà plus seul encor qu'auparavant.
La bien-aimée au front pensif n'est pas venue,
Le sein que tu pressais n'est qu'une pierre nue,
La voix qui ravissait tes sens n'est qu'un écho
Du bruit des peupliers tremblants au bord de l'eau.
La longue volupté de cette heure attendrie
Fut le jeu d'un désir expert en tromperie,

Va, ferme la croisée, et quitte ton espoir.
Mesure en t'y penchant ton morne foyer noir :
N'est-ce pas toi cet âtre éteint où deux Chimères
Brillent d'un vain éclat sur les cendres amères ?
Et puisque tout est faux, puisque même ton art
Aux rides de son cœur s'écaille comme un fard,
Cherche contre l'assaut de ta peine insensée
L'asile sûr où l'homme échappe à sa pensée,
Ouvre ton lit désert comme un sépulcre, et dors
Du sommeil des vaincus et du sommeil des morts.

L'Éros funèbre

&

« *On trouve dans mes anciens vers...* »

On trouve dans mes anciens vers
Une veine de poésie,
Toute ingénue avec des airs
De ruisseau bleu qui balbutie.

Je lui laissais hors de mon cœur
Suivre sa pente naturelle ;
Elle n'avait que sa fraîcheur
Et sa négligence pour elle.

J'étais libre alors du souci
D'atteindre à la forme parfaite
Pourquoi ne suis-je pas ainsi
Resté naïvement poète ?

L'Homme intérieur

Théodore Hannon

Fleur des fièvres

Paris, ville où la chair en fleur s'épanouit,
Paris va regorgeant de gorges provoquantes
Et comme un espalier glorieux de son fruit,
Bombe superbement ses grands seins de bacchantes.

Le corset ploie et craque au chargement de chair
Et, le busc en arrêt, tend ses pointes jumelles.
Sans honte, de deux monts ardents tu te pommèles,
Corsage que Jordaëns aurait prisé bien cher !

Autour de moi, câlin, fait moutonner sa houle
Cet océan nouveau qui m'affole et me soûle
Et dont le flot tout blanc, vient tenter mon assaut…

À moi la fille pâle et grêle, fleur des fièvres !
Car je veux promener mes ongles et mes lèvres
Sur des corps aux maigreurs de vierge et de puceau.

℘

Cyprien Tibaille

… Il souhaitait de faire du navrement un repoussoir aux joies. Il aurait voulu étreindre une femme accoutrée en saltimbanque riche, l'hiver, par un ciel gris et jaune, un ciel qui va laisser tomber sa neige, dans une chambre tendue d'étoffes du japon, pendant qu'un famélique quelconque viderait un orgue de barbarie des valses attristantes dont son ventre est plein.

J-K. Huysmans,
Les Sœurs Vatard.

Dans l'accoutrement d'une gouge,
Orgueil des spectacles forains,
Tu faisais ondoyer tes reins
Et ta gorge ronde qui bouge.

Un trait de bistre allait tachant
Tes yeux d'une sombreur étrange,
Et sur ton front la poudre orange
Étalait un soleil couchant.

Ô nonpareille saltimbanque,
Ayant de l'or aux brodequins
Et, sur le chignon, des sequins,
À faire sauter une banque.

Dans la ravine de tes seins,
Pour mettre mes sens en défaite,
Du Kananga toujours en fête
Tapageaient les souffles malsains

– C'est ainsi que mes spleens d'artiste
Et ma bizarre passion

123

Souhaitent ta possession,
Par un ciel d'hiver, doux et triste.

Un ciel d'ocre, barré de gris,
D'où va choir la neige têtue...
La chambrette serait vêtue,
Depuis la cymaise au lambris,

D'étoffes de Chine élégantes
Et de panneaux où le Japon
Broche la trame du crépon
De floraisons, extravagantes.

Au long de fleuves inconnus,
Des chimères, des hippogriffes
Nous fixeraient, levant leurs griffes
Sur des horizons biscornus.

Mais dans la discrète pénombre,
Une lune qu'Yeddo polit
S'arrondirait au ciel de lit,
Témoin de nos baisers sans nombre.

Cependant, plus haut que nos râles,
Que nos soupirs et que les cris
De nos deux cœurs endoloris,
Un air aux notes sépulcrales

Sous les fenêtres a gémi.
C'est une musique navrante
Tantôt vive, tantôt mourante :
Orgue atroce, – et pourtant ami !

Tu grondes, tu pleures, tu railles,
Ton chant, lamentable joujou,
Fait frémir le maigre acajou
Où tintamarrent tes entrailles.

À moi le rire et le hoquet
Et les sanglots et les voix âcres
De ces grands airs que tu massacres,
Automatique perroquet !

Viens éteindre aux clameurs ravies,
De ton gosier toujours dispos
Les cris de mes nerfs sans repos
Et de mes faims inassouvies !

Rimes de joie

A.-F. Hérold

Le chevalier

Je riais jadis dans la clarté des plaines,
Quand la rouge aurore éblouissait mes yeux ;
Je riais jadis, dès qu'en les soirs joyeux
Passait la chanson propice des phalènes,

Je riais jadis, quand hurlaient les Dragons
Que frappaient à mort mes mains impérieuses ;
Je riais jadis aux vierges glorieuses
Qui me contemplaient de leurs calmes balcons.

Maintenant, je vais parmi des aubes mornes,
Parmi des langueurs de crépuscules gris...
J'éveille, aux halliers qui semblent défleuris,
Des fuites de paons, de lynx et de licornes.

Oh, je la revois, même dans mon sommeil...
La Fée... Oh, la Fée... Avec sa chevelure
Qui lui met au front comme la flamme pure
D'un casque vivant de lumineux soleil.

Et, sur le corail palpitant de ses lèvres,
Chantait une voix de ciel et d'infini...
Et le souvenir que je n'ai pas banni
Me brûle le corps d'inguérissables fièvres.

Oh, les longs baisers de radieux émoi
Aux palais brillants d'une éternelle aurore...
Et pourtant je sais que je fuirais encore,
Si je la voyais se dresser devant moi.

Je vais sans oser cueillir la fraîcheur blonde
Du fruit inconnu qui flambe aux arbres clairs ;
Et, dans mon dégoût, je trouve trop amers
Les lourds fruits glanés par le désert du monde.

౭౧

« *Sur la terre il tombe de la neige...* »

Sur la terre il tombe de la neige,
Sur la terre il tombe de l'ombre.

Où sont allées les feuilles sèches ?
Même les feuilles sèches sont mortes,
Et maintenant de la neige et de l'ombre tombent.

On dirait de mauvais anges qui heurtent
Les marteaux rouillés contre les portes,
Des anges qui nous tuent de souffrances très lentes.

Et, à l'horizon, les tristes nues, traînantes...

Les maisons sont closes comme des tombes sombres,
Et, partout, c'est de la neige et de l'ombre qui tombent.

౭౧

Marozie

Sur la terrasse ombreuse où sa chair extasie
Et qu'enguirlandent les vignes aux blonds raisins,
Parmi les cardinaux et les ducs, ses cousins,
Siège, demi-nue et rieuse, Marozie.

Devant son trône danse une troupe choisie
Des esclaves filles des émirs sarrazins,
Et des poètes lui murmurent des dizains
Dont le rythme berceur charme sa fantaisie.

L'aile rude, jamais aucun oiseau de soir
Ne frôle son front juvénile d'un vol noir,
Et jamais le mépris d'un amant ne l'enfièvre.

Le Pape viderait pour elle des trésors,
Et clercs et rois mourraient, des chansons à la lèvre,
Pour un regard ami de ses yeux semés d'or.

Chevaleries sentimentales

J.-K. Huysmans

Sonnet liminaire

Des croquis de concert et de bals de barrière ;
La reine Marguerite, un camaïeu pourpré ;
Des naïades d'égout au sourire éploré,
Noyant leur long ennui dans des pintes de bière ;

Des cabarets brodés de pampre et de lierre ;
Le poète Villon, dans un cachot, prostré ;
Ma tant douce tourmente, un hareng mordoré,
L'amour d'un paysan et d'une maraîchère :

Tels sont les principaux sujets que j'ai traités :
Un choix de bric-à-brac, vieux médaillons sculptés,
Émaux, pastels pâlis, eau-forte, estampe rousse,

Idoles aux grands yeux, aux charmes décevants,
Paysans de Brauwer, buvant, faisant carrousse,
Sont là. Les prenez-vous ? À bas prix je les vends.

જી

Rococo japonais

Ô toi dont l'œil est noir, les tresses noires, les chairs blondes, écoute-moi, ô ma folâtre louve !

J'aime tes yeux fantasques, tes yeux qui se retroussent sur les tempes ; j'aime ta bouche rouge comme une baie de sorbier, tes joues rondes et jaunes ; j'aime tes pieds tors, ta gorge roide, tes grands ongles lancéolés, brillants comme des valves de nacre.

J'aime, ô mignarde louve, ton énervant nonchaloir, ton sourire alangui, ton attitude indolente, tes gestes mièvres.

J'aime, ô louve câline, les miaulements de ta voix, j'aime ses tons ululants et rauques, mais j'aime par-dessus tout, j'aime à en mourir, ton nez, ton petit nez qui s'échappe des vagues de ta chevelure, comme une rose jaune éclose dans un feuillage noir.

Le Drageoir aux épices

VINCENT HYSPA

Variations

Ma pensée, ô ma douce et ma triste pensée,
nacelle où ton amour est le seul passager,
sur quelle mer glissant ? – plume d'oiseau léger –
chère, vogue vers toi, doucement balancée.

De toi pleine et de ton parfum harmonieux,
sur les flots du baiser mollement cadencée,
ma pensée, ô ma triste et ma seule pensée,
rêve du Revenir et du chant de tes yeux.

Pour la communion prochaine de l'étreinte,
ainsi qu'une autre Vierge, – amoureuse et très sainte,
je te veux habillée en quelque songe clair,

et j'irai t'arracher pour te servir de voiles
quelques lambeaux d'azur tachés par des étoiles
ô ma Tendre, Cantique et Roman de ma chair.

છ

À Paul Verlaine

J'ai lu des vers si tendres, si doux,
qu'ils devaient cacher plus d'une peine.
De quel rosaire de chair s'égrène
ce chant pleuré comme à deux genoux ?

Les rythmes allaient candides, lents,
donnant l'illusion d'une plaine
immense, calme, où nageait l'haleine
de verts parfums, naturel encens.

Et reste une odeur de marjolaine,
mêlée à je ne sais quel relent
de tristesse, en mon cœur tout tremblant...
car j'ai lu des vers de Paul Verlaine.

L'Ermitage

ALFRED JARRY

Les trois meubles du mage surannés

I
Minéral

Vase olivâtre et vain d'où l'âme est envolée,
Crâne, tu tournes un bon visage indulgent
Vers nous, et souris de ta bouche crénelée.
Mais tu regrettes ton corps, tes cheveux d'argent,

Tes lèvres qui s'ouvraient à la parole ailée.
Et l'orbite creuse où mon regard va plongeant,
Bâille à l'ombre et soupire et s'ennuie esseulée,
Très nette, vide box d'un cheval voyageant.

Tu n'es plus qu'argile et mort. Tes blanches molaires
Sur les tons mats de l'os brillent de flammes claires,
Tels les cuivres fourbis par un larbin soigneux.

Et, presse-papier lourd, sur le haut d'une armoire
Serrant de l'occiput les feuillets du grimoire,
Contre le vent rôdeur tu rechignes, hargneux.

II
Végétal

Le vélin écrit rit et grimace, livide.
Les signes sont dansants et fous. Les uns, flambeaux,
Pétillent radieux dans une page vide.
D'autres en rangs pressés, acrobates corbeaux,
Dans la neige épandue ouvrent leur bec avide.

Le livre est un grand arbre émergé des tombeaux.
Et ses feuilles, ainsi que d'un sac qui se vide,
Volent au vent vorace et partent par lambeaux.

Et son tronc est humain comme la mandragore ;
Ses fruits vivants sont les fèves de Pythagore ;
Des feuillets verdoyants lui poussent en avril.

Et les prédictions d'or qu'il emmagasine,
Seul le nécromant peut les lire sans péril,
La nuit, à la lueur des torches de résine.

III
Animal

Tout vêtu de drap d'or frisé, contemplatif,
Besicles d'or armant son nez bourbon, il trône.
À l'entour se presse un cortège admiratif
Que fait trembler le feu soudain de son œil jaune.

Il est très sage, et rend justice sous un aulne
(jadis Pallas en fit son conseil Privatif) ;
Il a pour méditer l'arrêt, esprit actif,
Et pour l'exécuter griffes longues d'une aune.

Doux, poli, le hibou viendra vous prévenir
Quand l'heure sonnera que la Mort vous emporte ;
Et crîra trois fois son nom à travers la porte.

Car il déchiffre sur les tombes l'avenir,
Rêvant la nuit devant les X philosophales
Des longs fémurs croisés en siestes triomphales.

※

134

La régularité de la châsse

I

Châsse claire où s'endort mon amour chaste et cher,
Je m'abrite en ton ombre infinie et charmante,
Sur le sol des tombeaux où la terre est la chair...
Mais sur ton corps frileux tu ramènes ta mante.

Réve ! rêve et repose ! Écoute, bruit berceur,
Voler vers le ciel vain les voix vagues des vierges.
Elles n'ont point filé le linceul de leur sœur...
Croissez, ô doigts de cire et blémissants des cierges,

Main maigrie et maudite où menace la mort !
Ô Temps ! n'épanche plus l'urne des campanules
En gouttes lourdes... Hors de la flamme qui mord
Naît une nef noyée en des nuits noires, nulles ;

Puis les piliers polis poussent comme des pins,
Et les torchères sont des poings de parricides.
Et la flamme peureuse oscille aux vitraux peints
Qui lancent à la nuit leurs lames translucides...

L'orgue soupire et gronde en sa trompe d'airain
Des sons sinistres et sourds, des voix comme celles
Des morts roulés sans trêve au courant souterrain...
Des sylphes font chanter les clairs violoncelles.

C'est le bal de l'abîme où l'amour est sans fin ;
Et la danse vous noie en sa houleuse alcôve.
La bouche de la tombe encore ouverte a faim ;
Mais ma main mince mord la mer de moire mauve...

135

Puis l'engourdissement délicieux des soirs
Vient poser sur mon cou son bras fort ; et m'effleurent
Les lents vols sur les murs lourds des longs voiles noirs...
Seules les lampes d'or ouvrent leurs yeux qui pleurent.

II

Pris
dans l'eau calme de granit gris,
nous voguons sur la lagune dolente.
Notre gondole et ses feux d'or
dort
lente.

Dais
d'un ciel de cendre finlandais
où vont se perdant loin les mornes berges,
n'obscurcis plus, blêmes fanaux,
nos
cierges.

Nef
dont l'avant tombe à pic et bref,
abats tes mâts, tes voiles, noires trames ;
glisse sur les flots marcescents
sans
rames.

Puis
dans l'air froid comme un fond de puits
l'orgue nous berçant ouate sa fanfare,
Le vitrail nous montre, écusson,
son
phare.

Clair,
un vol d'esprits flotte dans l'air ;
corps aériens transparents, blancs linges,
inquiétants regards dardés
des
sphinges.

Et
le criblant d'un jeu de palet,
fins disques, brillez au toit gris des limbes
mornes et des souvenirs feus,
bleus
nimbes...

La
gondole spectre que hala
la mort sous les ponts de pierre en ogive,
illuminant son bord brodé
dé-
rive.

Mis
tout droits dans le fond, endormis,
nous levons nos yeux morts aux architraves,
d'où les cloches nous versent leurs
pleurs
graves.

Les Minutes de sable mémorial

137

GUSTAVE KAHN

Mélopées

I

Je veux, dans le lointain mat et crépusculaire
Du souvenir, figer l'image que j'aimais,
Que mon hiver s'imprègne aux ciels des jolis Mais !
Et toi qui traversas mon rêve, ô tutélaire,
Dont j'abdiquais jadis les lèvres pour jamais,

Reparais au palais noir de la conscience.
Tes cheveux, les rivaux du soleil ; ô le roux
Infini qui s'étend et balance, courroux
Des blonds exaspérés ; mon rêve se fiance
Au passé, livre enclos, très loin, sous les verroux.

Son regard était doux ; pourquoi pas de colère ?
L'oubli, vieil écraseur des roses et des lys,
Verse l'apaisement dans les corps démolis,
Et la soif des regrets cuisants se désaltère. –
Regard bleuté, subtil fauteur de lents délits,

Son âme – Apparaissez lunaire défiance,
Accoudements pensifs, triste sérénité ;
Altesse, drape-toi dans ta dualité
De remords qui s'estompe et de câline enfance,
Débris où fleurissait de la divinité.

Sa voix ne chantait rien qui s'ébatte ou qui rie ;
Un peu de deuil seyait aux modes musicaux,
Et les notes glissaient leurs rayons amicaux

138

Comme vers une vague et lointaine Uranie,
Vers des pâles azurs, des obscurs idéaux.

Plus jamais je ne veux venir à ta caresse,
Masque pâle et poli d'anciennes douleurs,
Nimbé de lente grâce et choyé des couleurs,
Profond de souvenirs : boucle d'or en la tresse
Des vieux mois abolis et des présents malheurs.

Ô baiser qui s'en va vers l'ombre, et s'y marie !
Passe dans l'horizon que j'exige, frisson,
Mon esprit enlisé s'écoute à ta chanson,
Le fleuve aux quais souffrants du calme te charrie
Dans les douceurs, les songes morts et les tessons.

Médaillon qui s'accroche aux murs hantés, maîtresse
Je te couvre parfois d'un épais voile noir
Mais aussi quand le vide est pesant au manoir
De l'assombrissement, je viens, en ma détresse,
Vivre un peu du passé des mystiques miroirs.

II

Les harpes sont éclatées, les harpes, hymnaires
Aux louanges des mains morbides de la lente souveraine,
Les rênes au long du char désorbité traînent.
Voici l'allégresse des âmes d'automne
La ville s'évapore en illusions proches
Voici se voiler de violet et d'orangé les porches
De la nuit sans lune.
Princesse qu'as-tu fait de ta tiare orfévrée ?

Les œillets charnels de baume s'éploient aux trous de la
                                              cuirasse
Les roseaux vers les moires de ta robe étalée
Bercent, graciles, leurs chefs fleuris des espérances innées.
Des ailes voletantes attendent aux anses silentes de bonace

Et les reflets de ciel, frissons d'appel, accurvés aux psaumes
                                                          mémorés.

« C'est l'instant chétif de se réunir
Elle est venue, la souveraine,
Dans les épithalames, les forêts de piques et les cavales
                                                    dans l'arène
Et les proues balançaient aux flots bleus, et les carènes,
Au hâvre de paix de ses yeux si bleus,
Et cordelettes pourpres, et bandelettes blanches et sistres
                                                        joyeux.

Dans leur allance aux paradis
Par les sereines litanies
Les pas s'en sont allés si loin que souvenirs.
Les Tigres si lointains qu'ils en sont doux aux bras d'Assur
Et les chariots trébuchants aux fêtes par l'azur,
Planez par les fanaux plus rouges.
Les allégresses, ô sœurs si pâles, s'appellent et meurent
Et la ronde a passé qui recommence et meurt.
Plus lointains les fanaux plus rouges. »

Écoutez refleurir les violes
Les nappes blanches retomberont
En pans légers, en lins striés, en bandelettes,
Et des frissons aux nuits de fêtes,

III

Reine des lys blonde oublieuse, enfant perdu,
La cime des regrets dans les brumes se dore
        Et s'adore
En un réveil des fronts appâlis et fondus.

    Les midis jaunes et les soirs blancs,
    Tristesse morne des pensers lents,

Chaloupe oscillante aux palans
Appareille vers plus troublant.

Se fondre ! ô souvenir des lys, âcres délices !
Plus de fanal au port, et plus d'espoir aux lices :
Enterrez plus profond les vases des prémices !

IV

Chantonne lentement et très bas... mon cœur pleure...
Tristement, doucement, plaque l'accord mineur ;
Il fait froid, il pâlit quelque chose dans l'heure...
Un vague très blafard étreint l'âpre sonneur.
Arrête-toi... c'est bien... mais ta voix est si basse ?...
Trouves-tu pas qu'il sourd comme un épais sanglot ?
Chantonne lentement, dans les notes il passe
Vrillante, l'âcreté d'un malheur inéclos.

Encore ! la chanson s'alanguit... mon cœur pleure ;
Des noirs accumulés estompent les flambeaux.
Ce parfum trop puissant et douloureux qu'il meure
Chant si lourd à l'alcove ainsi qu'en un tombeau.
D'où donc ce frisselis d'émoi qui me pénètre,
D'où très mesurément, ce rythme mou d'andante ?
Il circule là-bas, aux blancheurs des fenêtres,
De bougeuses moiteurs, des ailes succédantes.

Assez ! laisse expirer la chanson... mon cœur pleure ;
Un bistre rampe autour des clartés. Solennel
Le silence est monté lentement, il apeure
Les bruits familiers du vague perennel.
Abandonne... que sons et que parfums se taisent !
Rythme mélancolique et poignant !... Oh ! douleur,
Tout est sourd, et grisâtre et s'en va ! – Parenthèse
Ouvres-tu l'infini d'un éternel malheur ? ...

141

Mémorial

Tes bras sont l'asyle
Et tes lèvres le parvis
Où s'éventairent les parfums et les couleurs des fleurs
                              et des fruits
Et ta voix la synagogue
D'immuables analogies
Et ton front la mort où vogue
L'éternelle pâleur
Et les vaisseaux aux pilotes morts des temps défunts,
Tes rides légères le sillage gracile
Des âges aux récifs difficiles
Où le chœur des douleurs vers tes prunelles a brui
Ses monocordes liturgies.

Danse sans rêve et sans trêve ;
Il n'est d'inutiles ébats
Que ceux que tu dansas pour moi
Oh toi l'exsangue, oh toi la frêle, oh toi la grêle
À qui mes baisers
Firent un tapis triomphal rosé
Des aurores où nous menâmes
Nos pas, nos regards et nos âmes
Nos sens jaloux, nos âmes grêles,
Tu demeures la ruine éclairée par les torches
Tandis que les grands vents ululent sous les porches
Souffletant de folioles errantes les écussons.

Et sans décolérer l'agrégat des chimères
En souffles, en râles, en hurlements
Assiège de clameurs la part de firmament
Que laisse la ville à nos misères.

Par les chemins uniformes
Et par les houles multiformes
En souffles, en râles, en sons d'orgue lointain
C'est la si semblable à moi
Par les ressauts et les émois
Et l'intime et cruel débat
Et le morne ressouvenir des temps incertains,
Et si lent s'éteindre le ressouvenir
De la bouche, de la bouche qui mord
Et plus lent encore, plus lent à venir
Le dédain des chimères sans mors.

Oh mes châteaux en Espagne
Loin exilés et tard construits
Où le chœur des douleurs a brui.
Oh mes châteaux en Espagne !

« Les cimes viridantes, les acuminantes cimes
Et ruisselèrent les casques et les étendards
Et le lointain fugace où souffrit le Khalife.
Les étendards nobles d'étoiles volent aux mêlées
                                    grondantes
Et s'offre et s'estompe, oh tes rues bleues et tes bazars
                                    et ces ifs.

Des pourpres et des ivoires de la chimère et rouge
        La fleur éternelle, rose des fronts penchés.
En vain dans l'inutile sillage les arbres ébranchés ;
Dans la coupe où l'oubli mêle aromates et pierreries
Pense les jubilés laudatifs de la chimère
        Et les lèvres et ses lèvres
Et l'écharpe convolutante aux nuées orfévrées,
À ces tapis se sont agenouillés les genoux priants
                                    du Khalife.
    Les mandores évocatrices ont dit. »

Ah maudite l'heure initiale des départs
Et l'or aux souks et les caresses aux felouques.

Et ces frissons aux soirs de fête.

IV

Tes fêtes dans la ville, à ces soirs illuminés de fêtes,
Le thyrse des musiques à notre rêve à deux,
Soirs, musiques, mirages décevants de durée calme
Où sombrent les présents dans les passés voulus lointains :
     Ah, c'est l'ombre dispersée.

Dans la foule aux mains séparées, sais-tu revoir
L'unique rythme de nos doubles pas
Et mon regard enregistreur des courbes de ta face,
De ta face, non plus semblable depuis notre rêve à deux
À tes soirs si ternes vers les sommeils sans calme,
     À tes soirs, sais-tu revoir ?

Ce timbre de ta voix parlant l'éternelle lutte
     Ô chère enténébrée des proches ombres,
Point fixe, à tout regret, des cycliques volutes,
Dans ses mineurs argentins, sons de luth surhumain
     Je t'entends aux jours.

     Ton miroir éternelle agonie.
Ce serait vers toi que les pâles génies
Ceux d'où tombent les fleurs qui balancent et se bercent
Les fleurs immémoriales qu'on ne respire plus
Descendent mains calmantes et mentent un jour de plus
     Aux philtres du moi qui se résigne
     Aux sois défunts
Aux tristes, de n'avoir su vivre en leurs lèvres
     Jetant les parures sans parfums
     Ô rêve à deux, défunt.

Aux soirs illunés, aux soirs illuminés,
Nous mélâmes nos chagrins de vivre
Survivance désemparée.
Hune d'où revoir les lointains
Les lointains glacés des givres du vivre –
Chairs emparées mains séparées,
À jamais d'un non social séparées,
Et plus que l'ennui de vivre.

C'était ton front, la ligne blanche dans l'Infini
Et tes masques l'heure des levers d'âmes infinies ;

Ta bouche sertissait l'absence et l'envolée.
Loin des bruits et des joies à plus vivaces envolées ;

Tes yeux luisaient violets dans l'ombre de la route,
De la route sans issues ni voies, la bonne route ;

Ton corps qui s'appendait à mon bras, la conscience
De n'être, parmi ces simulacres, seul de ma conscience.

Église d'un jour, l'hosannah des sens, la faim des mystères
À tes pieds d'un jour venaient s'enquérir vers tes mystères.

Hypothétique palais, hors mes erreurs du passé,
Pourquoi t'es-tu drapée des méfiances de tes passés ?

À ton moment, pourquoi mes lèvres acharnées
De ce naguère, ah combien dans l'ossuaire sous des
mains décharnées

De ce naguère, monotone redite, rythme identique,
Pourquoi pour moi, le sens et le frisson de l'abîme ?

Les Palais nomades

Temps gris

Un lacis de gouttes perpétuelles
comme un réseau de fatigue universelle
oppresse la ville des nues à la rue.
Les flambois blancs de la lumière
Plus maigres s'effacent en l'opale de l'heure ;
les lourdes maisons pâlissent comme embues,
tel le front vieilli d'une femme sous le voile ;
des fileuses mélancoliques ourdissent une toile,
     sur des papillons, aux vols de peur.

La pluie tombe triste et la lumière tremble.

Les pavés des rues prennent la couleur
de chairs lassées, aux faux triomphes de fard
trop blanches, trop tassées d'un éclat pâle,
comme une face humaine vieillie de douleurs
ternissant la chair autour du lent regard
ému de tant d'années de regret automnal
transparaît blafarde aux faces de la rue.

La pluie tombe triste et la lumière tremble.

La pluie tombe triste, lente comme la durée ;
heure à heure la vie s'égoutte en un canal
où seules glissent les barques lourdes de denrées ;
on sent trop que ces gens ne marchent que pour chercher
les ressources, et la source du rêve se tarit.
Un manteau d'ennui tombe aux épaules de Paris.

La pluie tombe triste et la lumière tremble.

ନ୍ଥ

Affiche pour un music-hall

De sa robe rouge,
de ses lèvres trop rouges et sa face trop pâle,
le front doré d'hélianthes,
son corselet de sang éclaboussé de fleurs,
de fleurs-lèvres, de fleurs-parfums, de fleurs-fièvres,
aux doigts un bouquet grêle,
violente,
elle appelle, pourprée comme un soleil blessé,
les passants vers les clowns pâles.

Les clowns pâles qu'on a tant battus,
roulés, fardés, parés, rossés ;
les clowns à la fierté accrue,
car leurs robes brochées d'un jeu de cartes
c'est la chronique de leur vie dès leur berceau.
Le dieu Hasard, dans ses hardes,
crève de sa tête folle un cerceau.

Et c'est un pauvre homme, le plus pauvre du monde,
dont on perçoit la face pâle comme de mort
soudaine et de bref supplice ;
tandis que les cuivres et la robe rouge
attirent un peu d'or
de leur appel strident et complice.

❧

La fuite du soleil

Le soleil est un fou découronné ;
     il a jeté
ses angelots clairs et ses cheveux d'or,
  ses écus neufs, ses bagues brillantes et les dentelles
(d'où sa main et sa face émergeaient
si tranquilles) on ne sait où, dehors ;
     en quelles kyrielles
d'aventures en des rues perdues,
     sans se soucier,
de nous, de rien, de lui, pas même,
     il s'est sauvé.

On l'a rencontré, dit-on,
Mûrissant des tabacs, jaunissant des citrons.
Peut-être erre-t-il maigre et nu,
agace-t-il de son violon
ceux des maisons closes, pour gagner l'entrée
près d'un feu ? Quelle contrée
l'étreint, l'enserre ? ô pauvres nous,
dans la boue jusqu'aux genoux
vainement nous l'implorons !
De ce fou de soleil nous sommes abandonnés.

Le monde est geôle et la terre est prison
gardée de fossés aux glaces perfides.
Ah ! Puissions-nous payer rançon !
Que s'ouvrent les triples serrures,
que tombent les livides murs,
et revoir sa clarté sans rides,

ఴ

La coupe

Dans cette coupe d'onyx
griffue d'ébène par une chimère
l'éphémère flot du Styx
passe et s'écoule vers la mer ;

la mer creuse où les voiles vertes
des espérances sont en panne
dans la bonace aux doigts inanes ;
le ciel bâille comme plaie ouverte.

De rouges gouttelettes à la coupe d'onyx
tombent et s'effacent
et le songe noir seul montre sa face
au fond de la coupe, et son regard fixe.

Le Livre d'images

149

GEORGES KHNOPFF

Vers

Pourquoi ce ciel si vite, encore ces oiseaux
En ces tristes bouleaux dépouillés et si grêles
Des cris, et des cri-cri, et si frêles, les prêles,
Et d'être le héron de si mornes roseaux !

Ce ciel et cette peur encore d'être seul,
Encor ces souvenirs comme oiselle qui passe,
Oh ! si lointainement passe, passe, s'efface...
Et disposer en plis de rêve son linceul !

Des cloches, c'est dimanche, en la frêle tourelle
Des cloches, et les champs plaintifs, et s'il voulait
Ce ciel comme une mère endormir de son lait
Cette douceur d'enfance en prière pour elle !

Les choses, c'était-il si pâle que ces roses
Et si vites, ces ciels, et ces légers moulins
Etaient-ce âmes ainsi, blanches en ces déclins
De crépuscule d'âmes entre ces arbres roses ?

Les villes, soyez loin, despérés affairés,
Et ce tumulte, et ce criard et dans ces rues
Vagues obsessions de choses disparues,
Et ce soudain souffrir ce que vous souffrirez !

Soyez loin, Vous aimer ? ô ce pâle souffrant
De ces mots si méchants d'une telle douceur,
Et d'être avec la Mort comme auprès d'une sœur,
Et cette main plaintive à celui qui la prend !

Songe du cœur qui sommeille

TRISTAN KLINGSOR

Yseult

Pour Fidélio le Magnifique

Quand la nuit tissa de l'ombre en l'air bercée,
quand Yseult aux blanches mains fut trépassée,
le Roy prit dans ses deux mains d'ensorcelé
les deux mains de sa très pâle fiancée
pour en faire un grand lys pâle de Thulé.

Le Roy prit les cheveux blonds de son aimée ;
le Roy prit le crâne lourd de son aimée.
Il fit tramer un long bandeau fuselé
des cheveux d'or, des cheveux blonds de l'aimée,
et fit du crâne une coupe de Thulé.

Le Roy but dans la coupe de son aimée ;
le Roy cueillit le lys pur de son aimée.
Puis il prit le bandeau blond et fuselé,
le bandeau blond à soyeuse ramée
et se pendit – pour sa reine de Thulé.

Et quand le jour tissa l'aube en l'air bercée,
quand Yseult aux blanches mains fut trépassée,
on emporta le Roy mort ensorcelé,
avec Yseult sa très pâle fiancée, –
dans un linceul filé de fleurs de Thulé.

Tryptique des châtelaines

80

151

Dame Kundry

Au rouet vermoulu sculpté de licornes
dame Kundry filait depuis trois cents ans ;
quelqu'un cogna trois petits coups à la porte :
un ménestrel fou d'amour entra céans.

L'intrus pirouetta de charmante sorte
pour offrir à la fileuse au vieux rouet
quelque Livre fleuronné de trois cigognes :
dame Kundry surprit son cœur guilleret.

L'intrus lui tendit un cornet clair de corne
plein d'un élixir de jouvence et d'amour.
Dame Kundry but le vin qu'on édulcore
et rougit comme une rose de Timour.

L'intrus lui joua des airs de farandole :
dame Kundry s'enamoura d'un balai,
et – robe qui froufroute, guimpe qui vole –
se mit à sautiller un pas de ballet.

Mais l'intrus brisa par terre sa viole.
Dans le cornet tors et magique de Kohl
il ne restait qu'un bouquet qui s'étiole
et les trois cigognes y trempaient leur col.

Le merveilleux ménestrel ouvrit la porte,
il ôta sa toque à plumes de gala,
et pirouetta de fort charmante sorte
devant dame Kundry qui n'était plus là.

Squelettes fleuris

ℰↄ

Asie

Asie, Asie, Asie,
Vieux pays merveilleux des contes de nourrice,
Où dort la fantaisie
Comme une impératrice
En sa forêt tout emplie de mystères,
Asie,
Je voudrais m'en aller avec la goélette
Qui se berce ce soir dans le port,
Mystérieuse et solitaire,
Et qui déploie enfin ses voiles violettes
Comme un immense oiseau de nuit dans le ciel d'or.

Je voudrais m'en aller vers les îles de fleurs
En écoutant chanter la mer perverse
Sur un vieux rythme ensorceleur ;
Je voudrais voir Damas et les villes de Perse
Avec les minarets légers dans l'air ;
Je voudrais voir de beaux turbans de soie
Sur des visages noirs aux dents claires ;
Je voudrais voir des yeux sombres d'amour
Et des prunelles brillantes de joie
En des peaux jaunes comme des oranges ;
Je voudrais voir des vêtements de velours
Et des habits à longues franges ;

Je voudrais voir des calumets entre des bouches
Tout entourées de barbes blanches ;
Je voudrais voir d'âpres marchands aux regards louches,
Et des cadis et des vizirs
Qui du seul mouvement de leur doigt qui se penche
Accordent vie ou mort au gré de leur désir.

Je voudrais voir la Perse et l'Inde et puis la Chine,
Les mandarins ventrus sous les ombrelles,

Et les princesses aux mains fines
Et les lettrés qui se querellent
Sur la poésie et sur la beauté ;

Je voudrais m'attarder au palais enchanté
Et comme un voyageur étranger
Contempler à loisir des paysages peints
Sur des étoffes en des cadres de sapin
Avec un personnage au milieu d'un verger ;

Je voudrais voir des assassins souriant
Du bourreau qui coupe un cou d'innocent
Avec son grand sabre courbé d'Orient ;
Je voudrais voir des pauvres et des reines ;
Je voudrais voir des roses et du sang ;
Je voudrais voir mourir d'amour ou bien de haine,
Et puis, m'en revenir plus tard
Narrer mon aventure aux curieux de rêves,
En conservant comme Sindbad
Ma vieille pipe arabe
De temps en temps entre mes lèvres
Pour interrompre le conte avec art...

Shéhérazade

MARIE KRYSINSKA

Symphonie en gris

À Rodolphe Salis

Plus d'ardentes lueurs sur le ciel alourdi,
Qui semble tristement rêver.
Les arbres, sans mouvement,
Mettent dans le loin une dentelle grise. –
Sur le ciel qui semble tristement rêver,
Plus d'ardentes lueurs. –

Dans l'air gris flottent les apaisements,
Les résignations et les inquiétudes.
Du sol consterné monte une rumeur étrange, surhumaine.
Cabalistique langage entendu seulement
Des âmes attentives. –
Les apaisements, les résignations, et les inquiétudes
Flottent dans l'air gris. –

Les silhouettes vagues ont le geste de la folie.
Les maisons sont assises disgracieusement
Comme de vieilles femmes –
Les silhouettes vagues ont le geste de la folie. –

C'est l'heure cruelle et stupéfiante,
Où la chauve-souris déploie ses ailes grises,
Et s'en va rôdant comme un malfaiteur. –
Les silhouettes vagues ont le geste de la folie. –

Près de l'étang endormi
Le grillon fredonne d'exquises romances.

Et doucement ressuscitent dans l'air gris
Les choses enfuies.

Près de l'étang endormi
Le grillon fredonne d'exquises romances.
Sous le ciel qui semble tristement rêver.

∞

Midi

À Georges d'Esparbès

Le firmament luit comme un cimeterre
Et les routes sont pâles comme des mortes.

Les Vents – allègres paladins –
Sont partis devers
        Les mers ;
Montés sur les éthéréens chevaux
Au fier galop de leurs sonnants sabots
Ils sont partis devers
        Les mers.

Une paix maléfique plane comme un oiseau
Faisant rêver de mort le plaintif olivier
Et de forfaits le figuier tenace
Dont le fruit mûr se déchire et saigne.

Les sources – comme elles sont loin !
Et les Naïades –
        Où sont-elles ?

156

Mais voici – joie des yeux –
Près de la roche courroucée
Le petit âne gris
  Mangeur de chardons.

Rythmes pittoresques

℘

Le sabbat

À Jean Lorrain

Par la clairière,
Blême de lumière
  De lune,
La folle ronde
Tournoie et gronde –
Comme la rafale
Chevauchant la pâle
  Lagune.

C'est la gaieté – combien morose ! –
C'est la peur et la soif de l'oubli guérisseur,
De l'oubli destructeur
  De toute chose,

Qui enlace : riant et criant,
Ces pauvres êtres en proie
  À la pire joie ;

Et fait ces fulgurantes étreintes d'amour -
    Sans Amour.

Mais, de cette ivresse, triste comme la Mort,
Où les vivants damnés veulent fuir la Vie
– Ses deuils, ses crève-cœur, ses crimes, ses remords –
D'autres êtres vont naître – et l'odieuse Vie
Germera triomphante en ces baisers de Mort.

    Par la clairière,
    Blême de lumière
        De lune,
    La folle ronde
    Tournoie et gronde…

ℬ

Sérénade

À Stéphane Mallarmé

La Nuit, gracieuse et farouche sirène,
Flotte dans le calme bleu éthéréen,
Ouvrant ses yeux purs – qui sont des astres –
Et pleure de longues larmes tranquilles,
Des larmes de lumière, tremblant un peu,
Dans la paix dormante de l'eau
Où les navires à l'amarre
Sont des fantômes de navires,
Si pâlement profilés sur le ciel ;
On dirait d'une très ancienne estampe
Effacée à moitié par le temps.

Un charme indolent vaporise les Contours ;
Et les formes sont de tendres spectres
Revêtus de passé, de mystère et de rêve,
Au gré de notre désir incertain.

La Nuit câline se berce, comme dans un hamac
Une fille des chaudes contrées,
Et, de ses mains ouvertes,
Tombe le précieux opium de l'heure.

La cohorte brutale des soucis
Est en déroute
Sous le pur regard de la Nuit.

Plus rien d'hostile ne se mêle
À la sérénité des choses assoupies ;
Et l'âme du poète peut croire
Retrouvé le pays promis à ses nostalgies ;
Le pays à l'égal charme doux –
Comme un sourire d'amie, –
Le pays idéal, où
Plus rien d'hostile ne se mêle
À la sérénité des choses.

Flottez, gracieuse et farouche sirène !
Nuit indolente, dans le calme bleu éthéréen,
Flottez sans hâte – car voici déjà
À l'Orient la menace rose
Du jour,
Et voici retentir dans l'air assoupi
Le clairon qui sonne le retour
Des soucis – brutale cohorte.
Le haïssable chant du coq
Lance la narquoise sérénade :
– Aux pires hôtes ouvrez vos portes,
Voici le jour !

Joies errantes

159

Jules Laforgue

Complainte propitiatoire à l'inconscient

Ô Loi, qui êtes parce que Vous Êtes,
Que Votre Nom soit la Retraite !

– Elles ! ramper vers elles d'adoration ?
Ou que sur leur misère humaine je me vautre ?
Elle m'aime, *infiniment !* Non, d'occasion !
Si non *moi*, ce serait *infiniment* un autre !

Que Votre inconsciente Volonté
Soit faite dans l'Éternité !

– Dans l'orgue qui par déchirements se châtie,
Croupir, des étés, sous les vitraux, en langueur ;
Mourir d'un attouchement de l'Eucharistie,
S'entrer un crucifix maigre et nu dans le Cœur ?

Que de votre communion, nous vienne
Notre sagesse quotidienne !

– Ô croisés de mon sang ! transporter les cités !
Bénir la Pâque universelle, sans salaires !
Mourir sur la Montagne, et que l'Humanité,
Aux âges d'or sans fin, me porte en scapulaires ?

Pardonnez-nous nos offenses, nos cris,
Comme étant d'à jamais écrits !

– Crucifier l'infini dans des toiles comme
Un mouchoir, et qu'on dise : « Oh ! l'Idéal s'est tu ! »

Formuler Tout ! En fugues sans fin dire l'Homme !
Être l'âme des arts à zones que veux-tu ?

Non, rien ; délivrez-nous de la Pensée,
Lèpre originelle, ivresse insensée,

Radeau du Mal et de l'Exil ;
Ainsi soit-il.

&

Complainte des pianos
qu'on entend dans les quartiers aisés

Menez l'âme que les Lettres ont bien nourrie,
Les pianos, les pianos, dans les quartiers aisés !
Premiers soirs, sans pardessus, chaste flânerie,
Aux complaintes des nerfs incompris ou brisés.

Ces enfants, à quoi rêvent-elles,
Dans les ennuis des ritournelles ?

– « Préaux des soirs,
Christs des dortoirs !

« Tu t'en vas et tu nous laisses,
Tu nous laiss's et tu t'en vas,
Défaire et refaire ses tresses,
Broder d'éternels canevas. »

Jolie ou vague ? triste ou sage ? encore pure ?
Ô jours, tout m'est égal ? ou, monde, moi je veux ?

Et si vierge, du moins, de la bonne blessure,
Sachant quels gras couchants ont les plus blancs aveux ?

Mon Dieu, à quoi donc rêvent-elles ?
À des Roland, à des dentelles ?

— « Cœurs en prison,
Lentes saisons !

« Tu t'en vas et tu nous quittes,
Tu nous quitt's et tu t'en vas !
Couvent gris, chœurs de Sulamites,
Sur nos seins nuls croisons nos bras. »

Fatales clés de l'être un beau jour apparues ;
Psitt ! aux hérédités en ponctuels ferments,
Dans le bal incessant de nos étranges rues ;
Ah ! pensionnats, théâtres, journaux, romans !

Allez, stériles ritournelles,
la vie est vraie et criminelle.

— « Rideaux tirés,
Peut-on entrer ?

« Tu t'en vas et tu nous laisses,
Tu nous laiss's et tu t'en vas,
La source des frais rosiers baisse,
Vraiment ! Et lui qui ne vient pas... »

Il viendra ! Vous serez les pauvres cœurs en faute,
Fiancés au remords comme aux essais sans fond,
Et les suffisants cœurs cossus, n'ayant d'autre hôte
Qu'un train-train pavoisé d'estime et de chiffons

Mourir ? Peut-être brodent-elles,
Pour un oncle à dot, des bretelles ?

162

    — « Jamais ! Jamais !
    Si tu savais !

« Tu t'en vas et tu nous quittes,
Tu nous quitt's et tu t'en vas,
Mais tu nous reviendras bien vite
Guerir mon beau mal, n'est-ce pas ? »

Et c'est vrai ! l'Idéal les fait divaguer toutes,
Vigne bohême, même en ces quartiers aisés.
La vie est là ; le pur flacon des vives gouttes
Sera, *comme il convient*, d'eau propre baptisé.

    Aussi, bientôt, se joueront-elles
    De plus exactes ritournelles.

      — « Seul oreiller !
      Mur familier !

« Tu t'en vas et tu nous laisses,
Tu nous laiss's et tu t'en vas,
Que ne suis-je morte à la messe !
Ô mois, ô linges, ô repas ! »

         ℰ꩜

Complainte des bons ménages

L'Art sans poitrine m'a trop longtemps bercé dupe.
Si ses labours sont fiers, que ses blés décevants !
Tiens, laisse-moi bêler tout aux plis de ta jupe
    Qui fleure le couvent.

Le Génie avec moi, serf, a fait des manières ;
Toi, jupe, fais frou-frou, sans t'inquiéter pourquoi,
Sous l'œillet bleu de ciel de l'unique théière,
   Sois toi-même, à part moi.

Je veux être pendu, si tu n'es pas discrète
Et *comme il faut*, vraiment ! Et d'ailleurs tu m'es tout.
Tiens, j'aimerais les plissés de ta collerette
   Sans en venir à bout,

Mais l'Art, c'est l'Inconnu ! qu'on y dorme et s'y vautre,
On peut ne pas l'avoir constamment sur les bras !
Eh bien, ménage au vent ! Soyons Lui, Elle et l'Autre.
   Et puis, n'insistons pas.

℘

Complainte du fœtus de poète

  Blasé dis-je ! En avant,
Déchirer la nuit gluante des racines,
À travers maman, amour tout d'albumine,
Vers le plus clair ! vers l'alme et riche étamine
   D'un soleil levant !

 — Chacun son tour, il est temps que je m'emancipe,
Irradiant des Limbes mon inédit type !

  En avant !
Sauvé des steppes du mucus, à la nage
Téter soleil ! et soûl de lait d'or, bavant,
Dodo à les seins dorloteurs des nuages,
   Voyageurs savants !

– À rêve que veux-tu, là-bas, je vivrai dupe
D'une âme en coup de vent dans la fraîcheur des jupes !

     En avant !
Dodo sur le lait caillé des bons nuages
Dans la main de Dieu, bleue, aux mille yeux vivants
Aux pays du vin viril faire naufrage !
       Courage,
        Là, là, je me dégage...

– Et je communierai, le front vers l'Orient,
Sous les espèces des baisers inconscients !

     En avant !
Cogne, glas des nuits ! filtre, soleil solide !
Adieu, forêts d'aquarium qui, me couvant,
Avez mis ce levain dans ma chrysalide !
       Mais j'ai froid ? En avant !
       Ah ! maman...

Vous, Madame, allaitez le plus longtemps possible
Et du plus Seul de vous ce pauvre enfant-terrible.

          ℘

Complainte du temps
et de sa commère l'espace

Je tends mes poignets universels dont aucun
N'est le droit ou le gauche, et l'Espace, dans un
Va-et-vient giratoire, y détrame les toiles
D'azur pleines de cocons à fœtus d'Étoiles.

Et nous nous blasons tant, je ne sais où, les deux
Indissolubles nuits aux orgues vaniteux
De nos pores à Soleils, où toute cellule
Chante : Moi ! Moi ! puis s'éparpille, ridicule !

Elle est l'infini sans fin, je deviens le temps
Infaillible. C'est pourquoi nous nous perdons tant.
Où sommes-nous ? Pourquoi ? Pour que Dieu s'accomplisse ?
Mais l'Éternité n'y a pas suffi ! Calice
Inconscient, où tout cœur crevé se résout,
Extrais-nous donc alors de ce néant trop tout !
Que tu fisses de nous seulement une flamme,
Un vrai sanglot mortel, la moindre goutte d'âme !

Mais nous bâillons de toute la force de nos
Touts, sûrs de la surdité des humains échos.
Que ne suis-je indivisible ! Et toi, douce Espace,
Où sont les steppes de tes seins, que j'y rêvasse ?
Quand t'ai-je fécondée à jamais ? Oh ! ce dut
Etre un spasme intéressant ! Mais quel fut mon but ?
Je t'ai, tu m'as. Mais où ? Partout, toujours. Extase
Sur laquelle, quand on est le Temps, on se blase.

Or, voilà des spleens infinis que je suis en
Voyage vers ta bouche, et pas plus à présent
Que toujours, je ne sens la fleur triomphatrice
Qui flotte, m'as-tu dit, au seuil de ta matrice,
Abstraites amours ! quel infini mitoyen
Tourne entre nos deux Touts ? Sommes-nous deux ? ou bien,
(Tais-toi si tu ne peux me prouver à outrance,
Illico, le fondement de la connaissance,

Et, par ce chant : Pensée, Objet, Identité !
Souffler le Doute, songe d'un siècle d'été.)
Suis-je à jamais un solitaire Hermaphrodite,
Comme le Ver solitaire, ô ma Sulamite ?
Ma complainte n'a pas eu de commencement,

Que je sache, et n'aura nulle fin ; autrement,
Je serais l'anachronisme absolu, Pullule
Donc, azur possédé du mètre et du pendule !

Ô Source du Possible, alimente à jamais
Des pollens des soleils d'exil, et de l'engrais
Des chaotiques hécatombes, l'automate
Universel où pas une loi ne se hâte.
Nuls à tout, sauf aux rares mystiques éclairs
Des Élus, nous restons les deux miroirs d'éther
Réfléchissant, jusqu'à la mort de ces Mystères,
Leurs Nuits que l'Amour distrait de fleurs éphémères.

Les Complaintes

&

Intérieur

Il fait nuit. Au dehors, à flots tombe la pluie.
L'âtre aux vieux murs couverts d'une lèpre de suie,
D'une résine en feu s'éclaire pauvrement.
Tapi dans son coin noir, mélancoliquement,
Un grillon solitaire, en son cri-cri sonore,
Regrette son cher trou, dans les prés, à l'aurore,
Alors que la rosée, au soleil s'allumant,
À chaque pointe d'herbe allume un diamant !
Autour des feux mourants, qui dans l'âtre blêmissent,
Des paysans penchés par degrés s'assoupissent,
Plongés dans l'hébétude, et le regard pareil
À ceux des bœufs repus ruminant au soleil.
L'aïeule aux grêles mains, branlant le chef, tricote ;
À ses pieds, un matou joue avec la pelote.

Ses maigres doigts noueux vont et viennent sans fin,
Poussant l'aiguille en bois dans les mailles de lin ;
Elle écoute le vent, rêve parfois, s'arrête,
Tire la longue aiguille et s'en gratte la tête ;
Puis reprend aussitôt, avec son air songeur.
Et moi j'intitulai ma pièce : *Intérieur*.

Premiers Poèmes

ᔓ

Solo de lune

Je fume, étalé face au ciel,
Sur l'impériale de la diligence,
Ma carcasse est cahotée, mon âme danse
Comme un Ariel ;
Sans miel, sans fiel, ma belle âme danse,
Ô routes, coteaux, ô fumées, ô vallons,
Ma belle âme, ah ! récapitulons.

Nous nous aimions comme deux fous,
On s'est quitté sans en parler,
Un spleen me tenait exilé,
Et ce spleen me venait de tout. Bon.

Ses yeux disaient : « Comprenez-vous ?
« Pourquoi ne comprenez-vous pas ? »
Mais nul n'a voulu faire le premier pas,
Voulant trop tomber *ensemble* à genoux.
(Comprenez-vous ?)

Où est-elle à cette heure ?
Peut-être qu'elle pleure...
Où est-elle à cette heure ?
Oh ! du moins, soigne-toi je t'en conjure !

Ô fraîcheur des bois le long de la route,
Ô châle de mélancolie, toute âme est un peu aux écoutes,
Que ma vie
Fait envie !
Cette impériale de diligence tient de la magie.

Accumulons l'irréparable !
Renchérissons sur notre sort !
Les étoiles sont plus nombreuses que le sable
Des mers où d'autres ont vu se baigner son corps ;
Tout n'en va pas moins à la Mort,
Y a pas de port.

Des ans vont passer là-dessus,
On s'endurcira chacun pour soi,
Et bien souvent et déjà je m'y vois,
On se dira : « Si j'avais su... »
Mais mariés, de même, ne se fût-on pas dit :
« Si j'avais su, si j'avais su !... »
Ah ! rendez-vous maudit !
Ah ! mon cœur sans issue !...
Je me suis mal conduit.

Maniaques de bonheur,
Donc, que ferons-nous ? Moi de mon âme,
Elle de sa faillible jeunesse ?
Ô vieillissante pécheresse,
Oh ! que de soirs je vais me rendre infâme
En ton honneur !

Ses yeux clignaient : « Comprenez-vous ?
« Pourquoi ne comprenez-vous pas ? »

Mais nul n'a fait le premier pas
Pour tomber ensemble à genoux. Ah !...

La lune se lève,
Ô route en grand rêve !...

On a dépassé les filatures, les scieries,
Plus que les bornes kilométriques,
De petits nuages d'un rose de confiserie,
Cependant qu'un fin croissant de lune se lève,
Ô route de rêve, ô nulle musique...

Dans ces bois de pins où depuis
Le commencement du monde
Il a fait toujours nuit,
Que de chambres propres et profondes !
Oh ! pour un soir d'enlèvements
Et je les peuple et je m'y vois,
Et c'est un beau couple d'amants,
Qui gesticulent hors la loi.

Et je passe et les abandonne,
Et me recouche face au ciel,
La route tourne, je suis Ariel,
Nul ne m'attend, je ne vais chez personne,
Je n'ai que l'amitié des chambres d'hôtel !

La lune se lève,
Ô route en grand rêve !
Ô route sans terme,
Voici le relais,
Où l'on allume les lanternes,
Où l'on boit un verre de lait,
Et fouette postillon,
Dans le chant des grillons,
Sous les étoiles de juillet.

Ô clair de Lune,
Noce de feux de Bengale noyant mon infortune,
Les ombres des peupliers sur la route ...
Le gave qui s'écoute...
Qui s'écoute chanter,...
Dans ces inondations du fleuve Léthé,...
Ô solo de lune,
Vous défiez ma plume.
Oh ! cette nuit sur la route
Ô Étoiles, vous êtes à faire peur,
Vous y êtes toutes ! toutes !
Ô sagacité de cette heure...
Oh ! qu'il y eût moyen
De m'en garder l'âme pour l'automne qui vient !...

Voici qu'il fait très très frais,
Oh ! si à la même heure,
Elle va de même le long des forêts,
Noyer son infortune
Dans ces noces du clair de lune !...
(Elle aime tant errer tard !)
Elle aura oublié son foulard,
Elle va prendre mal, vu la beauté de l'heure !
Oh soigne-toi je t'en conjure !
Oh! je ne veux plus entendre cette toux !

Ah que ne suis-je tombé à tes genoux !
Ah que n'as-tu défailli à mes genoux !
J'eusse été le modèle des époux.
Comme le frou-frou de ta robe est le modèle des frou-frou.

∞

Légende

Armorial d'anémie !
Psautier d'automne !
Offertoire de tout mon ciboire de bonheur et de génie,
À cette hostie si féminine,
Et si petite toux sèche maligne,
Qu'on voit aux jours déserts, en inconnue,
Sertie en de cendreuses toilettes qui sentent déjà l'hiver,
Se fuir le long des cris surhumains de la Mer.

Grandes amours, oh ! qu'est-ce encor ?...

En tout cas, des lèvres sans façon,
Des lèvres déflorées,
Et quoique mortes aux chansons,
Âpres encore à la curée.
Mais les yeux d'une âme qui s'est bel et bien cloîtrée
Enfin ; voici qu'elle m'honore de ses confidences.
J'en souffre plus qu'elle ne pense.

— « Mais, chère perdue, comment votre esprit éclairé
« Et le stylet d'acier de vos yeux infaillibles,
« N'ont-ils pas su percer à jour la mise en frais
« De cet économique et passager bellâtre ? »

— « Il vint le premier ; j'étais seule près de l'âtre ;
« Son cheval attaché à la grille
« Hénissait en désespéré... »

— « C'est touchant (pauvre fille)
« Et puis après ?
« Oh ! regardez, là-bas, cet épilogue sous couleur de couchant !
« Et puis vrai,
« Remarquez que dès l'automne, l'automne !
« Les casinos,

« Qu'on abandonne
« Remisent leur piano ;
« Hier l'orchestre attaqua
« Sa dernière polka,
« Hier, la dernière fanfare
« Sanglotait vers les gares... »

(Oh ! comme elle est maigrie !
Que va-t-elle devenir ?
Durcissez, durcissez,
Vous, caillots de souvenirs !)

– « Allons, les poteaux télégraphiques
« Dans les grisailles de l'exil
« Vous serviront de pleureuses de funérailles ;
« Moi, c'est la saison qui veut que je m'en aille,
« Voici l'hiver qui vient.
« Ainsi soit-il.
« Ah ! soignez-vous ! Portez-vous bien.

« Assez ! assez !
« C'est toi qui as commencé !

« Tais-toi ! Vos moindres clins d'yeux sont des parjures.
« Laisse ! Avec vous autres rien ne dure.

« Va, je te l'assure,
« Si je t'aimais, ce serait par gageure.

« Tais-toi ! tais-toi !
« Ou n'aime qu'une fois ! »

Ah ! voici que l'on compte enfin avec Moi !

Ah ! ce n'est plus l'automne, alors
Ce n'est plus l'exil,
C'est la douceur des légendes, de l'âge d'or,

173

Des légendes des Antigones,
Douceur qui fait qu'on se demande :
« Quand donc cela se passait-il ? »

C'est des légendes, c'est des gammes perlées,
Qu'on m'a tout enfant enseignées,
Oh ! rien, vous dis-je, des estampes,
Les bêtes de la terre et les oiseaux du ciel
Enguirlandant les majuscules d'un Missel,
Il n'y a pas là tant de quoi saigner ?

Saigner ! moi pétri du plus pur limon de Cybèle !
Moi qui lui eusse été dans tout l'art des Adams
Des Édens aussi hyperboliquement fidèle
Que l'est le soleil Saque soir envers l'Occident !…

ॐ

« *Ô géraniums diaphanes…* »

Ô géraniums diaphanes, guerroyeurs sortilèges,
Sacrilèges monomanes !
Emballages, dévergondages, douches ! Ô pressoirs
Des vendanges des grands soirs !
Layettes aux abois,
Thyrses au fond des bois !
Transfusions, représailles,
Relevailles, compresses et l'éternelle potion,
Angelus ! n'en pouvoir plus
De débâcles nuptiales ! de débâcles nuptiales !…

Et puis, ô mes amours,
À moi, son tous les jours

Ô ma petite mienne, ô ma quotidienne,
Dans mon petit intérieur,
C'est-à-dire plus jamais ailleurs !

Ô ma petite quotidienne !...

Et quoi encore ? Oh du génie,
Improvisations aux insomnies !

Et puis ? L'observer dans le monde,
Et songer dans les coins :
« Oh, qu'elle est loin ! Oh, qu'elle est belle !
« Oh ! qui est-elle ? À qui est-elle ?
« Oh, quelle inconnue ! Oh, lui parler ! Oh, l'emmener ! »
(Et, en effet, à la fin du bal,
Elle me suivrait d'un air tout simplement fatal.)

Et puis, l'éviter des semaines
Après lui avoir fait de la peine,
Et lui donner des rendez-vous,
Et nous refaire un chez-nous.

Et puis, la perdre des mois et des mois,
À ne plus reconnaître sa voix !...

Oui, le Temps salit tout,
Mais, hélas ! sans en venir à bout.

Hélas ! hélas ! et plus la faculté d'errer,
Hypocondrie et pluie,
Et seul sous les vieux cieux,
De me faire le fou !
Le fou sans feux ni lieux
(Le pauvre, pauvre fou sans amours !)
Pour, alors, tomber bien bas
À me purifier la chair,
Et exulter au petit jour

En me fuyant en chemin de fer,
Ô Belles-Lettres, ô Beaux-Arts
Ainsi qu'un Ange à part !

J'aurai passé ma vie le long des quais
À faillir m'embarquer
Dans de bien funestes histoires,
Tout cela pour l'amour
De mon cœur fou de la gloire d'amour.

Oh, qu'ils sont pittoresques les trains manqués !...

Oh, qu'ils sont « À bientôt ! à bientôt ! »
Les bateaux
Du bout de la jetée !...

De la jetée bien charpentée
Contre la mer,
Comme ma chair
Contre l'amour.

Derniers vers

LOUIS LE CARDONNEL

Ville morte

Lentement, sourdement, des vêpres sonnent
Dans la grand-paix de cette vague ville ;
Des arbres sur la place frissonnent,
Comme inquiets de ces vêpres qui sonnent.
Inquiétante est cette heure tranquille.

Un idiot qui va, revient, et glousse,
Content, car les enfants sont à l'école ;
À sa fenêtre une vieille qui tousse ;
À l'idiot qui va, revient, et glousse,
Elle fait des gestes, à moitié folle.

Murs décrépits, lumière décrépite
Que ce Novembre épand sur cette place :
Sur un balcon du linge froid palpite,
Pâle, dans la lumière décrépite.
Et puis le son des cloches qui se lasse…

Tout à coup, plus de cloches, plus de vieille,
Plus de pauvre idiot, vaguement singe,
Et l'on dirait que la ville sommeille.
Plus d'idiot, de cloches ni de vieille…
Seul, maintenant, le blanc glacé du linge.

৪৩

Le piano

Sur le clavier sanglote une dolente phrase,
Dans la maison la plus triste du quai désert ;
Lourde l'eau, bas le ciel où le couchant s'écrase.

Phrase lente, elle conte une longue misère ;
C'est un De profundis qui ne croit pas en Dieu,
Et supplie, en sachant le néant de son vœu.

Et l'on sent, reflétée en sa monotonie
La monotone horreur de ce vide infini.

Monotones les jours de celle-là qui joue,
Et que l'Amour n'a pas d'assez de ciel comblée,
Ou qui, peut-être, songe à quelqu'un d'exilé
Là-bas, sur quelque mer monotone, ou mort fou
Des mépris expiés par celle-là qui joue.

Ah ! dans cette maison triste du quai désert,
C'est le Miserere de toute sa misère,
Au milieu d'un désert qui n'aura pas de manne,
Et que traversera seule, écho de Schumann,
Et que remplira seule, à jamais, cette phrase,
Morne comme le ciel où le couchant s'écrase !

જી

À Albert Samain

Chanteur mystérieux, dont les chastes douleurs
Faisaient trembler, si lente et si douce, la phrase,

Toi, dont un feu secret plus d'une fois embrase
La discrète élégie aux fuyantes pâleurs,

Tu savais qu'au nectar se mêle un goût de pleurs,
Malgré la ciselure errante aux flancs du Vase,
Et que toutes les fleurs du printemps plein d'extase
Ne sont que l'ombre froide et vaine d'autres fleurs.

Sur ta vie et ton œuvre, avant l'heure finies,
Si l'amitié te doit de gémir ses Nénies,
Sois envié, poète, autant que regretté :

Car, après la tristesse et les larmes des choses,
L'Automne pur t'ouvrit l'immarcessible Été,
Où tu respireras les véritables roses.

Poèmes

ઈꝋ

Matin d'octobre

À Léon Guillot

Dans sa limpidité la lumière d'octobre,
S'épandant de l'azur, emplit l'air allégé :
Elle baigne d'un or harmonieux et sobre
    Les champs où l'on a vendangé.

Hier on entendait des voix de contadines,
Qui s'unissaient au vol des derniers papillons :

179

Seules vont maintenant, çà et là, des gallines,
        Ivres des lents rayons.

De l'horizon, où, grêle, un campanile pointe,
À travers le feuillage aux lueurs de satin,
M'arrive une rumeur de char éloigné, jointe
        Au chant perdu d'un coq lointain.

Je regarde, charmé, ces glèbes qui s'étendent,
Ces arbres, par endroits à peine encor rouillés.
 De mûriers en mûriers, partout les pampres pendent,
        De raisins dépouillés.

Nul vent ne souffle, pas une feuille ne tombe ;
L'abeille qui s'endort ne vient plus me frôler ;
Tout songe, et sur un toit une belle palombe
        Semble craindre de s'envoler.

Et dans cet air où rien ne bouge et ne respire,
Dans ce calme, si pur qu'il vous fait presque mal,
Je crois sentir vibrer, comme une grande lyre,
        L'automne de cristal.

                        Chants d'ombre et de Toscane

180

GRÉGOIRE LE ROY

La mort

Ce soir, la gueuse fatale,
La vieille livide et brutale
Aux mains calleuses, au front bas ;
Celle qui marche au milieu des chemins,

Tantôt ici, tantôt là-bas,
Barrant la route au lendemain ;
Celle qui fait sonner les pierres
De son bâton noué de fer,
Et de ses deux sabots d'enfer ;

Ce soir, la mort a, sans raison,
Passé le seuil de ma maison.
J'étais rêveur, au coin du feu,
Lisant l'espérance et la vie
Dans les yeux bleus de mon enfant.

La vieille entra
Et vint s'asseoir entre nous deux...
Et je n'avais pas vu qu'une chaise était là...

∽

Échos des valses

Valses d'antan, valses muettes !
Rythmes bercés aux jardins d'autrefois...
  Cloches d'antan, minces, fluettes.
Fuite d'échos qu'en mon âme je vois...

  Choses d'antan, subtilisées :
Chambre déserte où se fane un parfum...
  Chose d'amour, éternisées :
Fleur de baiser qui s'effeuille en chacun.

  Voix du passé, voix incertaines,
Comme un écho de refrains bien connus ;
  Voix qui s'en vont loin, et lointaines,

  Bons souvenirs, en allés, revenus...
Rythmes en rond d'escarpolettes !
  Valses d'antan... pourquoi muettes ?

&

Les portes closes

  Ô vous chères, que j'ai connues
Et qu'aux jours tristes je revois,
Vous voici, ce soir, revenues,
Car mon cœur pleure d'Autrefois.

  Quand, me rappelant vos caresses,
Je pense à celles qui viendront,

182

Mes mains sont lourdes de paresses,
Je ne tends même plus mon front.

Car c'est vous seules que j'écoute,
Qui, dans le crépuscule aimé,
De vos voix où tremble le Doute,
Chantez en un palais fermé.

Moi j'attends qu'à travers la porte,
Close par mon fol abandon,
Votre chanson de deuil m'apporte
Un peu de rêve et de pardon…

Oui, c'est vous seules, vous lointaines,
Dont me revienne encor la voix,
Ô vous toutes qui fûtes miennes
Dans l'inoubliable autrefois.

Là, vous êtes dans l'ombre, seules,
Telles que vous m'apparaissez
Déjà semblables aux aïeules,
Parlant de très lointains passés,

Et j'entends vos voix paresseuses,
Si douces que j'en souffre un peu,
Comme un chœur de tristes fileuses,
Assis, un soir, autour du feu.

&

Musique d'ombre

Un peu de musique incolore
Afin d'éterniser ce soir
Et qu'il revive et dure encore
Aux tristes nuits nonchaloir...

Résonnance lunaire et lasse,
Eclose d'ombre dans le rêve
Et dont la phrase ne s'achève
Pour qu'à jamais elle s'éfface...

Oh ! Doucement ! Loin de mes yeux !
Un peu vers le cœur, mais dans l'âme...
Près de l'amour, loin de la femme...
Que je m'en sente un peu plus vieux !

D'où vient ce baiser d'inconnue
Que ma lèvre n'a pas rendu ?
Elle s'en va la bienvenue !
Elle s'en va ! Tout est perdu...

Tout est pourtant bien dans cette heure :
La mélodie éteinte en l'ombre,
Et plus de rythme et plus de nombre
Et qu'elle meure... et qu'elle meure...

La Chanson du Pauvre

Jean Lorrain

Lunaire

Les rêves du clair de lune,
Frimas blancs dans la nuit brune
Neigent au bord de la mer.

Sur la falaise, qu'assiège
Un sinistre vent d'hiver,
L'écume éparse dans l'air
Se mêle aux flocons de neige.

Au pied des rocs descellés
Des plaintes et des cris vagues
Montent dans l'ombre et les vagues,
Au sanglot de vents mêlés,

Et blêmes, échevelés,
Des fronts implorants de femmes
Tournoient au loin sur les lames.

Fête galante
(extraits)

Pour M. Edmond de Goncourt

I

Ah ! si fines de taille, et si souples, si lentes
Dans leur étroit peignoir enrubanné de feu,
Les yeux couleur de lune et surtout l'air si peu
Convaincu du réel de ces fêtes galantes !

Ah ! le charmant sourire AILLEURS, inattentif
De ces belles d'antan, lasses d'être adorées
Et graves, promenant, exquises et parées,
L'ennui d'un cœur malade au fond seul et plaintif.

  Qu'importe à Sylvanire et les étoffes rares
  Et les sonnets d'Orante et les airs de guitares,
  Qu'éveille au fond des parcs l'indolent Mezzetin ?

  Auprès de Cydalise à la rampe accoudée,
  Sylvanire poudrée, en grand habit, fardée
  Sait trop qu'Amour, hélas ! est un songe lointain.

La Forêt bleue

℘

Intérieur

(extraits)

Pour le duc Jean des Esseintes

I

Un retrait calme et sombre, au plafond vert de mer,
Aux murs de vieille étoffe éclatante flétrie,
Où le feu des béryls à l'argent se marie
Dans un fond lumineux d'argyrose et d'or clair,

Sur de sveltes bahuts drapés de satin chair
Des ciboires massifs en lourde orfèvrerie,
Des missels et, venus à grands frais de Syrie,
D'étroits coffrets de nacre à serrure de fer ;

Une vierge d'émail, un crucifix d'albâtre
Presque décomposé dans la clarté bleuâtre
D'épais culs de bouteille éraflés de points d'or,

Un jour malade et faux de verre de Venise
Qui, parmi l'équivoque et somptueux décor,
Met un mystère ancien de byzantine église.

IV

Oh ! dans la chambre obscure, où l'or des saints ciboires
Étincelle, évoquant dans ses fauves reflets
D'exquises trahisons de prélats violets,
Oh ! renifler l'encens des sanglants oratoires !

Devant un flot bouffant de lampas et de moires
Où s'ébauche une pâle Infante aux doigts fluets,

Revivre, ô rois d'Espagne, au fond de vos palais
Sinistres, vos édits et vos horribles gloires…

N'est-ce pas un plaisir esthétique et royal
À l'heure où la clarté du vitrail agonise
De revivre les mœurs d'un vague Escurial,

Et, dans un jour faussé, qui verdit et s'irrise,
D'aimer une automate au charme glacial
D'enfant reine, attifée en madone d'église ?

⁊

Évangile

Selon Joris-Karl Huysmans

Des nuances, des demi-teintes :
Évite le cri des couleurs,
Fuis l'éclat des tons querelleurs
Et brutaux ; hors de leurs atteinte

Parmi les étoffes éteintes
Et les vieux satins recéleurs
D'exquises et vagues pâleurs,
Sois l'émule de des Esseintes.

Éveille en frôlant les velours
D'une frêle main de phtysique
La soyeuse et fine musique
Des reflets délicats et courts.

Sois le morne amant des vieux roses
Où l'or verdâtre et l'argent clair
Brodent d'étranges fleurs de chair,
Où s'appâlissent des chloroses.

Mais, avant tout aime et cultive
La gamme adorable des blancs :
Dans leurs frissons calmes et blancs
Dort une ivresse maladive.

Leur fausse innocence perverse,
Où, pourpre entre tant de candeurs,
Le rêve d'un bout de sein perce,
Est un poème d'impudeurs !

Aux bleus de lin mêlant le mauve,
Sache avec des tons effacés
Évoquer un songe d'alcôve
Et de baisers éternisés ;

Puis, pour fixer ta rêverie
Revenue enfin du Japon,
Qu'aux murs une tapisserie
Vert pistache ou bleu céladon

Déroule un rang de Canéphores
Et de Vestales de Leroux
Inclinant de sveltes amphores
Sur la sveltesse de leurs cous.

Des nuances, des demi-teintes :
Évite le cri des couleurs
Fuis l'éclat des tons querelleurs
Et discordants, sois Des Esseintes.

Les Griseries

PIERRE LOUŸS

Glaucé

À Albert Besnard

Elle se baigne
Au marais des iris et des grands lys d'eau
Elle se baigne comme un nénufar blanc
Comme un nénufar rouge qui saigne
Elle est tout en or avec des taches de sang
Comme un soleil du soir qui baigne dans l'eau
Miroitante et merveilleuse.

Le marais verdâtre et si lourd d'or
L'étang putride et vert de soir
Est le miroir
De ses hanches
Blanches
Ô qui chantera l'enfant glauque et d'or
Dans ses mares mordorées.

Son fin buste émerge de l'eau
Comme un nénufar chevelu d'or rouge
Ses yeux sont comme deux flammes sur l'eau
Vertes étoiles ses yeux doux d'Asie
Mais sa bouche est un coquillage de pourpre
Et sa chevelure est sur sa bouche
Sa chevelure cramoisie.

Ses cheveux longs où sont des algues vagues
Et des crabes verts aux crocs des boucles
Et l'écume des basses vagues

190

Et des gouttes d'escarbouches
Où les lumières ont des verves
Ô comme au front des roches d'or
Ses cheveux dissolus couronnés de conferves

Ses cheveux, ah ! défleuris ! ses cheveux dévêtus et nus...

« Iris
Marécageux, iris
Mes cheveux sous-marins mêlés d'algues languides
Te veulent, triste iris,
Et l'iris de mes yeux. »

Voici trouer la frêle eau d'or,
Ses doigts luxurieux
Vers les iris, vers les iris
Fleurs droites à fleurir derrière ses oreilles
Larges yeux des étangs, fleurs obscures, bleus iris,
Lèvres molles en fleur sur les eaux
Bleus baisers de la nuit dans ses mains nonpareilles.

ℰℷ

Astarté

À André Gide

Elle siège, croisant d'une immobile étreinte
Un bras nu sur les seins verts spriralés d'or fin
Et se cambre au bord du thrône où rêve le dauphin
Sa peau de lune froide et d'air nocturne peinte.

191

D'un long ruban d'iris sa chevelure est ceinte
Où dort le croissant clair sur le disque divin
Ses yeux purs abaissés réverbèrent sans fin
L'incolore nombril comme une étoile éteinte.

Elle tient dans ses doigts extatiques et bleus
Au pli vierge du sexe un lotus fabuleux –
Et deux tiges de lys qui sortent des aisselles

Glissent le long du corps leur geste divergent
Toucher dans le reflet des nuits universelles
Le marbre où sont fléchis ses pieds ornés d'argent.

ഇ

Le crépuscule de l'eau

À Albert Mockel

Les fleurs s'en sont allées au fil de l'eau le long des rives

Les fleurs ? L'eau merveilleuse où le soir qui meurt se mordore
Les pétales de crépuscule tournent et chavirent
Au fil du fleuve qu'un frisson bleu de brise déflore
   Et si loin par la plaine et la plaine se suivirent
      Qu'aux derniers champs du monde où naît rouge l'aurore

Les fleurs s'en sont allées au fil de l'eau le long des rives

Les fleurs ? celles de chair et de lin frêle encorollées,
Que berce le roulis des lentes barques évasives
Et tristement, avec des nonchalances désolées,

192

Peuplent d'un vol le miroir des rivières massives
  Des rivières entre les pins, longues allées.

Les fleurs sur l'eau qui gyre au fil des fleuves en allées...

Ô le silence noir des eaux ! l'effroi sous les ramures
Frisson glacé de rivière frileuse dévêtue...
Et dans la haute nuit du parc où sont morts les murmures
  Dans la brume où s'érige une pâleur de statue,
    La tristesse et la nudité des eaux nocturnes.

Les fleurs sur l'eau qui gyre au fil des fleuves en allées...

Astarté

&

La pluie

La pluie fine a mouillé toutes choses, très doucement et en silence. Il pleut encore un peu. Je vais sortir sous les arbres. Pieds nus, pour ne pas tacher mes chaussures.

La pluie au printemps est délicieuse. Les branches chargées de fleurs mouillées ont un parfum qui m'étourdit. On voit briller au soleil la peau délicate des écorces.

Hélas ! que de fleurs sur la terre ! Ayez pitié des fleurs tombées. Il ne faut pas les balayer et les mêler dans la boue, mais les conserver aux abeilles.

Les scarabées et les limaces traversent le chemin entre les flaques d'eau ; je ne veux pas marcher sur eux, ni effrayer ce lézard doré qui s'étire et cligne des paupières.

Les Chansons de Bilitis

Sonnet adressé à M. Mallarmé
le jour où il eut cinquante ans

Cinquante heures de nuit préparatoire, ô Maître !
Demain s'éblouiront d'aurore, et nous saurons,
À l'ombre magistrale errante sur nos fronts,
Qu'on a vu sourdre l'or et la lumière naître.

Eux aussi vont jurer que pas un ne fut traître
Au doigt qui désignait l'aube rouge des troncs.
Le jour croît. Vous verrez tous les mauvais larrons,
Qui fuyaient de vous suivre au désert, reparaître !

Ils donneront, à qui méprisa leur troupeau
La gloire qu'ils rêvaient de pourpre sur leur peau
Et les lauriers d'argent piqués aux fers de lance ;

Mais nous n'entendrons pas ces voix soûles de bruit,
Car nous aurons coupé pour le plus pur silence
Sous vos pieds créateurs les roses de la nuit.

17 mars 1892.

O. V. DE LUBICZ-MILOSZ

Salomé

– Jette cet or de deuil où tes lèvres touchèrent,
Dans le miroir du sang le reflet de leur fleur
Mélodieuse et douce à blesser
La vie d'un sage ne vaut pas, ma Salomé,
Ta danse d'Orient sauvage comme la chair,
Et ta bouche couleur de meurtre, et tes seins couleur de désert
– Puis secouant ta chevelure, dont les lumières
S'allongent vers mon cœur avec leurs têtes de lys rouges,
– Ta chevelure où la colère
Du soleil et des perles
Allunie des lueurs d'épées –
Fais que ton rire ensanglanté sonne un glas de mépris
Ô beauté de la Chair, toi qui marches drapée
Dans l'incendie aveugle et froid des pierreries
Ton œuvre est grande et je t'admire,
Car les yeux du Prophète, lacs de sang et de nuit
Où le fantôme de la tristesse se mire,
Comme l'automne en la rosée des fleurs gâtées
Et le déclin des jours dans les flaques de pluie,
Connaîtront, grâce à toi, la volupté d'Oubli !
– Ah! tournant vers ce front sinistre, que saccagent
Les torches mal éteintes de l'hallucination,
Tes yeux ensoleillés comme les fleurs sauvages
Et les flots de la mer poignardés de rayons,
Tu peux battre des mains, et le faire crier bien fort
Ton rire asiatique amoureux de la mort !
Car, les pensers d'orgueil et les pudeurs de vanité,
Qui tombèrent pour ta gaîté
Avec un bruit d'idole creuse et un râle de bijoux faux,
Ne valent, ni tes bras luisants et recourbés

195

Comme les glaives et les faux,
Ni tes cheveux amers et durs comme l'herbe brûlée,
Salomé, Salomé,
Glorieuse qui sus chasser
Le sarcoramphe noir Ennui du cœur d'Hérode,
Et qui fis en dansant l'aumône de la mort
La sagesse mûrit pour la faim de la Terre,
Et toi tu vis ! et tu respires, ô Beauté.
Et ta chair réelle a des brises de santal
À la place où ta voix seffeuffle en accords rares,
Et le Monde s'abreuve à tes veines barbares
Où la pourpre charrie un délice brutal !

— Et nous qui connaissons la certitude unique,
Salomé des Instincts, nous te donnons nos cœurs
Aux battements plus forts que, les soirs de panique,
L'appel désespéré des airains de douleur,

Et nous voulons qu'au vent soulevé par ta robe
Et par ta chevelure éclaboussée de fleurs
        Se déchire enfin la fumée
        De l'Idéal et des Labeurs,

Ô Salomé de nos hontes, Salomé !

಄

Egeia

Pourquoi ce front si triste, Egeia, forme de mon âme,
Pourquoi ces larmes dans les yeux de ma bien-chère ?
Le sourire de mon amie est comme un blâme,
Ses yeux sont comme un grand silence sur la mer…

Egeia, Egeia ! C'est l'atroce insomnie
De la Vie, Ô ma douce, qui psalmodie en vous
Sa berceuse sans fin, dont la monotonie
N'endort ni les regrets, ni les frayeurs, ni les dégoûts !

Je me penche sur mon mirage en l'eau grise de vos pensées
Et ma tristesse est un vertige de parfums fades,
Et les doux flots lents sont un troupeau bêlant d'agnelles
                                                    malades,
Là-bas, sur la Plage nocturne où nos pas se sont effacés...

Nos âmes sont la mort de la mer sur les sables
Où tremble le vieux clair de lune des regrets,
Et les jours que nous regrettons sont misérables,
Et les jours que nous espérons sont des désespérés...

Adieu les mots chanteurs, adieu les nobles attitudes,
Adieu l'amour de la Douleur, adieu le mépris de la Gloire !
– Écoutons sangloter, dans les lointaines solitudes,
L'eau faible et résignée où défaille le Soir...

ॐ

« *Une rose pour l'amante...* »

Une rose pour l'amante, un sonnet pour l'ami,
Le battement de mon cœur pour guider le rythme des ronde ;
L'ennui pour moi, le vin des rois pur mon ennui,
Mon orgueil pour la vanité de tout le monde,
Ô noble nuit de fête au palais de ma vie !

Et la complainte, pour mon secret, dans le lointain,
De la citronnelle, et de la rue, et du romarin...

Le rubis d'un rire dans l'or des cheveux, pour elle
L' opale d'un soupir, dans le clair de lune, pour lui :
Un nid d'hermine pour le corbeau du blason ;
Pour la moue des ancêtres ma forme qui chancelle
D'illusions et de vins dans les miroirs couleur de pluie,

Et pour consoler mon secret, le son
Des rouets qui tissent la robe des moribonds.

Un quart d'heure et, une bague pour la plus rieuse,
Un sourire et une dague pour le plus discret ;
Pour la croix du blason, une parole pieuse,
Le plus large hanap pour la soif des regrets,
Une porte de verre pour les yeux des curieuses.

Et pour mon secret, la litanie désolée
Des vieilles qui grelottent au seuil des mausolées,

Mon salut pour la révérence de l'étrangère,
Ma main à baiser pour le confident,
Un tonneau de gin pour la cale misère
Des fossoyeur ; pour l'évêque luisant
Dix monnaies d'or pour chaque mot de la prière.

Et pour la fin de mon secret
Un grand sommeil de pauvre dans un cercueil doré.

Le Poème des décadences

MAURICE MAC-NAB

Les fœtus

On en voit de petits, de grands,
De semblables, de différents,
Au fond des bocaux transparents.

Les uns ont des figures douces ;
Venus au monde sans secousses,
Sur leur ventre ils joignent les pouces.

D'autres lèvent les yeux en l'air
Avec un regard assez fier
Pour des gens qui n'y voient pas clair !

D'autres enfin, fendus en tierce,
Semblent craindre qu'on ne renverse
L'océan d'alcool qui les berce.

Mais, que leur bouche ait un rictus,
Que leurs bras soient droits ou tordus,
Comme ils sont mignons, ces fœtus,

Quand leur frêle corps se balance
Dans une douce somnolence,
Avec un petit air régence !

On remarque aussi que leurs nez,
À l'intempérance adonnés,
Sont quelquefois enluminés :

Privés d'amour, privés de gloire,
Les fœtus sont comme Grégoire,
Et passent tout leur temps à boire.

Quand on porte un toast amical,
Chacun frappe sur son bocal,
Et ça fait un bruit musical !

En contemplant leur face inerte,
Un jour j'ai fait la découverte
Qu'ils avaient la bouche entrouverte :

Fœtus de gueux, fœtus de roi,
Tous sont soumis à cette loi
Et bâillent sans savoir pourquoi !...

Gentils fœtus, ah ! que vous êtes
Heureux d'avoir rangé vos têtes
Loin de nos humaines tempêtes !

Heureux, sans vice ni vertu ;
D'indifférence revêtu,
Votre cœur n'a jamais battu.

Et vous seuls, vous savez, peut-être,
Si c'est le suprême bien-être
Que d'être mort avant de naître !

Fœtus, au fond de vos bocaux,
Dans les cabinets médicaux,
Nagez toujours entre deux eaux,

Démontrant que tout corps solide
Plongé dans l'élément humide
Déplace son poids de liquide.

C'est ainsi que, tranquillement,
Sans changer de gouvernement,
Vous attendez le jugement !...

Et s'il faut, comme je suppose,
Une morale à cette glose,
Je vais ajouter une chose :

C'est qu'en dépit des prospectus
De tous nos savants, les fœtus
Ne sont pas des gens mal f...

Poèmes mobiles

Maurice Maeterlinck

Serre chaude

Ô serre au milieu des forêts !
Et vos portes à jamais closes !
Et tout ce qu'il y a sous votre coupole !
Et sous mon âme en vos analogies !

Les pensées d'une princesse qui a faim,
L'ennui d'un matelot dans le désert,
Une musique de cuivre aux fenêtres des incurables.

Allez aux angles les plus tièdes !
On dirait une femme évanouie un jour de moisson ;
Il y a des postillons dans la cour de l'hospice ;
Au loin, passe un chasseur d'élans, devenu infirmier.

Examinez au clair de lune !
(Oh rien n'y est à sa place !)
On dirait une folle devant les juges,
Un navire de guerre à pleines voiles sur un canal,
Des oiseaux de nuit sur des lys,
Un glas vers midi,
(Là-bas sous ces cloches !)
Une étape de malades dans la prairie,
Une odeur d'éther un jour de soleil.

Mon Dieu ! mon Dieu ! quand aurons-nous la pluie,
Et la neige et le vent dans la serre !

☙

202

Feuillage du cœur

Sous la cloche de cristal bleu
De mes lasses mélancolies,
Mes vagues douleurs abolies
S'immobilisent peu à peu :

Végétations de symboles,
Nénuphars mornes des plaisirs,
Palmes lentes de mes désirs,
Mousses froides, lianes molles.

Seul, un lys érige d'entre eux,
Pâle et rigidement débile,
Son ascension immobile
Sur les feuillages douloureux,

Et dans les lueurs qu'il épanche
Comme une lune, peu à peu,
Élève vers le cristal bleu
Sa mystique prière blanche.

છ

Cloche à plongeur

Ô plongeur à jamais sous sa cloche !
Toute une mer de verre éternellement chaude !
Toute une vie immobile aux lents pendules verts !
Et tant d'êtres étranges à travers les parois !
Et tout attouchement à jamais interdit !
Lorsqu'il y a tant de vie en l'eau claire au dehors !

Attention ! l'ombre des grands voiliers passe sur les
   dahlias des forêts sous-marines ;
Et je suis un moment à l'ombre des baleines qui s'en
   vont vers le pôle !

En ce moment, les autres déchargent, sans doute, des
   vaisseaux pleins de neige dans le port !
Il y avait encore un glacier au milieu des prairies de
   Juillet !
Ils nagent à reculons en l'eau verte de l'anse !
Ils entrent à midi dans des grottes obscures !
Et les brises du large éventent les terrasses !

Attention! voici les langues en flamme du Gulf-
   Stream !
Écartez leurs baisers des parois de l'ennui !
On n'a plus mis de neige sur le front des fiévreux ;

Les malades ont allumé un feu de joie,
Et jettent à pleines mains les lys verts dans les flammes !

Appuyez votre front aux parois les moins chaudes,
En attendant la lune au sommet de la cloche,
Et fermez bien vos yeux aux forêts de pendules bleus et
   d'albumines violettes, en restant sourd aux suggestions
   de l'eau tiède.

Essuyez vos désirs affaiblis de sueurs ;
Allez d'abord à ceux qui vont s'évanouir :
Ils ont, l'air de célébrer une fête nuptiale dans une cave ;
Ils ont l'air d'entrer à midi, dans une avenue éclairée de
   lampes au fond d'un souterrain ;
Ils traversent, en cortège de fête, un paysage semblable à une
   enfance d'orphelin.

Allez ensuite à ceux qui vont mourir.
Ils arrivent comme des vierges qui ont fait une longue

promenade au soleil, un jour de jeûne ;
Ils sont pâles comme des malades qui écoutent pleuvoir
placidement sur les jardins de l'hôpital ;
Ils ont l'aspect de survivants qui déjeunent sur le champ de
bataille.
Ils sont pareils à des prisonniers qui n'ignorent pas que tous
les geôliers se baignent dans le fleuve,
Et qui entendent faucher l'herbe dans le jardin de la prison.

ઙ

Hôpital

Hôpital ! hôpital au bord du canal !
Hôpital au mois de juillet !
On y fait du feu dans la salle !
Tandis que les transatlantiques sifflent sur le canal !

(Oh ! n'approchez pas des fenêtres !)
Des émigrants traversent un palais !
Je vois un yacht sous la tempête !
Je vois des troupeaux sur tous les navires !
(Il vaux mieux que les fenêtres restent closes,
On est presque à l'abri du dehors.)
On a l'idée d'une serre sur la neige,
On croit célébrer des relevailles un jour d'orage,
On entrevoit des plantes éparses sur une couverture de
laine,
Il y a un incendie un jour de soleil,
Et je traverse une forêt pleine de blessés.

Oh ! voici enfin le clair de lune !

Un jet d'eau s'élève au milieu de la salle !
Une troupe de petites filles entrouvre la porte !
J'entrevois des agneaux dans une île de prairies !
Et de belles plantes sur un glacier !

Et des lys dans un vestibule de marbre !
Il y a un festin dans une forêt vierge !
Et une végétation orientale dans une grotte de glace !

Écoutez ! on ouvre les écluses !
Et les transatlantiques agitent l'eau du canal !

Voyez la sœur de charité qui attise le feu !

Tous les beaux roseaux verts des berges sont en flamme !
Un bateau de blessés ballotte au clair de lune !
Toutes les filles du roi sont dans une barque sous l'orage !
Et les princesses vont mourir en un champ de ciguës !

Oh ! n'entrouvrez pas les fenêtres !
Écoutez : les transatlantiques, sifflent, encore à l'horizon !

On empoisonne quelqu'un dans un jardin !
Ils célèbrent une grande fête chez les ennemis !
Il y a des cerfs dans une ville assiégée !
Et une ménagerie au milieu des lys !
Il y a une végétation tropicale au fond d'une houillère !
Un troupeau de brebis traverse un pont de fer !
Et les agneaux de la prairie entrent tristement dans la salle !

Maintenant la sœur de charité allume les lampes,
Elle apporte le repas des malades,
Elle a clos les fenêtres sur le canal,
Et toutes les portes au clair de lune.

Heures ternes

Voici d'anciens désirs qui passent,
Encor des songes de lassés,
Encor des rêves qui se lassent ;
Voilà les jours d'espoir passés !

En qui faut-il fuir aujourd'hui !
Il n'y a plus d'étoile aucune :
Mais de la glace sur l'ennui
Et des linges bleus sous la lune.

Encor des sanglots pris au piège !
Voyez les malades sans feu,
Et les agneaux brouter la neige ;
Ayez pitié, de tout, mon Dieu !

Moi, j'attends un peu de réveil,
Moi, j'attends que le sommeil passe,
Moi, j'attends un peu de soleil
Sur mes mains que la lune glace.

ဢ

Oraison

Ayez pitié de mon absence
Au seuil de mes intentions !
Mon âme est pâle d'impuissance
Et de blanches inactions.

Mon âme aux œuvres délaissées,
Mon âme pâle de sanglots
Regarde en vain ses mains lassées
Trembler à fleur de l'inéclos.

Et tandis que mon cœur expire
Les bulles des songes lilas,
Mon âme, aux frêles mains de cire,
Arrose un clair de lune las ;

Un clair de lune où transparaissent
Les lys jaunis des lendemains ;
Un clair de lune où seules naissent
Les ombres tristes de mes mains.

Serres chaudes

∽

Chansons
(extraits)

I

Elle l'enchaîna dans une grotte,
Elle fit un signe sur la porte ;
La vierge oublia la lumière
Et la clef tomba dans la mer.

Elle attendit les jours d'été :
Elle attendit plus de sept ans,
Tous les ans passait un passant.

Elle attendit les jours d'hiver ;
Et ses cheveux en attendant
Se rappelèrent la lumière.

Ils la cherchèrent, ils la trouvèrent,
Ils se glissèrent entre les pierres
Et éclairèrent les rochers.

Un soir un passant passe encore,
Il ne comprend pas la clarté
Et n'ose pas en approcher.

Il croit que c'est un signe étrange,
Il croit que c'est une source d'or,
Il croit que c'est un jeu des anges,
Il se détourne et passe encore...

XII

Vous avez allumé les lampes,
– Oh ! le soleil dans le jardin !
Vous avez allumé les lampes,
Je vois le soleil par les fentes,
Ouvrez les portes du jardin !

– Les clefs des portes sont perdues
Il faut attendre, il faut attendre,
Les clefs sont tombées de la tour,
Il faut attendre, il faut attendre,
Il faut attendre d'autres jours...

D'autres jours ouvriront les portes,
La forêt garde les verrous,
La forêt brûle autour de nous,
C'est la clarté des feuilles mortes,
Qui brûlent sur le seuil des portes...

– Les autres jours sont déjà las,
Les autres jours ont peur aussi,
Les autres jours ne viendront pas,
Les autres jours mourront aussi,
Nous aussi nous mourrons ici...

Quinze chansons

Stéphane Mallarmé

Remémoration d'amis belges

À des heures et sans que tel souffle l'émeuve
Toute la vétusté presque couleur encens
Comme furtive d'elle et visible je sens
Que se dévêt pli selon pli la pierre veuve

Flotte ou semble par soi n'apporter une preuve
Sinon d'épandre pour baume antique le temps
Nous immémoriaux quelques-uns si contents
Sur la soudaineté de notre amitié neuve

Ô très chers rencontrés en le jamais banal
Bruges multipliant l'aube au défunt canal
Avec la promenade éparse de maint cygne

Quand solennellement cette cité m'apprit
Lesquels entre ses fils un autre vol désigne
À prompte irradier ainsi qu'aile l'esprit.

એ

Billet

Pas les rafales à propos
De rien comme occuper la rue
Sujette au noir vol de chapeaux ;
Mais une danseuse apparue

Tourbillon de mousseline ou
Fureur éparses en écumes
Que soulève par son genou
Celle même dont nous vécûmes

Pour tout, hormis lui, rebattu
Spirituelle, ivre, immobile
Foudroyer avec le tutu,
Sans se faire autrement de bile

Sinon rieur que puisse l'air
De sa jupe éventer Whistler.

ဢ

« *Quand l'ombre menaça...* »

Quand l'ombre menaça de la fatale loi
Tel vieux Rêve, désir et mal de mes vertèbres,
Affligé de périr sous les plafonds funèbres,
Il a ployé son aile indubitable en moi.

Luxe, ô salle d'ébène où, pour séduire un roi
Se tordent dans leur mort des guirlandes célèbres,
Vous n'êtes qu'un orgueil menti par les ténèbres
Aux yeux du solitaire ébloui de sa foi.

Oui, je sais qu'au lointain de cette nuit, la Terre
Jette d'un grand éclat l'insolite mystère,
Sous les siècles hideux qui l'obscurcissent moins.

L'espace à soi pareil qu'il s'accroisse ou se nie
Roule dans cet ennui des feux vils pour témoins
Que s'est d'un astre en fête allumé le génie.

« *Le vierge, le vivace...* »

Le vierge, le vivace et le bel aujourd'hui
Va-t-il nous déchirer avec un coup d'aile ivre
Ce lac dur oublié que hante sous le givre
Le transparent glacier des vols qui n'ont pas fui !

Un cygne d'autrefois se souvient que c'est lui
Magnifique mais qui sans espoir se délivre
Pour n'avoir pas chanté la région où vivre
Quand du stérile hiver a resplendi l'ennui.

Tout son col secouera cette blanche agonie
Par l'espace infligée à l'oiseau qui le nie,
Mais non l'horreur du sol où le plumage est pris.

Fantôme qu'à ce lieu son pur éclat assigne,
Il s'immobilise au songe froid de mépris
Que vêt parmi l'exil inutile le Cygne.

℘

« *Ses purs ongles très haut...* »

Ses purs ongles très haut dédiant leur onyx,
L'Angoisse ce minuit, soutien lampadophore,
Maint rêve vespéral brûlé par le Phénix
Que ne recueille pas de cinéraire amphore

Sur les crédences, au salon vide : nul ptyx,
Aboli bibelot d'inanité sonore,
(Car le Maître est allé puiser des pleurs au Styx
Avec ce seul objet dont le Néant s'honore.)

Mais proche la croisée au nord vacante, un or
Agonise selon peut-être le décor
Des licornes ruant du feu contre une nixe,

Elle, défunte nue en le miroir, encor
Que, dans l'oubli fermé par le cadre, se fixe
De scintillations sitôt le septuor.

ဆဝ

Le tombeau d'Edgar Poe

Tel qu'en Lui-même enfin l'éternité le change,
Le Poëte suscite avec un glaive nu
Son siècle épouvanté de n'avoir pas connu
Que la mort triomphait dans cette voix étrange !

Eux, comme un vil sursaut d'hydre oyant jadis l'ange
Donner un sens plus pur aux mots de la tribu
Proclamèrent très haut le sortilège bu
Dans le flot sans honneur de quelque noir mélange.

Du sol et de la nue hostiles, ô grief !
Si notre idée avec ne sculpte un bas-relief
Dont la tombe de Poe éblouissante s'orne

Calme bloc ici-bas chu d'un désastre obscur
Que ce granit du moins montre à jamais sa borne
Aux noirs vols du Blasphème épars dans le futur.

ဆဝ

213

Tombeau

Anniversaire – janvier 1897

Le noir roc courroucé que la bise le roule
Ne s'arrêtera ni sous de pieuses mains
Tâtant sa ressemblance avec les maux humains
Comme pour en bénir quelque funeste moule.

Ici presque toujours si le ramier roucoule
Cet immatériel deuil opprirne de maints
Nubiles plis l'astre mûri des lendemains
Dont un scintillement argentera la foule.

Qui cherche, parcourant le solitaire bond
Tantôt extérieur de notre vagabond –
Verlaine ? Il est caché parmi l'herbe, Verlaine

À ne surprendre que naïvement d'accord
La lèvre sans y boire ou tarir son haleine
Un peu profond ruisseau calomnié la mort.

 formatage

Le démon de l'analogie

Des paroles inconnues chantèrent-elles sur vos lèvres, lambeaux maudits d'une phrase absurde ?

Je sortis de mon appartement avec la sensation propre d'une aile glissant sur les cordes d'un instrument, traînante et légère, que remplaça une voix prononçant les mots sur un ton descendant : « La Pénultième est morte », de façon que

La Pénultième

finit le vers et

Est morte

se détacha de la suspension fatidique plus inutilement en le vide de signification. Je fis des pas dans la rue et reconnus en le son *nul* la corde tendue de l'instrument de musique, qui était oublié et que le glorieux Souvenir certainement venait de visiter de son aile ou d'une palme et, le doigt sur l'artifice du mystère, je souris et implorai de vœux intellectuels une spéculation différente. La phrase revint, virtuelle, dégagée d'une chute antérieure de plume ou de rameau, dorénavant à travers la voix entendue, jusqu'à ce qu'enfin elle s'articula seule, vivant de sa personnalité. J'allais (ne me contentant plus d'une perception) la lisant en fin de vers, et, une fois, comme, un essai, l'adaptant à mon parler ; bientôt la prononçant avec un silence après « Pénultième » dans lequel je trouvais une pénible jouissance : « La Pénultième » puis la corde de l'instrument, si tendue en l'oubli sur le son *nul,* cassait sans doute et j'ajoutais en manière d'oraison : « Est morte. » Je ne discontinuai pas de tenter un retour à des pensées de prédilection, alléguant, pour me calmer, que, certes, pénultième est le terme du lexique qui signifie l'avant-dernière syllabe des vocables, et son apparition, le reste mal abjuré d'un labeur de linguistique par lequel quotidiennement sanglote de s'interrompre ma noble faculté poétique : la sonorité même et l'air de mensonge assumé par la hâte de la facile affirmation étaient une cause de tourment. Harcelé, je résolus de laisser les mots de triste nature errer eux-mêmes sur ma bouche, et j'allai murmurant avec l'intonation susceptible de condoléance : « La Pénultième est morte, elle est morte, bien morte, la désespérée pénultième », croyant par là satisfaire l'inquiétude, et non sans le secret espoir de l'ensevelir en l'amplification de la psalmodie quand, effroi ! — d'une magie aisément déductible et nerveuse — je sentis que j'avais, ma main réfléchie par un vitrage de boutique y faisant le geste d'une caresse qui descend sur quelque chose, la voix même (la première, qui indubitablement avait été l'unique).

Mais où s'installe l'irrécusable intervention du surnaturel, et le commencement de l'angoisse sous laquelle agonise mon esprit naguère seigneur c'est quand je vis, levant les yeux, dans la rue des antiquaires instinctivement suivie, que j'étais devant la boutique d'un luthier vendeur de vieux instruments pendus au mur, et, à terre, des palmes jaunes et les ailes enfouies en l'ombre, d'oiseaux anciens. Je m'enfuis, bizarre, personne condamnée à porter probablement le deuil de l'inexplicable Pénultième.

Poésies

ဆ

216

Un coup de dés
jamais
n'abolira le hasard

UN COUP DE DÉS

UN COUP DE DÉS

JAMAIS

QUAND BIEN MÊME LANCÉ DANS DES
CIRCONSTANCES ÉTERNELLES

DU FOND D'UN NAUFRAGE

SOIT
   que

         l'Abîme

     blanchi
        étale
         furieux
             sous une inclinaison
               plane désespérément

                     d'aile

                la sienne
                   par

avance retombée d'un mal à dresser le vol
et couvrant les jaillissements
coupant au ras les bonds

très à l'intérieur résume

l'ombre enfouie dans la profondeur par cette voile alternative

jusqu'adapter
à l'envergure

sa béante profondeur en tant que la coque

d'un bâtiment

penché de l'un ou l'autre bord

LE MAÎTRE

surgi
     inférant

               de cette conflagration

               que se

               comme on menace

          l'unique Nombre qui ne peut pas

                   hésite
               cadavre par le bras

plutôt
     que de jouer
          en maniaque chenu
             la partie
         au nom des flots

                   un

          naufrage cela

hors d'anciens calculs
où la manœuvre avec l'âge oubliée

jadis il empoignait la barre
à ses pieds
de l'horizon unanime

prépare
s'agite et mêle
au poing qui l'étreindrait
un destin et les vents

être un autre

Esprit
pour le jeter
dans la tempête
en reployer la division et passer fier

écarté du secret qu'il détient

envahit le chef
coule en barbe soumise

direct de l'homme

sans nef
n'importe
où vaine

ancestralement à n'ouvrir pas la main
crispée
par delà l'inutile tête

legs en la disparition

à quelqu'un
ambigu

l'ultérieur démon immémorial

ayant
de contrées nulles
induit
le vieillard vers cette conjonction suprême avec la probabilité

celui
son ombre puérile
caressé et polie et rendu et lavée
assouplie par la vague et soustraite
aux durs os perdus entre les ais

né
d'un ébat
la mer par l'aïeul tentant ou l'aïeul contre la mer
une chance oiseuse

Fiançailles
dont
le voile d'illusion rejailli leur hantise
ainsi que le fantôme d'un geste

chancellera
s'affalera
folie

N'ABOLIRA

COMME SI

> Une insinuation

> au silence

> dans quelque proche

> voltige

simple

enroulée avec ironie
                    ou
                    le mystère
                              précipité
                                        hurlé
tourbillon d'hilarité et d'horreur

autour du gouffre
                    sans le joncher
                              ni fuir

            et en berce le vierge indice

COMME SI

plume solitaire éperdue

sauf

que la rencontre ou l'effleure une toque de minuit
et immobilise
au velours chiffoné par un esclaffement sombre

cette blancheur rigide

dérisoire

en opposition au ciel
trop
pour ne pas marquer
exigüment
quiconque

prince amer de l'écueil

s'en coiffe comme de l'héroïque
irrésistible mais contenu
par sa petite raison virile
en foudre

soucieux

    expiatoire et pubère

                    muet

            La lucide et seigneuriale aigrette
                au front invisible
            scintille
                puis ombrage
        une stature mignonne ténébreuse
          en sa torsion de sirène

        par d'impatientes squames ultimes

rire

que

SI

de vertige

debout

    le temps
        de souffleter
bifurquées

      un roc

    faux manoir
        tout de suite
          évaporé en brumes

          qui imposa
            une borne à l'infini

$$C'ÉTAIT$$
issu stellaire

$$CE\ SERAIT$$
pire

non

davantage ni moins

indifféremment mais autant

LE NOMBRE

EXISTÂT-IL
autrement qu'hallucination éparse d'agonie

COMMENÇÂT-IL ET CESSÂT-IL
sourdant que nié et clos apparu
enfin
par quelque profusion répandue en rareté

SE CHIFFRÂT-IL

évidence de la somme pour peu qu'une

ILLUMINÂT-IL

LE HASARD

Choit
la plume
rythmique suspens du sinistre
s'ensevelir
aux écumes originelles
naguères d'où sursauta son délire jusqu'à une cime
flétrie
par la neutralité identique du gouffre

RIEN

de la mémorable crise
ou se fût
l'événement

accompli en vue de tout résultat nul

humain

N'AURA EU LIEU
une élévation ordinaire vers l'absence

QUE LE LIEU
inférieur clapotis quelconque comme pour disperser l'acte vide
abruptement qui sinon
par son mensonge
eût fondé
la perdition

dans ces parages

du vague

en quoi toute réalité se dissout

EXCEPTÉ

à l'altitude

PEUT-ÊTRE

aussi loin qu'un endroi

fusionne avec au delà

                     hors l'intérêt
                 quant à lui signalé
                                    en général
        selon telle obliquité par telle déclivité
                                     de feux

             vers
                 ce doit être
                         le Septentrion aussi Nord

                         UNE CONSTELLATION

                  froide d'oubli et de désuétude
                                      pas tant
                            qu'elle énumère
                   sur quelque surface vacante et supérieure
                            le heurt successif
                                       sidéralement
                    d'un compte total en formation

    veillant
              doutant
                        roulant
                              brillant et méditant

                                avant de s'arrêter
                      à quelque point dernier qui le sacre

                  Toute Pensée émet un Coup de Dés

Louis Mandin

L'aile d'Ariel

Ariel, je ne suis pas toi.
Tu es trop clair, trop beau pour ma pauvre nature.
Et pourtant, Je te sens en moi ;
Car en moi j'ai ton aile et ta fierté, qui me torturent,
Mais qui, dans le secret des profondeurs, me transfigurent.

Je n'ai de toi qu'un grand palpitement intérieur,
Une aile… une aile seule,
                              intime, captive :
                                        ton cœur…
            Mon cœur.

&

Le signe

Mon Ariel, âme affamée
D'extase et de logique, et de lyrisme et de justice,
Et de simple bonté, fraîche comme un calice
De rose qui se sent aimée,

Cœur d'enfant tendre, ô fier esprit, blessé farouche,
Toi qui, même écrasé sous les Ubus et les Homais,
Même quand tu crachais le sang à pleine bouche,
Dressant encor ton front, ne demandas grâce jamais ;

Va, tu seras l'espoir, la jeunesse que rien ne tue,
Tant que tu garderas, sous l'ombre et la fuite des cieux,
Seul parmi le vulgaire où tout se prostitue,

Cette Virginité dans la profondeur de tes yeux.

Ariel esclave

℘

Soir d'été

Le soleil s'est couché comme une volupté.
Comme un grand cœur de feu par l'ombre convoité,
Il s'est couché, splendide, au bleu lit de l'été.
Et mon cher crépuscule en est encor hanté.
Et les nuages sont ces féeriques lumières
De sang divin, de chairs idéales, si claires
Que c'est, dans l'air ému de leur extase d'or,
Comme si l'ineffable ouvrait tous les essors,
Et comme si, rayons de la mélancolie,
Au ciel brillaient les sourires d'une Ophélie,
Trop vierge aurore, hélas ! qui caresse et qui fuit
L'un et l'autre baiser du jour et de la nuit.
Et mon âme, aspirant le divin qui repose
En ces roses de l'ombre et ces ombres de roses,
Mon âme, en qui descend la nuit pour l'émouvoir,
Rêve, en réfléchissant et ce rose et ce noir,
Que, là-haut, le soleil a brûlé vive une déesse,
Pour que – vapeur, encens, radieuse tristesse, –
Sa chair se fondît toute en volupté dans ce beau soir.

Ah ! sa chair, envolée en tristesse, en ivresse,
Pâle, je la respire et la baise dans ce long soir...

Les Saisons ferventes

241

Les reines de Thulé

À Louis Le Cardonnel

L'exil des Lys s'éplore en nos âmes désertes
Où passent long-voilées des tristesses de vierges :
La cathédrale ne luit plus de l'or des cierges
Ni des fleurs s'épandant des pâles mains ouvertes.

Le crépuscule verso une terreur sanglante
Aux créneaux du fatal Palais de nos alarmes,
Et nos Rêves sont couchés morts emmi leurs armes,
Sous l'implacable écrasement de la nuit lente.

Les cimiers d'or ont appareillé pour les Îles
Où le lotus s'irise en promesses muettes :
Les gonfanons et les parures de nos fêtes
Jonchent les salles de leurs luxes inutiles.

Et nous voici survivantes de noirs désastres,
Guettant sur les balcons de blancs vols de colombes,
Et songeant de purs lys cueillis aux douces tombes
Sous le royal flamboi des insensibles Astres.

Saphyrs, ô vous, sang des rubis, orgueil des tresses,
Dont leur Amour fleurit nos blonds cheveux d'aimées,
Saphyrs, rubis, ô vous ! ne seront donc calmées
Par des retours de nefs d'azur, ah ! ces détresses ?

Et nos yeux mornes sur les monts et sur les landes,
Et nos yeux pensifs sur les landes et les grèves,
Tandis qu'au Palais taciturne de nos rêves
Se fane le triomphe ingénu des guirlandes.

Orgueil

À Stuart Merrill

Roidie à la Proue haute aux hanches syriennes,
Svelte guerrière émue aux clairons des mémoires,
Tu dédias l'encens de ton âme à ces gloires
Que la Fable fiance aux étoiles lointaines.

Le ciel rose éveilla des pudeurs illusoires
Mirage! en tes clairs yeux de gemmes anciennes,
Et l'azur sinueux des croupes de Sirènes
Engloutit les magnificences de ses moires.

Mais, ô gracile Danaë ; le crépuscule
Endormeur des éclairs et des pourpres, recule
Immensément ton rêve aux chantantes magies :

Et tes cils dor, voilant tes fiertés enfantines,
Sur tes yeux pollués par d'autres nostalgies
Tiédissent la langueur des luxures latines.

Sonatines d'automne

Louis Ménard

Nirvana

L'universel désir guette comme une proie
Le troupeau des vivants ; tous viennent tour à tour
À sa flamme brûler leurs ailes, comme, autour
D'une lampe, l'essaim des phalènes tournoie.

Heureux qui sans regret, sans espoir, sans amour,
Tranquille et connaissant le fond de toute joie,
Marche en paix dans la droite et véritable voie,
Dédaigneux de la vie et des plaisirs d'un jour !

Néant divin, je suis plein du dégoût des choses ;
Las de l'illusion et des métempsycoses,
J'implore ton sommeil sans rêve ; absorbe-moi,

Lieu des trois mondes, source et fin des existences,
Seul vrai, seul immobile au sein des apparences ;
Tout est dans toi, tout sort de toi, tout rentre en toi !

&

L'idéal

Je ne voudrais rien des choses possibles ;
Il n'est rien à mes yeux qui mérite un désir
Mon ciel est plus loin que les cieux visibles,
Et mon cœur est plus mort que le cœur d'un fakir.

Je ne puis aimer les femmes réelles :
L'idéal entre nous ouvre ses profondeurs.
    L'abîme infini me sépare d'elles,
Et j'adore des Dieux qui ne sont pas les leurs.

    Il faudrait avoir sa vierge sculptée
Comme Pygmalion, et retrouver le feu
    Qu'au char du soleil ravit Prométhée :
Pour incarner son rêve, il faudrait être un Dieu.

    Dans les gais printemps, la jeunesse dore
Les plus âpres sentiers de ses ardents rayons ;
    Mais plus tard, qui peut rallumer encore
Le soleil éclipsé de ses illusions ?

    Les rêves s'en vont avec l'espérance ;
N'importe : marchons seul, comme il convient aux forts.
    Sans peur, sans regrets, montons en silence
Vers la sphère sereine et calme où sont les morts.

    Grande Nuit, principe et terme des choses,
Béni soit ton sommeil où tout va s'engloutir ;
    Ô Nuit ! sauve-moi des métempsycoses,
Reprends-moi dans ton sein, j'ai mal fait d'en sortir.

Rêveries d'un païen mystique

245

La flûte

À Stéphane Mallarmé

Au temps du gazouillis des feuilles, en avril,
La voix du divin Pan s'avive de folie,
Et son souffle qui siffle en la flûte polie
Éveille les désirs du renouveau viril.

Comme un appel strident de naïade en péril
L'hymne vibre en le vert de la forêt pâlie
D'où répond, note à note, écho qui se délie,
L'ironique pipeau d'un sylvain puéril.

Le fol effroi des vents avec des frous-frous frêles
Se propage en remous criblés de rayons grêles
Du smaragdin de l'herbe au plus glauque des bois :

Et de tes trous, Syrinx, jaillissent les surprises
Du grave et de l'aigu, du fifre et du hautbois,
Et le rire et le rire et le rire des brises.

Nocturne

À Joris-Karl Huysmans

La blême lune allume en la mare qui luit,
Miroir des gloires d'or, un émoi d'incendie.
Tout dort. Seul, à mi-mort, un rossignol de nuit
Module en mal d'amour sa molle mélodie.

Plus ne vibrent les vents en le mystère vert
Des ramures. La lune a tu leurs voix nocturnes :
Mais à travers le deuil du feuillage entrouvert
Pleuvent les bleus baisers des astres taciturnes.

La vieille volupté de rêver à la mort
À l'entour de la mare endort l'âme des choses.
À peine la forêt parfois fait-elle effort
Sous le frisson furtif de ses métamorphoses.

Chaque feuille s'efface en des brouillards subtils.
Du zénith de l'azur ruisselle la rosée
Dont le cristal s'incruste en perles aux pistils
Des nénuphars flottant sur l'eau fleurdelysée.

Rien n'émane du noir, ni vol, ni vent, ni voix,
Sauf lorsqu'au loin des bois, par soudaines saccades,
Un ruisseau turbulent roule sur les gravois :
L'écho s'émeut alors de l'éclat des cascades.

Les Gammes

ຕ

247

Ballet

À Gustave Moreau

En casques de cristal azur, les baladines,
Dont les pas mesurés aux cordes des kinnors
Tintent sous les tissus de tulle roidis d'ors,
Exultent de leurs yeux pâles de paladines.

Toisons fauves sur leurs lèvres incarnadines,
Bras lourds de bracelets barbares, en essors
Tentants vers la lueur lunaire des décors,
Elles murmurent en malveillantes sourdines :

« Nous sommes, ô mortels, danseuses du Désir,
Salomés dont les corps tordus par le plaisir
Leurrent vos heurs d'amour vers nos pervers arcanes.

Prosternez-vous avec des hosannas, ces soirs !
Car, surgissant dans des aurores d'encensoirs,
Sur nos cymbales nous ferons tonner vos crânes. »

∞

Fantômes

À Edgar Fawcett

Sous la lune qui filtre au treillis d'un vitrail,
Le mobilier trapu s'estropie en les salles :

Chaises de chêne, armoire aux armes colossales,
Et dressoirs où se tord l'héraldique bétail.

Heaumes et haubergeons, bardant des simulacres,
Bombent dans l'ombre leurs bosses de bronze et d'or
Où s'incrustent, crispés, des stryges en essor,
Dont la griffe et la gueule ont la faim des massacres.

Sur les portes, les lourds tissus au fil chenu
Qui simulent tournois, chasses et cavalcades
Se plissent, froissés par de frileuses saccades,
Au souffle froid d'un vent venu de l'inconnu.

Parfois s'éplore, au fond des corridors nocturnes,
Un air énamourant de harpe et de rebec,
Et voici passer, fol, avec un frisson sec,
Le cortège – or et fer – des Reines taciturnes.

Et ce sont des doigts bleus meurtris aux coups du sort,
Et des yeux révulsés en de pâles colères,
Et tout ce chuchotis de voix crépusculaires
Disant le mal d'aimer en l'hiver de la mort !

හ

La Cité Rouge

Or ce sera par un pays de crépuscule
Où le soleil de pourpre, au ras des horizons
Qu'exhaussent des volcans fauves de floraisons,
Présagera les jours lourds de la canicule.

Un fleuve de flamme y déroulera ses flots
Entre les archipels de lotus et la grève,
Où la vieille Chimère, en l'âpre rut du rêve,
Tordra d'un vain essor ses flancs gros de sanglots.

Parfois, carène noire et cordages funèbres,
Une galère, aux pleurs des tambours et des voix,
Exaltera, le soir, sur sa poupe en pavois,
Le simulacre d'or d'un monstre des ténèbres.

Puis déferlant sa voile, au vent des mauvais sorts
Et battant les lointains de l'écho de ses rames
Sur un rythme barbare et bas d'épithalames,
Elle appareillera, pesante d'enfants morts,

Vers la Cité d'amour et de grande épouvante
Dont on ne dit le nom qu'avec des sacrements,
De peur de trépasser en les impurs moments
Où son désir d'enfer hanta l'âme fervente ;

La Cité qui là-bas avec ses étendards
De deuil, ses bastions de basalte et ses morgues,
Leurrera de ses voix de théorbes et d'orgues
Les pas las des Damnés et leurs regards hagards.

Et quand viendront les jours lourds de la canicule,
Les volcans, éclatant en fauves floraisons,
Feront hurler d'horreur, au ras des horizons,
Sodome, la Cité Rouge du crépuscule.

⠃⠕

Lohengrin

À *Albert Mockel*

Tandis que les hérauts déferlent avec faste
L'écarlate splendeur des étendards du roi,
Le peuple des seigneurs, en somptueux arroi,
S'écrase autour du clos que le soleil dévaste.

Au bord du fleuve en pleurs s'éplore Elsa la chaste,
Espérant un miracle en réponse à sa foi ;
Mais le houleux tumulte insulte à son effroi,
Et les trompettes d'or hurlent vers le ciel vaste.

Soudain silence, et la terreur dans tous les yeux :
Car, comme un songe issu des ondes et des cieux,
Voici, mû vers la grève au gré d'une bourrasque

Par la nage et le vol de son Cygne idéal,
Surgir, sous la clarté que réfracte son casque,
Lohengrin, le héros grave du Saint-Graal.

❧

La mort du bouffon

À *Edgar Saltus*

Tandis que folle, au vert de la molle pelouse,
La fête papillonne en rondes de décor,

251

Les nénufars, sur l'eau de la vasque jalouse,
S'endorment dans l'orgueil de leurs corolles d'or.

Viennent et vont les beaux seigneurs, les yeux en flammes.
Le long des boulingrins fleuris de mille lis,
Et quand leur foule afflue au passage des dames,
L'air fleure des parfums d'eau de myrte et d'iris.

Et c'est partout, dans ces jardins faits pour la joie,
Des chansons, des baisers et des musiciens,
Et très lente, aux frissons des simarres de soie,
La danse se balance au gré des airs anciens.

Madrigaux, éventails et cris aigus de rire !
Seul, en ce jour élu pour l'oubli des soucis,
Le Bouffon, las de dire aux dames vaux-de-vire,
Cherche à sa langueur un durable sursis.

Perclus et se crispant en tristes attitudes,
Il mire sa laideur au bord du bassin d'or,
Où les blancs nénufars, fleurs des béatitudes,
Le leurrent vers l'espoir du Trône et du Trésor.

Sa marotte, lancée en l'air, tintinnabule ;
Des ronds dans l'eau parmi la fuite des poissons,
Le spasme, une bulle aux lèvres du funambule…

Que lente est cette danse, et que sont ces chansons !

જી

Décor

À *Émile Verhaeren*

Debout contre l'écran nacarat
Que chamarrent des chimères d'or,
Dans une attitude d'apparat
Qui lui bombe son corselet d'or,
L'Infante, du geste de ses doigts
Alourdis de rouges anneaux d'or,
Effeuille par monceaux et par poids
Une flore de rubis et d'or
Dont les corolles de maint carat
Flambent en chutes de pourpre et d'or
Sur le fond de l'écran nacarat
Que chamarrent des chimères d'or.

Fastes

∽

« *L'enchanteresse de Thulé...* »

L'enchanteresse de Thulé
A ravi mon âme en son île
Où meurt, tel un souffle exhalé,
Le regret de l'heure inutile.

Je crois qu'on pleure autour de moi,
Prince dont la magique épée
Par la main des femmes sans foi
Se brisa, vierge d'épopée.

253

C'est la fuite des étendards
Le long de la mauvaise route
Aux cris des barbares hagards
Traquant mon armée en déroute.

Qu'importe ? – Alors qu'au seuil des cieux
Je pourrais conquérir la Lance,
Posez vos doigts lourds sur mes yeux,
Ô vous, les trois Sœurs du Silence !

L'encens des jours s'est exhalé :
Pourquoi pleurer l'heure inutile ?
L'enchanteresse de Thulé
A ravi mon âme en son île.

Petits poèmes d'automne

ℰℛ

La ville moribonde

À Edmond Pilon

C'est la Ville malade et lasse comme une mère,
Qui dort d'un lourd sommeil au bord d'un fleuve de mort.
Tant de ses fils, jadis, casqués d'ailes de chimère,
Sont partis, poings crispés à leur bannière éphémère,
    Qu'elle a peur, ce soir-ci, des souvenirs du sort.

Aussi dort-elle, au son monotone de ses cloches,
Auprès du pont de pierre où nul voyageur ne va
Plus. Et tous ses chemins qui mènent, par bois et roches,

Avec des croix de fer aux bornes, vers les champs proches,
Sont déserts, car bientôt l'Effroi va passer là.

Ses petites maisons s'accroupissent sur la rue,
Pignons penchés, fenêtres closes comme des yeux,
Afin de retenir dans l'ombre soudain accrue
Leurs larmes de lumière. Et la vie est disparue
Avec le bruit des pas des vieilles et des vieux.

Ceux-ci, lents, ont gravi la pente de la colline
Pour aller à l'église où la Vierge, lourde d'or
N'exauce plus les vœux de leur foule qui décline
La parole et le chant de la prière latine
Dont le sens leur est clos comme un ancien trésor.

Parfois l'orgue s'éveille en des sanglots que saccade
Tout le regret des temps ; et jusqu'au fleuve de mort,
Et par-delà le pont de pierre et l'estacade
Tonne sa voix pleurant les pompes de la croisade
De jadis, où la Foi rendait tout homme fort.

Et les bateaux pourris que retiennent les amarres
Au bord du quai moussu, semblent alors tressaillir
Dans un désir d'essor vers la terre des Barbares,
Là-bas sur la mer noire où l'on ne voit plus les phares,
Loin de la Ville, enfin, qui ne sait que vieillir.

Les Quatre Saisons

V.-E. Michelet

Le Héros

Il surgira du cœur de l'immanent Mystère
Parmi le soir pensif ou le matin léger.
Ses beaux pieds marcheront sur le sol de la terre
D'un pas calme de surnaturel étranger.

Il naîtra : je l'attends. Dans les ondes énormes
Où la Lumière astrale pour l'éternité
Roule tous les reflets tourbillonnants des formes,
J'ai vu l'image aurorale de sa beauté.

Il est éblouissant de jeunesse et de force.
Il a parlé peut-être avec des dieux. Les vents
Sont enivrés de boire, à la chair de son torse
Le parfum des lilas et des âmes d'enfants.

Il a la grâce d'un navire à toutes voiles
Où des oiseaux perdus trouvèrent un appui.
Ses yeux sont radieux d'avoir lu les étoiles,
Et sombres d'avoir lu les hommes d'aujourd'hui.

Son geste est attirant comme la mer nocturne.
Il s'exhale des effluves qui vont courir
Sur ses cheveux casqués d'un rêve taciturne
Un vertige ambigu de vivre ou de mourir.

Les cœurs lassés, sa voix les prend et les enchaîne
Aux espoirs oubliés dont ils vibraient jadis.
Robustesse adorable et pure : il semble un chêne
Fleuri de roses pourpres, et de sombres lys.

S'il passe parmi nous, les foules égoïstes
Sentent un souffle étrange en leurs seins maîtrisés.
Les hommes sont pensifs ; les femmes, un peu tristes,
Songent à la douceur d'impossibles baisers.

Or il ira, son bras charmant armé du glaive,
Fort de la mission dévolue à ses mains,
Planter la fleur mystérieuse de son rêve
Afin d'en parfumer à jamais nos chemins.

Il mourra sanglant : car, sachant les lois occultes
Pour imposer son Verbe au monde, le Héros
Doit ceindre a son beau front la couronne d'insultes
Et livrer sa poitrine à l'acier des bourreaux.

Or moi, je ne serai pas ce doux jeune Maître.
Je ne serai pas, dans la gloire de douleur,
Le candide Héros que j'avais rêvé d'être,
mon souffle n'aura fait éclore aucune fleur.

Car j'ai mordu, de mes dents farouches, la treille
Que la terre m'offrait dans l'air chaud du matin.
Passant troublé, je n'ai pas su fermer l'oreille
Aux hymnes que chantaient les filles du Destin.

Et je disparaîtrai, ayant porté dans l'ombre
Quelques trésors secrets que j'aurai connus, seul ;
– Car mon orgueil sanglant me vêt de pourpre sombre –
Et je serai couché stérile en mon linceul.

Mais toi, mon frère plus jeune, Héros robuste,
Ma ferveur évoqua la beauté de ton front,
Et j'aurai vu surgir ta silhouette auguste
Sur l'horizon doré des heures qui viendront.

J'espère vers ton sein triomphal où tu portes
L'épiphane splendeur de mon idéal cher,

L'épanouissement de mes puissances mortes,
Toi qui ne seras pas mon fils selon la chair.

Je suivrai tes beaux pieds dans ton sentier d'angoisse :
Avec toi, près de ton flanc sanglant je mourrai,
Afin que la lueur de ton Geste s'accroisse
Sur la planète sombre où vint ton corps sacré.

L'Ermitage

ÉPHRAÏM MIKHAËL

Réminiscences épiques

Je préfère aux beautés des Artémis divines
Le corps mièvre et danseur des filles de Paris ;
J'aime les yeux rieurs et les voilettes fines,
Les contours estompés par la poudre de riz.

J'aime l'ambre et le musc plus que l'antique myrrhe ;
Pour moi, la nudité des nymphes ne vaut pas
Une robe moulant un beau corps, et j'admire
Les chers souliers nerveux qui font de petits pas.

Et comme les froufrous des vêtements de femmes,
Comme l'odeur des fleurs mortes entre les seins,
J'aime tous les petits frissons des frêles âmes
Et le subtil parfum des poèmes malsains.

Et pourtant dans les jours de tristesse secrète,
Tout plein de vague rêve et de désirs plaintifs,
Je songe aux temps anciens et rudes ; je regrette
Le bonheur animal des géants primitifs.

Je regrette le temps formidable des luttes
Contre les loups nombreux et les vieux sangliers,
Et les combats sans fin livrés autour des huttes,
Et les accouplements au fond des grands halliers.

Je regrette le temps des batailles épiques,
L'âge superbe où l'homme énorme ne songeait
Qu'à rougir dans le sang vermeil de fières piques,
Où nul amour sourd et profond ne le rongeait.

259

Quand je suis au milieu d'arbres au vaste torse,
Une odeur de géant est dans l'air que je bois,
Et, dans ma nostalgie immense de la force,
Je suis humilié de la splendeur des bois,

Ainsi qu'aux temps rieurs des mignonnes marquises,
Plus d'une, s'en allant par les champs en travail,
Rêvait, pour son corps las de voluptés exquises,
L'amour d'un paysan au robuste poitrail.

*
* *

Aussi, bien qu'adorant la grâce maniérée,
Les parfums corrompus, les vers voluptueux,
Je songe à vous, et vous envie, ô fils de Rhée,
Le brutal paradis des taillis monstrueux.

∞

Clair de lune mystique

Ce soir, au fond d'un ciel uniforme d'automne,
La lune est toute seule ainsi qu'un bâtiment
Perdu sur les déserts marins, et lentement
Vogue dans l'infini de la nuit monotone.

Ce n'est pas la clarté des monotones nuits
Brillantes d'or fluide et de brume opaline ;
Mais le ciel gris est plein de tristesse câline
Ineffablement douce aux cœurs chargés d'ennuis.

*
* *

260

Chère, mon âme obscure est comme un ciel mystique,
Un ciel d'automne, où nul astre ne resplendit,
Et ton seul souvenir, ce soir, monte et grandit
En moi, comme une lune immense et fantastique.

Chère, nous n'avons pas été de vrais amants :
C'est par caprice et par ennui que nous nous prîmes,
Et pourtant j'ai voulu te façonner des rimes,
Bijoux sacrés ayant d'étranges chatoîments.

C'est qu'au fond de mon cœur mystérieux d'artiste
Le souvenir de ton amour pâle et banal
Verse comme le ciel en un bois automnal
Un reflet alangui de clair de lune triste.

೫೦

Effet de soir

Cette nuit, au-dessus des quais silencieux,
Plane un calme lugubre et glacial d'automne.
Nul vent. Les becs de gaz en file monotone
Luisent au fond de leur halo, comme des yeux.

Et, dans l'air ouaté de brume, nos voix sourdes
Ont le son des échos qui se meurent, tandis
Que nous allons rêveusement, tout engourdis
Dans l'horreur du soir froid plein de tristesses lourdes.

Comme un flux de métal épais, le fleuve noir
Fait sous le ciel sans lune un clapotis de vagues.
Et maintenant, empli de somnolences vagues,
Je sombre dans un grand et morne nonchaloir.

Avec le souvenir des heures paresseuses
Je sens en moi la peur des lendemains pareils,
Et mon âme voudrait boire les longs sommeils
Et l'oubli léthargique en des eaux guérisseuses.

Mes yeux vont, demi-clos, des becs de gaz trembleurs
Au fleuve où leur lueur fantastique s'immerge,
Et je songe, en voyant fuir le long de la berge
Tous ces reflets tombés dans l'eau comme des pleurs,

Que, dans un coin lointain des cieux mélancoliques,
Peut-être quelque Dieu des temps anciens, hanté
Par l'implacable ennui de son Éternité,
Pleure ces larmes d'or dans les eaux métalliques.

∞

Siegfried

Clamant victoire en la liesse de l'été,
Le héros puéril, fier de son jeune glaive,
Foule dans les gazons le dragon mort et lève
Vers les arbres amis son bras ensanglanté.

Et voici qu'il comprend le grand appel jeté
Par les oiseaux dans les halliers ivres de sève.
Leur chant rythme pour lui des paroles de rêve,
Une voix d'avenir surgit dans la clarté.

La mauvaise rumeur des prochaines années
Passe dans les frissons heureux de la forêt,
Dans chaque bruit résonne un bruit de destinées,

Et, là-bas, le jardin des baisers apparaît.
Et le héros, vaincu par le futur, se livre
À l'ineffable mal d'être grand et de vivre.

ℬ

L'île heureuse

Dans le golfe aux jardins ombreux,
Des couples blonds d'amants heureux
Ont fleuri les mâts langoureux
        De ta galère,
Et, caressé du doux été,
Notre beau navire enchanté
Vers les pays de volupté
        Fend l'onde claire !

Viens, nous sommes les souverains
Des lumineux déserts marins,
Sur les flots ravis et sereins
        Berçons nos rêves !
Tes pâles mains ont le pouvoir
D'embaumer au loin l'air du soir,
Et dans tes yeux je crois revoir
        Le ciel des grèves !

Mais là-bas, là-bas, au soleil,
Surgit le cher pays vermeil
D'où s'élève un chant de réveil
        Et d'allégresse ;
C'est l'île heureuse aux cieux légers
Où, parmi les lys étrangers,
Je dormirai dans les vergers,
        Sous ta caresse.

Le magasin de jouet

Je ne me rappelle plus à présent ni le temps, ni le lieu, ni si c'était en rêve... Des hommes et des femmes allaient et venaient sur une longue promenade triste ; j'allais et je venais dans la foule, une foule riche, d'où montaient des parfums de femmes. Et, malgré la splendeur douce des fourrures et des velours qui me frôlaient, malgré les rouges sourires des lèvres fraîches, entrevus sous les fines voilettes, un ennui vague me prit de voir ainsi, à ma droite, à ma gauche, défiler lentement les promeneurs monotones.

Or, sur un banc, un homme regardait la foule avec d'étranges yeux, et, comme je m'approchais de lui, je l'entendis sangloter. Alors je lui demandai ce qu'il avait à se plaindre ainsi, et, levant vers moi ses grands yeux enfiévrés, celui qui pleurait me dit : « Je suis triste, voyez-vous, parce que depuis bien des jours je suis enfermé ici dans ce Magasin de jouets. Depuis bien des jours et bien des années, je n'ai vu que des Fantoches, et je m'ennuie d'être tout seul vivant. Ils sont en bois, mais si merveilleusement façonnés qu'ils se meuvent et parlent comme moi. Pourtant, je le sais, ils ne peuvent que faire toujours les mêmes mouvements et que dire toujours les mêmes paroles.

« Ces belles Poupées, vêtues de velours et de fourrures, et qui laissent traîner dans l'air, derrière elles, une enamourante odeur d'iris, celles-là sont bien mieux articulées encore. Leurs ressorts sont bien plus délicats que les autres, et, quand on sait les faire jouer, on a l'illusion de la Vie. »

Il se tut un moment ; puis, avec la voix grave de ceux qui se souviennent :

« Autrefois, j'en avais pris une, délicieusement frêle, et je la tenais souvent dans mes bras, le soir. Je lui avais tant dit de choses très douces que j'avais fini par croire qu'elle les comprenait ; et j'avais tant essayé de la réchauffer avec des baisers que je la croyais vivante. Mais j'ai bien vu après qu'elle était aussi, comme les autres, une Poupée pleine de son.

« Longtemps j'ai espéré que quelque Fantoche ferait un geste nouveau, dirait une parole que les autres n'eussent point dite. Maintenant, je suis fatigué de leur souffler mes rêves. Je m'ennuie et je voudrais bien m'en aller de ce Magasin de jouets où ils m'ont enfermé. Je vous en supplie, si vous le pouvez, emmenez-moi dehors, dehors, là où il y a des Êtres vivants... »

De la plate-forme du tramway, je regarde fuir les arbres noirs. Le ciel est d'un gris profond. On songe qu'il sera toujours ainsi. Les arbres sont raides, grêles, s'épandent en ramures infiniment maigres et tristes. Tout au fond de l'avenue, les deux derniers arbres, les plus lointains que je puisse apercevoir, semblent s'être vaporisés, fondus merveilleusement dans l'air. On dirait des spectres d'arbres, des formes d'arbres faites seulement de brouillard. Ces deux-là s'effacent, se brouillent, se perdent dans la grande grisaille de là-bas. D'autres m'apparaissent ainsi. Et j'ai le rêve – un bref instant – que le ciel engloutit un à un ces arbres fantômes.

Œuvres

ALBERT MOCKEL

Fleur de verre

Rompre le silence

Globe éphémère, bulle immobile
qu'une onde invisible simule !
Songe d'une âme translucide…

Fleur incolore, fragile et nue,
un réseau de reflets est toute ta parure,
fugitive comme un sourire.

Irréelle corolle, qu'une ligne, d'aventure
a tracée
en joueuse de courbes, de clartés grêles,
aux caprices du jour ingénu comme elle
entrelacée,
voici que toute aérienne
ta tige, doucement qui s'incline, ondule,
et d'elle, en détours, le calice érige
sa limpidité de lumière.

Fuyant délice de tes contours
Où s'éternise ma songerie !
Es-tu grandie, fleur hyaline, un jour
pâle, – ou parmi les roses des mensongers parterres
que visitent les yeux errants de la lune,
quand Lazuli, la fée ecouteuse des brises
éparpille, voluptueuse,
toutes les boucles de sa chevelure,
touche de ses talons légers les graminées

et suscite à ses pieds de reine, sur le sol,
les bouquets de rosée que le matin dévore ?

Ou plutôt n'es-tu pas la fille de la Flamme ?
n'as-tu pas fait jaillir ton calice de feu
d'une libre flamme vers Dieu,
quand revivait en elle au sursaut de la mort
l'âme ardente des bois pénétrés de soleil ?

Son souvenir te suit comme un ange vermeil.
Il s'élève du fond de ton silence, il plane
en un reflet brûlant qui le révèle ;
mais sans épanouir le vol qui veut éclore,
doucement, lentement il s'endort,
captif d'un rêve diaphane
comme un ange attristé entre ses hautes ailes.

Pâle princesse des solitudes
éprise d'un vœu trop subtil !
Quand sous la haute clameur de l'azur,
le cri du sang, les ors menteurs
ou le retentissant abîme des flots virides,
– saphir, rubis, topaze, émeraude,
resplendissent les feux chanteurs des pierreries,

toi, par dédain, du royaume exilée
où l'arc d'Iris touche les cieux,
tu ériges d'un songe incolore ta tige
aux silencieuses clartés.

Oh splendeur de ta nudité
telle jaillie, éblouissante
en sa translucide Beauté !
Mille images sur toi sont passées
que tes yeux reclos n'ont pas vues.
Comme sur une onde qui fuit et s'efface
elles glissaient, sur toi dessinées,

et ne t'ont point laissé leur trace ;
car c'est en vain qu'elles etaient venues
et nulle d'entre elles jamais n'a connu
le mystère de ta pensée...
....

(Silence ! encore silence !
la lumière est errante aux cieux...

La brise, est suspendue, pareille aux confidences
Trop pures, dont l'aile
hésite et pose son vol
qui tremble sur les lèvres ;
et, des secrets lointains de la flamme natale,
une voix se révèle et murmure un aveu
dont frémit la fragile bouche de cristal.)

« Oh douleur ! oh douleur de la haute Parole
qui flotterait, captive inerte des échos
errante au gré du vent frivole !
Voix de lumière, onde de flamme
de monts en monts répercutée, de flots en flots,
chaque fois déchirée où sa force résonne
— flamme après flamme, onde sur onde, son par son,
éteindre lentement cette âme qui rayonne
et se rêvait égale au météore en feu
qui périt en un cri de gloire aux pieds de Dieu !... »

Parle, parle, ô Silencieuse !
la lumière est errante aux cieux.
Et regarde : la vie autour de toi mouvante
multiplie en reflets de flammes la couronne
dont brille la victorieuse aurore.

Car voici réginal soudain de pourpre et d'or
l'apparat que ton rêve en dédaigneux néglige ;
l'orient ébloui d'impérieux prestiges

à ton geste immobile a noué sa parure,
et, d'un penser désert toi-même suscitée,
souriante aux scintils épars en diaprures
qui vêtent ton léger fantôme d'harmonie,
ta lèvre taciturne au Verbe communie
sous la triomphale clarté.

∽

Coupe

« Pour toutes les mains qui me touchent
j'ai des caresses, j'ai des baisers de bienvenue,

En mon cristal ainsi, belle et nue,
– et rien qu'un peu d'or comme un fard à ma lèvre, –
toute je m'offre à l'ardeur inconnue
qui cherche l'ardeur de ma bouche.

Reine de la joie, – reine et serve, –
amante qu'on prend, et qui passe
et fait jeu de l'amour qu'elle jette au désir,
j'ai soufflé la folie au gré de mon plaisir
vers les quatre vents de l'espace.

Dis-tu que je suis vaine ?
Écoute !
Je suis faible, je suis à peine…
Ecoute pourtant : car je puis être Tout.

Cette bouche que nul baiser ne sut clore
épanouit, capricieuse, en feux subtils,
les bouquets joaillés d'une irréelle flore.

Tulipe d'or ou de rubis,
lourde corolle de pourpre sombre,
diamant lilial dont la tige a fleuri
d'une source d'eau pure à tenter les colombes,
j'étincelle, pétille et chante, – et me ris
de voir monter en mon âme incolore
mille fragiles bulles d'iris, comme un rêve.

Car l'amant qui se grise à me tarir les lèvres
selon qu'il verse, tour à tour,
les vins d'or, et de flamme où l'onde de l'amour,
boit, en mon âme à jamais étrangère,

la splendeur réginale ou la clarté des cieux,
ou la fureur qui brûle au rubis douloureux
parmi l'aigre conseil des topazes jalouses.

Et pleurs ou joie, délire, ivresse aventurière,
de toute cette ardeur que son ardeur épouse
rien de Moi ne jaillit à ses lèvres arides
plus que la simple et limpide lumière
dont le reflet s'unit à mon calice vide.

Qu'importe ! j'ai donné son mirage au désir.
Sur mon sein nu de courtisane
l'Amour a laissé mollement s'alanguir
l'espoir de son vol diaphane...

et je ris, sœur fragile et frivole de l'Ève !
car aux nuits de folie, des mains ivres me lèvent
plus haut que tous les fronts, vers les cieux constellés ;
et je suis la soudaine étoile de mensonge
d'où glisse, radieuse, au fond des yeux troublés,
la douce, la perfide volupté du songe. »

Fragment

À Charles Van Lerberghe

Songer ? Oh le si frêle envol
sous des frôlements d'ailes paresseuses...
et lointaines, lointaines, les caresseuses !
....

Vous les gentils baisers qui bégayez
par troupeaux folâtrants de mignons agnelets,
mignons baisers bégayants des amants ?

Mais d'autres, longuement folâtres, et mols, et fols
d'un vertical désir vers l'amoureuse.
....

Or voici : l'aile du vent des nuits,
l'aile promise, palpite et bruit
sur la Tombe aux douces pierres blanches
où dort, ses étranges ailes fermées,
nadir de l'Intellectuelle aimée
— et, pétale effeuillé, cela pourtant que fut l'Aimée...

dort, dort son lilial sommeil d'ange
l'étrange et douloureuse ailée
captive au si frêle linceul des ailes repliées
pour le sommeil inconscient des futures aurores

sous la morne dalle roidie par la Mort.

Clartés

271

Robert de Montesquiou

Hymne à la nuit

Le mystère des nuits exalte les cœurs chastes !
Ils y sentent s'ouvrir comme un embrassement
Qui, dans l'éternité de ses caresses vastes,
Comble tous les désirs, dompte chaque tourment.

Le parfum de la nuit enivre le cœur tendre !
La fleur qu'on ne voit pas a des baumes plus forts...
Tout sens est confondu : l'odorat croit entendre !
Aux inutiles yeux tous les contours sont morts.

L'opacité des nuits attire le cœur morne !
Il y sent l'appeler l'affinité du deuil ;
Et le regard se roule aux épaisseurs sans borne
Des ombres, mieux qu'aux cieux où toujours veille un œil !

Le silence des nuits panse l'âme blessée !
Des philtres sont penchés des calices émus ;
Et vers les abandons de l'amour délaissée
D'invisibles baisers lentement se sont mus.

Pleurez dans ce repli de la nuit invitante,
Vous que la Pudeur fière a voués au cil sec,
Vous que nul bras ami ne soutient et ne tente
Pour l'aveu des secrets... – Pleurez ! pleurez avec.

Avec l'étoile d'or que sa douceur argente,
Mais qui veut bien, là-bas, laisser ce coin obscur,
Afin que l'œil tari d'y sangloter s'enchante
Dans un pan du manteau qui le cache à l'azur !

Les Chauves-souris

272

Lucifers

Les étoiles des lys ont éclairé la plaine...
Les pétales de l'astre ont éclos dans la nuit ;
De constellations de fleurs la route est pleine,
Et de moissons de feux la voûte brille et luit.

Les anges ont baissé leurs yeux sur les prairies,
Les hommes ont levé leurs yeux vers les azurs ;
Et l'échange s'est vu des blanches confréries
De l'étoile éthérée et du pétale pur.

Les pétales se sont envolés vers les voûtes...
Les étoiles se sont éprises des humains...
Et des anges aux cieux se sont trompés de routes,
Et des hommes en bas ont trouvé leurs chemins.

℘

Lis visuel

Et qu'à vos yeux, si beaux ! l'humble présent soit doux.
Verlaine

Comme un beau Lis d'argent aux yeux de pistils noirs
Ainsi vous fleurissez profonde et liliale,
Et, tout autour de vous, la troupe filiale
Des fleurettes s'incline avec des encensoirs.

Dans votre belle forme, une pensée égale
Mêle à l'éclat du jour la tristesse des soirs,

Et vous ne vous penchez avec des nonchaloirs,
Que pour vous redresser, plus fière, et plus royale.

Votre arôme est votre âme, et votre amour est fort :
Ils vont au Bien, au Beau, fixant jusqu'à la Mort,
– Car le parfum sait bien qu'il se volatilise...

Et, montant jusqu'au Dieu qui les idéalise,
Vont le prier pour ceux qui n'ont point vos pouvoirs,
Beau Lis qui regardez avec vos pistils noirs !

Le Chef des odeurs suaves

છ

« *Je veux faire de l'art japonais...* »

Je veux faire de l'art japonais : une chose
Exquise ; sans aucun rapport avec la rose
Redoutable de feu Redouté redouté !
Une création où tout le velouté
Des fleurs naît d'un seul coup de pinceau qu'on écrase ;
Une eau qu'un vol de grue, au-dessus, moire et rase,
Pendant que des poissons se battent au-dessous,
Dans un effacement que l'on dirait dissous,
Pour deux fleurs de prunier voguant à la surface.
Tout cet enchantement éclos sur une face,
Pendant qu'un rien fera l'honneur de l'autre pan,
Une aiguille de pin, une plume de paon.

Les Hortensias bleus

274

Jean Moréas

Ottilie

Des lèvres de bacchide et des yeux de madone,
Des sourcils bifurqués où le Diable a son pleige ;
Ses cheveux vaporeux que le peigne abandonne
Sont couronnés de fleurs plus froides que la neige.

Vient-elle de l'alcôve ou bien de l'ossuaire,
Lorsque ses mules d'or frôlent les dalles grises ?
Est-ce voile d'hymen ou funèbre suaire,
La gaze qui palpite aux vespérales brises ?

Autour du burg, la lune, aux nécromants fidèle,
Filtre en gouttes d'argent à travers les ramures.
Et l'on entend frémir, ainsi que des coups d'aile,
Des harpies, dans la salle où rêvent les armures.

ଛେ

Ariette

Tu me lias de tes mains blanches,
Tu me lias de tes mains fines,
Avec des chaînes de pervenches
Et des cordes de capucines.

Laisse tes mains blanches,
    Tes mains fines,
M'enchaîner avec des pervenches
    Et des capucines.

275

Sensualité

N'écoute plus l'archet plaintif qui se lamente
Comme un ramier mourant le long des boulingrins ;
Ne tente plus l'essor des rêves pérégrins
Traînant des ailes d'or dans l'argile infamante.

Viens par ici : voici les féeriques décors,
Dans du Sèvres les mets exquis dont tu te sèvres,
Les coupes de Samos pour y tremper tes lèvres,
Et les divans profonds pour reposer ton corps.

Viens par ici : voici l'ardente érubescence
Des cheveux roux piqués de fleurs et de béryls,
Les étangs des yeux pers, et les roses avrils
Des croupes, et les lys des seins frottés d'essence ;

Viens humer le fumet – et mordre à pleines dents
À la banalité suave de la vie,
Et dormir le sommeil de la bête assouvie,
Dédaigneux des splendeurs des songes transcendants.

಄

« Dans le jardin taillé... »

Le jardin était taillé
comme une belle dame...
Gilles Fletcher.

Dans le jardin taillé comme une belle dame,
Dans ce jardin nous nous aimâmes, sur mon âme !
Ô souvenances, ô regrets de l'heure brève,
Souvenances, regrets de l'heur. Ô rêve en rêve

Et triste chant dans la bruine et sur la grève.
Chant triste et si lent et qui jamais ne s'achève,
Lent et voluptueux, cerf qui de désir brame,
Et trémolo banal, aussi, de mélodrame :

C'est la table rustique avec ses nappes blanches
Et les coupes de vins de Crète, sous les branches,
La table à la lueur de la lampe caduque ;

Et tout à coup l'ombre des feuilles remuées
Vient estomper son front bas, son front et sa nuque
Gracile. La senteur des fleurs exténuées
        S'évapore dans les buées,
Hélas ! car c'est déjà la saison monotone,
L'automne sur les fleurs et dans nos cœurs l'automne.
        Et ce pendant qu'elle abandonne
Ses doigts aux lourds anneaux à ma lèvre, j'écoute
J'écoute les jets d'eau qui pleurent goutte à goutte.

Les Syrtes

ℬ

277

Toute la babiole

Voilà pourtant le but inepte des choses.

Les fins parfums de la jupe qui froufroute
Le long du trottoir blanc comme la grand-route,
Les lourds parfums de la lourde chevelure,
Nattes au dos, torsades sur l'encolure ;

La pénitence après le péché, sans doute
L'orgueil et l'avarice et l'envie, et toute
La babiole ; et l'amour de la nature,
Et même la lune à travers la verdure ;

Et même la lune et même l'espoir, cette,
Ô cette folle ! et le soleil, ses hâles,
Et la pluie, et la tristesse des jours pâles.

Et bouquets qu'on souhaite et bouquets qu'on jette,
Et la bonne tiédeur des premières bûches,
Et sa gorge en les dentelles et les ruches.

&

Geste

Alme fleur, fleur d'éden, hanebane d'enfer
Ta bouche, et tes seins lourds que d'or tissé tu brides !
– Nous allions par les bois pleins de monstres hybrides,
Toi de pourpre vêtue et moi bardé de fer.

Sous mon épée – alors – plus prompte que l'éclair,
Crânes fendus, les dos troués, les yeux stupides,
Tombaient les nains félons et les géants cupides.
Et les citoles des jongleurs sonnaient dans l'air.

– Docile au joug, qu'il eût fallu que j'abolisse,
J'ai trop longtemps humé la saveur du calice,
Quand l'ennemi veillait sur les quatre chemins.

Le palais fume encore et l'île est saccagée.
– Quel sortilège impur en guivre t'a changée,
Toi qui berçais mon cœur avec tes blanches mains ?

ℰℴ

Never more

Le gaz pleure dans la brume,
Le gaz pleure, tel un œil.
– Ah ! prenons, prenons le deuil
De tout cela que nous eûmes.

L'averse bat le bitume,
Telle la lame l'écueil.
– Et l'on lève le cercueil
De tout cela que nous fûmes.

Oh ! n'allons pas, pauvre sœur,
Comme un enfant qui s'entête,
Dans l'horreur de la tempête

Rêver encor de douceur,
De douceur et de guirlandes.
– L'hiver fauche sur les landes.

Chœur

Hors des cercles que de ton regard tu surplombes,
Démon Concept, tu t'ériges et tu suspends
Les males heures à ta robe, dont les pans
Errent au prime ciel comme un vol de colombes.

Toi, pour qui sur l'autel fument en hécatombes
Les lourds désirs plus cornus que des égipans,
Électuaire sûr aux bouches des serpents,
Et rite apotropée à la fureur des trombes ;

Toi, sistre et plectre d'or, et médiation,
Et seul arbre debout dans l'aride vallée,
Ô Démon, prends pitié de ma contrition ;

Éblouis-moi de ta tiare constellée,
Et porte en mon esprit la résignation,
Et la sérénité en mon âme troublée.

Les Cantilènes

Épitaphe de Paul Verlaine

Μοῦσαι καὶ Χάριτες, κοῦραι Διος, αἵ ποτε Κάδμου
ἐς γάμον ἐλθοῦσαι καλὸν ἀείσατ᾽ ἔπος,
« ὅττι καλὸν φίλον ἐστί, τὸ δ᾽ οὐ καλὸν οὐ φίλον ἐστί. »
Τοῦτ᾽ ἔπος ἀθανάτων ἦλθε διὰ στομάτων.
Théognis 1, 15

Et qu'importe à mes vers ta vie et ses alarmes !
Qu'importe le trépas ! Apollon est guerrier :
Je ne répandrai pas de misérables larmes,
Poète, sur ta tombe où fleurit le laurier.

La forêt tour à tour se pare et se dépouille ;
Après le beau printemps, on voit l'hiver venir ;
Et de la Parque aussi la fatale quenouille
Allonge un fil mêlé de peine et de plaisir.

Comme une eau qui, tombant d'une montagne haute,
De rocher en rocher à l'infini,
Ainsi le cœur humain est brisé, quand la faute
L'a roulé sur lui-même et l'a de Dieu banni.

Mais le chantre divin tombe et se précipite
Jusques au plus bas lieu pour gagner les sommets :
Aux noces de Cadmus les Grâces l'ont prescrite,
La règle que son cœur ne transgressa jamais.

Sylves nouvelles

ꝏ

281

Stances
(extraits)

XIV

Ce que ma fantaisie a ce soir entrepris
Ressemble à quelque essaim aux vibrantes antennes.
Bien que la lune manque à ce ciel de Paris,
La merveille du monde après celui d'Athènes,

Muse, que sur mon front tu te viennes pencher
En me montrant tes yeux qui sont mon plus doux charme,
Je saisirai la lyre à l'instar de l'archer
Qui marche sur les morts tout en bandant son arme.

XV

Paris, je te ressemble : un instant le soleil
Brille dans ton ciel bleu, puis soudain c'est la brume ;
Au veuf septentrion si tu te fais pareil,
Tu passes les pays que le zéphyr parfume.

Triste jusqu'à la mort, en même temps joyeux,
Tout m'est concours heureux et sinistre présage ;
Sans cause l'allégresse a pleuré dans mes yeux,
Et le sombre destin sourit sur mon visage.

XVI

Je songe aux ciels marins, à leurs couchants si doux,
À l'écumante horreur d'une mer démontée,
Au pêcheur dans sa barque, aux crabes dans leurs trous,
À Néère aux yeux bleus, à Glaucus, à Protée.

Je songe au vagabond supputant son chemin,
Au vieillard sur le seuil de la cabane ancienne,

Au bûcheron courbé, sa cognée à la main,
À la ville, à ses bruits, à mon âme, à sa peine.

XVII

Adieu, la vapeur siffle, on active le feu ;
Dans la nuit le train passe ou c'est l'ancre qu'on lève ;
Qu'importe ! on vient, on part ; le flot soupire : adieu !
Qu'il arrive du large ou qu'il quitte la grève.

Les roses vont éclore, et nous les cueillerons ;
Les feuilles du jardin vont tomber une à une.
Adieu ! quand nous naissons, adieu ! quand nous mourons,
Et comme le bonheur s'envole l'infortune.

Premier Livre des Stances

283

CHARLES MORICE

Vivo du matin

Chante, vivo tahitien,
Chante la chanson du matin !
Chante gaîment, c'est chanter bien.

        Ma vahiné, dans les bois,
        Comme l'arbre frémissant,
        Avec l'aube dans les bois
        J'irai chanter en dansant.

Chante, vivo tahitien !

        Puis, sur le bord de la mer,
        Comme les flots agités,
        Puis, sur le bord de la mer
        En dansant j'irai chanter.

Chante la chanson du matin !

        Tu crois dormir et je vois
        Tes yeux briller dans les fleurs.
        Tu crois dormir et je vois
        Tes dents luire sur les flots.

Chante gaîment, c'est chanter bien !

        Viens, je chanterai pour toi
        Des chants clairs comme le jour.
        Viens ! je danserai pour toi
        La douce danse d'amour.

Chante, vivo tahitien !

> À l'ombre des pandanus
> Tu sais qu'il est bon d'aimer,
> À l'ombre des pandanus
> Et sur le bord de la mer.

℘

Parahi té maraë

Passant, l'âme divine anime jusqu'aux lieux
Où s'accomplirent les ineffables mystères.
Comme Hina est la lune et, Téfatou, la terre,
Passant ! le Temple vit, passant ! le Temple est Dieu.

Or, plus d'un sage a vu s'ouvrir sur les hauts lieux
Des bouches que la soif de notre sang altère :
Garde-toi des sommets qu'on croirait solitaires,
Toute cime est un Temple et tout Temple est un Dieu.

Ô Passant ! garde-toi de marcher sur la terre
Où s'épancha le vin rouge et noir des mystères : –
Tu sentirais dans tes talons la dent d'un Dieu.

Car, tandis qu'en nos cœurs le culte pur s'altère,
Un Temple indestructible habite les hauts lieux,
Et les Dieux éternels y rêvent, solitaires.

℘

Le soir

Voici le soir qui vient dans la pourpre et l'or, ivre
D'amour. C'est l'heure fraîche où se reprend à vivre
Le peuple enfant, joyeux d'un avenir de nuit.

Et toute l'Île, sur les rivages, au bruit
Du vivo, des chansons, des rires assemblée
S'agite, folle, bavarde, bariolée, –
Les femmes, le tiaré à l'oreille, les plis
Du paréo tendus sur leurs reins assouplis,
Le torse libre, aux tons de bronze et de bitume, –
Et la mourante ardeur du couchant se rallume
Aux brusques éclairs d'or qui sillonnent leur chair.

Le vent de l'éternel été s'endort dans l'air
Vespéral. Le soleil, vieilli, vaincu, recule,
Devant la jeune lune du bord du crépuscule,
Se dressant, radieux, et leurs feux, un moment,
Sur la crête des flots, qui dansent mollement

S'entre-baisent, et sur la tête solitaire
De l'Aroraï, temple et sommet de la terre,
D'où le rideau des bois dérobe à tous les yeux
La gloire, la douleur et le secret des Dieux.

Noa-Noa

❧

« *Blancs sauf l'ambre...* »

Blancs sauf l'ambre du bec et l'ébène des yeux,
Les cols dressés ainsi que des mâts sans voilure,
Fendant les flots songeurs d'une inflexible allure,
Deux cygnes dans la nuit, lents et silencieux.

Lait pur, neige vivante, éclair double et joyeux
Vers leur abri d'amour ils rament en mesure,
Nouant et dénouant mollement la ceinture
Que plissent à leurs flancs les nénuphars soyeux.

Ils filent, illustrant seuls la campagne noire,
Et ne sont plus qu'un point qui luit. Les flots songeurs
Se referment sur les candides voyageurs.

Et, sauf un souvenir de lumière et de gloire,
Ils s'en vont sans laisser après avoir passé,
Qu'un sillage aussitôt effacé que tracé.

ᖇ

Les ailes

Lorsque mon front se penche
Sur la frêle épaule, ô ma sœur,
La double inflexion de ta poitrine blanche
M'apparaît comme deux ailes au calme essor.

Ce sont les ailes de la lyre que je vois
Dans des mains vers le ciel dressées
Et les bras de la croix
Sont des ailes au raz de l'horizon baissées.

Des ailes dans le ciel où planent les oiseaux.
Une musique d'ailes dans le bruit des roseaux.
Une peinture d'ailes dans les rides des eaux,

Dans les ramures nostalgiques
D'immensité
Vois frémir les ailes tragiques
De l'arbre tourmenté
Par le vent conseilleur d'envol,
Vois s'ouvrir des ailes impatientes
Du sol
Où par la griffe d'un oiseau l'arbre s'implante.

La danseuse répond à l'ange qui l'appelle
Et vois-la voler plutôt que bondir
Quand de ses bras larges ouverts comme une lyre
Et de ses voiles blancs elle se fait des ailes.

Et ma pensée aussi et mon dessein
Dardent dans la lumière
Deux ailes fières.

Je sens s'épanouir des ailes dans mon sein.

ॐ

« *Ô douleur !...* »

Ô douleur ! je mourrai dans l'Œuvre commencée !
L'heure et l'heure s'en vont irréparablement,
Tandis que gaspillant l'instant et le moment
Vagabondent sans loi mon rêve et ma pensée...

– Aux buissons de la route, hélas ! vole leurs fleurs
Si celles des jardins te restent interdites.
Dérobe aux ronces des grands chemins les petites
Fleurs des rares bonheurs et des communs malheurs.

Puis, sur la marge du livre de ta mémoire,
Dans la splendeur de la Strophe éternelle inscris
La beauté de leur ligne et de leur coloris –
Pour qu'illustrant le seuil du temple de la gloire,

Si tu n'y dois entrer comme un prêtre, du moins,
Cendre de l'Œuvre inachevée et condamnée,
Ces vers douloureux soient, devant la destinée,
De ta fidélité les fidèles témoins !

Le Rideau de Pourpre

John-Antoine Nau

Roses jaunes

I

Les spécieuses, les prenantes rêveries
S'envolent de ton front où le caprice dort,
De ton front pâle et chaud comme un lys au cœur d'or
Et s'enroulent dans nos têtes endolories,

Vapeurs de Hells ou de Walhallas, trop fleuries,
Nuages de vertige embaumés de l'odor
Di femina, vitale aube ou suave mort...
....
Tel aux parcs affolés de trompeuses féeries,

Dans le soir, d'un sachet, orchestre de parfums,
Bosquet-lyre, s'éveille en pervers accords bruns
Et s'émane le chant trouble des roses jaunes,

Hymne subtil et dur en ses fausses langueurs, –
Amoureuses, non moins implacables aumônes
Qui glissent un affreux émoi des sens aux cœurs.

II

Le pollen soufré des lys poudre
Le chaud horizon laqué bleu ; –
Puis constelle le ciel en feu,
Pulvérulente et rose-foudre,

L'âme des roses de Ceylan
Si malfaisante et trop exquise :

290

L'île des baumes est conquise,
Pâmée au crépuscule lent,

Lent comme une gaze, jetée
Au plus, – torrentiellement
Lent – dans l'irradié moment
Où la gaze s'est agitée.

Âmes de fleurs, de papillons,
Âmes de dentelles teintées,
Âmes d'enfants, si duvetées,
Faibles ailes aux grands vols longs,

Loin, au-dessus des floches fauves
Des nipas au port indolent,
Ô dites-moi son rythme lent, –
Blanche en ses mousselines mauves !

ℰꙡ

Plages

À *la Dame Boudette*

Il en est d'un blanc pur, brillant, presque argenté ;
J'en sais d'un noir roux de feu mort,
Enfers près des candeurs mourantes des jetées ;
J'en sais d'or – et d'ajoncs – sous le ciel vert du Nord,
Bosquets nains, micacés par les vagues heurtées.

Et la plage rose, à l'aube incarnat,
Parterre en sable fin, je la suis comme en rêve,

Longue, longue, sous le ciel de grenat !
Et les bulles d'écume en pâles rubis crèvent
Sur la douceur florale de la grève,
Sur la plage rose à l'aube incarnat.

D'autres s'incurvent sous l'enlacement des branches
Flagellées par le vent salin, –
– Dansez, feuilles et fleurs, aux plis des mousses blanches ! –

Frigide, une autre dort sous un ciel hyalin,
Dans les parfums brefs, sous les bises franches.

Et la lointaine, si voilée au crépuscule, –
Dont le fier horizon strié d'or violet
S'apaisait lentement sous des brumes de tulle,
La rouge où le sang du soleil coulait,
La blonde où la grotte ouvrait un mauve palais, –
Et la lointaine, si voilée au crépuscule !

J'en sais une douce et tiède, un miroir
De rêves gris et de mélancolies,
Où de tristes beaux yeux se mirèrent un soir
Et qui reflète un si douloureux désespoir
Dans les vagues remous de ses nacres pâlies !

෨

Vision

Un frisson... puis la voix chante lointaine et pure,
Tel un lys chanterait s'il avait une voix : –
... Un parfum, tubéreuse et rose, – et je revois
La forme que j'aimais comme en quelque guipure,

En un nuage tout brodé de soie-argent,
En le grèbre luisant des fières altitudes ; –
… Et j'entends dans l'ami silence intelligent
La muette pudeur de tes sollicitudes.

Ô chère voix qui sais créer ta forme, – vois !
Je te reçois comme un dévot qui communie,
Suave baume astral dans la nuit infinie
Et je t'écoute, et je t'aspire, et je te bois.

Quelque chose de frais, d'ouranien m'exhorte,
Je comprends ta splendeur, chère âme mise à nu,
Et la saveur d'on ne sait quoi d'inconnu
Plus divin que ta morte expression, ma morte !

Premiers vers

ANNA DE NOAILLES

L'image

Pauvre faune qui va mourir,
Reflète-moi dans tes prunelles
Et fais danser mon souvenir
Entre les ombres éternelles.

Va, et dis à ces morts pensifs
À qui mes jeux auraient su plaire,
Que je rêve d'eux sous les ifs
Où je passe petite et claire.

Tu leur diras l'air de mon front
Et ses bandelettes de laine,
Ma bouche étroite et mes doigts ronds
Qui sentent l'herbe et le troène,

Tu diras mes gestes légers
Qui se déplacent comme l'ombre
Que balancent dans les vergers
Les feuilles vives et sans nombre,

Tu leur diras que j'ai souvent
Les paupières lasses et lentes,
Qu'au soir je danse et que le vent
Dérange ma robe traînante.

Tu leur diras que je m'endors,
Mes bras nus pliés sous ma tête,
Que ma chair est comme de l'or
Autour des veines violettes ;

Dis-leur comme ils sont doux à voir,
Mes cheveux bleus comme des prunes,

Mes pieds pareils à des miroirs
Et mes deux yeux couleur de lune,

Et dis-leur que dans les soirs lourds,
Couchée au bord frais des fontaines,
J'eus le désir de leurs amours
Et j'ai pressé leurs ombres vaines...

Le Cœur innombrable

&

« *J'écris pour que, le jour où je ne serai plus...* »

J'écris pour que, le jour où je ne serai plus,
On sache comme l'air et le plaisir m'ont plu,
Et que mon livre porte à la foule future
Comme j'aimais la vie et l'heureuse nature.

Attentive aux travaux des champs et des maisons,
J'ai marqué chaque jour la forme des saisons,
Parce que l'eau, la terre et la montante flamme
En nul endroit ne sont si belles qu'en mon âme.

J'ai dit ce que j'ai vu et ce que j'ai senti,
D'un cœur pour qui le vrai ne fut point trop hardi,
Et j'ai en cette ardeur, par l'amour intimée,
Pour être après la mort, parfois encore aimée,

Et qu'un jeune homme alors, lisant ce que j'écris,
Sentant par moi son cœur, ému, troublé, surpris,
Ayant tout oublié des épouses réelles,
M'accueille dans son âme et me préfère à elles.

L'Ombre des jours

Maurice du Plessys

L'élégie du sang des colombes

Pétard qui tranche de la bombe,
Le Winchester a retenti :
Ton doux vol s'est brisé, colombe,
Petit point au ciel, tout petit...

Pauvre être ! au plus haut des espaces,
Il buvait l'azur, loin de tout :
Ivresse, spectacle des Grâces !
« Beau coup de fusil ! – Yes ! beau coup ! »

Chute immense ! Deuil d'Amathonte !
Triomphe de l'iniquité !
Mais l'attentat à la Beauté,
Compte à rendre, assassins ! Quel compte !

Dans le cœur du poète, ô sœurs
Le Silence creuse vos tombes :
L'Amour, ennemi des chasseurs,
Y viendra pleurer les colombes.

છ

La nuit qui tombe et le train qui passe

Tableau qui mes peines dissipe,
Je contemple en m'attendrissant
Le village fumant sa pipe
Aux pieds du soir incandescent.

Soleil, mourant témoin des crimes
Absous par le jour qui s'en va,
Sur l'autel de tes feux sublimes,
Satisfais, frère, à Jéhovah !

Nuit, tombeau du ciel sans mystère,
Chasses-en ce jour qui nous ment
Viens faire oublier à la terre
Qu'elle ne te plaît qu'un moment

C'est à cet instant de l'automne
Qu'on voudrait partir d'ici-bas...
Mais de temps en temps au loin tonne
Un train passant qu'on ne voit pas.

Les Tristes

Monologue

Ô Jésus, écartez les griffes du Malin.

Les anges de saphir dorment dans le vélin ;
Les graves lettres d'or pèsent aux ailes blanches ;
La colombe du ciel s'englue après les branches ;
Et la prière est prise au piège des versets.

Ô livre, le parfum sacré que tu versais
Vaut moins, pour le Sauveur et pour ses mains percées,
Que l'inappréciable encens de mes pensées.

Mon bien-aimé, mêlés à vos élus divins,
Mes rêves purs, avec le chœur des Séraphins,
Allégés du fardeau des paroles antiques,
Mes rêves ont chanté plus haut que les cantiques ;
Et quand mon âme, un jour, s'évadera du corps,
Je volerai dans les Splendeurs et les Accords,
Faits de flamme subtile et de claire harmonie,
Et je rayonnerai dans la Gloire infinie,
Autour du front terrible et charmant de l'Époux.

Ô monde, ô vie, ô sens, évanouissez-vous !

Car, là-haut, par delà les ténèbres premières,
Dans l'éclat des concerts et la voix des lumières,
Impérissable, dans le nimbe de l'Amant,
La chair immaculée arde éternellement.

La Fille aux mains coupées

La jeune fille

À *Mlle Georgette Camée*

Vision pâle, sœur de l'aube, enfant qui pries,
Ferme le livre vain triomphant de joyaux ;
Enveloppe ton front de tes cheveux royaux
Et sous les voiles blancs cache tes mains fleuries.

Revêts-toi d'ombre lourde et de silence épais ;
Ne tente pas la chair, tentatrice impollue ;
Autour de toi, le flot de nos péchés afflue :
Le Maudit t'a signée à l'heure où tu naissais.

Tes lèvres que la marque ineffaçable scelle
Appellent à jamais les baisers monstrueux ;
Tout l'enfer brûle au fond de tes célestes yeux ;
Une flamme de mort en tes regards ruisselle.

Prier !... pourtant l'amour gonfle tes seins offerts,
Fruits merveilleux tendus aux passants de la route.
Ô frissons de la chair qui se résigne. – Écoute
Le conseil de l'aurore et des anges pervers :

Le rire de la flûte et la chanson des lyres
T'invitent ; marche avec des roses dans les mains,
Avec des roses et des lys et des jasmins,
Ô vierge, vers le bois où rôdent les satyres.

ജ

Ruines

À Maurice Nicolle

L'illustre ville meurt à l'ombre de ses murs ;
L'herbe victorieuse a reconquis la plaine ;
Les chapiteaux brisés saignent de raisins mûrs.

Le barbare enroulé dans sa cape de laine
Qui paît de l'aube au soir ses chevreaux outrageux,
Foule sans frissonner l'orgueil du sol hellène.

Ni le soleil oblique au flanc des monts neigeux,
Ni l'aurore dorant les cimes embrumées
Ne réveillent en lui la mémoire des dieux.

Ils dorment à jamais dans leurs urnes fermées,
Et quand le buffle vil insulte insolemment
La porte triomphale où passaient des armées,

Nul glaive de héros apparu ne défend
Le porche dévasté par l'hiver et l'automne
Dans le tragique deuil de son écroulement.

Le sombre lierre a clos la gueule de Gorgone.

෨

Psyché

Petite âme, Psyché mélancolique, dors.
Lys d'aurore surgi des heures ténébreuses,
Tes bras souples et frais et tes lèvres heureuses
Ont rajeuni mon cœur et réjoui mon corps.

Et tu m'as cru, petite âme blanche et farouche,
Tel que ton désir vierge encore me voulait
Pendant tes longs baisers de miel pur et de lait,
Tant que l'ombre a menti comme mentait ma bouche.

Nulle parole et nulle étreinte et nul baiser,
N'ont trahi la douleur secrète du cilice ;
Mais éveillée avec l'aube révélatrice
Tu frémissais, Psyché fragile, à te briser,

Si le jour, dessillant ta paupière sereine,
Au lieu du doux vainqueur que rêvait ton émoi
Te décelait mes poings crispés même vers toi
Et mes yeux éperdus de colère et de haine ;

Car je te hais de tout ton amour, ô Psyché,
Pour les jours à venir et les futures heures
Et les perfides flots de larmes et de leurres
Qui jailliront un jour de ton être caché.

Mais avant que la nuit divine m'abandonne,
Avec le dur métal des gouffres sidéraux
Je forgerai le masque amoureux d'un héros,
Rieur comme l'Avril, grave comme l'Automne ;

Mort vivant sur les lèvres mortes d'un vivant,
Le masque couvrira ma face convulsée ;
Et maintenant, que l'aube éclate ! Ô fiancée
Chez qui la femme, hélas ! va survivre à l'enfant.

Éveille-toi, rouvre ta bouche qui s'est tue,
Tu n'entendras de moi que paroles d'orgueil
Et je me dresse sous les morsures du deuil
Lauré d'or et pareil à ma propre statue.

౭๏

Flammes

Parmi les âcres fleurs des lauriers, cette voix
Évocatrice en nous de gloire révolue
Émanait de la mer, du soir et d'autrefois :

« Enfants tristes penchés vers l'ombre, l'ombre afflue
Et monte jusqu'à vos lèvres avec les flots
Dont vous enivriez votre âme irrésolue.

La séculaire nuit opprime vos yeux clos,
Enfants tristes, et vos poitrines lacérées
Se gonflent lâchement de stériles sanglots.

Si votre bouche a soif des aubes empourprées
Et du sang lumineux qui sacre le matin,
Quel sortilège encor vous attrait aux vesprées ?

D'un geste, dans la nuit, décisif et hautain,
Reniez le poison des ondes léthéennes
Et marchez sans retour vers un autre destin. »

Frénétiques, hors des ténèbres anciennes,
Nous avons fait jaillir, dans le ciel morne et noir,
Une farouche aurore à la cime des chênes,

Et, dociles au cri de désir et d'espoir,
Nous respirons les roses rouges de la joie,
Depuis que, déjouant les embûches du soir,
La torche avec l'épée à notre poing flamboie.

La Lyre héroïque et dolente

&

La gloire du verbe

À Camille Bloch

I

Une nuit langoureuse et sereine enveloppe
D'un cercle de lapis ouvré de roses d'or
Les barques, essaim las de cygnes sans essor,
Les palmiers, les canaux, les plaines et Canope ;

Et des flambeaux pareils à des soleils couchants
Illuminent la soie et les gemmes persanes
Tandis qu'au rire aigu des jeunes courtisanes
Les nefs, lourdes d'amour, glissent avec des chants.

Les esclaves courbés effleurent de leurs rames
Les papyrus géants teints de brèves clartés
Et l'eau lente roulant des flots de voluptés
Où se mirent les yeux et les seins nus des femmes.

Mais non loin, sourd au bruit sacrilège que font
Les voix des matelots, les flûtes et les harpes

Le guérisseur voilé de ses triples écharpes
Ossar-Hapi sommeille en son temple profond.

Et de vagues lueurs éparses sur les dalles
Éclairent tristement de leurs reflets confus
Les suppliants couchés auprès des grêles fûts
En un amas hideux de chairs et de sandales.

Seul debout dans sa force et sa beauté, parmi
Les pèlerins perclus de maux, rongés d'ulcères,
Mais tel que le géant déchiré par les serres
Du vautour, un Hellène orgueilleux et blêmi

Évoque sans trembler le prince du mystère :
« Ô maître, hôte caché du sanctuaire, ô Roi,
Vierge d'étonnement puéril et d'effroi,
J'ai connu tous les dieux du ciel et de la terre,

Atroces et cléments, magnifiques et laids
Et j'ai prié selon l'ordonnance des rites
Près du fleuve farouche où chantent les lychnites
Dans la splendeur des clairs de lune violets

Et là-bas où les daims paissent la mousse rase
Sous les neiges de la fabuleuse Thulé,
J'ai lu le sort écrit dans l'azur constellé
Par les nuits qu'une aurore inoubliable embrase ;

  Mais nul n'a dit le mot que j'ai cherché longtemps
Et qui me guérirait des angoisses de l'âme :
Parle, sinon la mort prochaine me réclame
Et l'horreur d'ignorer me consume : j'attends. »

II

Alors des profondeurs et des ténèbres saintes
Comme un jeune soleil sort des gouffres marins,

304

Blanche, laissant couler des épaules aux reins
Ses cheveux où nageaient de pâles hyacinthes,

Une femme surgit : son manteau radieux
Revêtait son beau corps d'une pourpre vivante ;
Des abîmes d'amour, de joie et d'épouvante
Où sombrerait l'esprit des hommes et des dieux

S'ouvraient terriblement dans ses larges prunelles
Et les villes, les champs, les cimes, les déserts,
La mer prodigieuse et l'infini des airs
Semblaient se réfléchir et disparaître en elles ;

Et lorsqu'elle parla son ineffable voix
Unissait aux échos des lyres et des sistres
Le souffle des baisers et les râles sinistres
De la haine et le bruit des vagues et des bois :

« Marcheur pensif, enfant prédestiné qui nies,
Les songes et l'espoir de ton cœur puéril,
Tu vas, émerveillé des floraisons d'avril
Et des soirs frissonnant de calmes harmonies ;

Tu regardes avec des tendresses d'amant
Les nuages légers ouvrir leur ailes closes
À l'aube, et comme un vol de flamants blancs et roses
S'élever dans les champs du ciel éperdument ;

Volontaire captif de l'éternelle Omphale
Tu parles bas aux Vierges chastes et tu sais
Faire chanter aux corps ardemment enlacés
Des hymnes inouïs d'impudeur triomphale ;

Ton esprit altéré de désirs immortels
Épuiserait encor la coupe des prières
Ta parole dément tes attitudes fières
Et tu t'es prosterné devant tous les autels.

Mais toujours au milieu de tes extases vaines
Le mensonge des dieux et des lèvres te point
Et tu verses, déçu d'aimer ce qui n'est point,
Tous les pleurs de tes yeux et le sang de tes veines,

Si tu n'étreins que des chimères, si tu bois
L'enivrement de vins illusoires, qu'importe ?
Le soleil meurt, la foule imaginaire est morte
Mais le monde subsiste en ta seule âme, Vois !

Les jours se sont fanés comme des roses brèves,
Mais ton Verbe a créé le mirage où tu vis
Et je nais à tes yeux de tes regards ravis
Et je garde à jamais la gloire de tes rêves. »

La forme s'effaça, la parole se tut,
Et délivré du poids antérieur des chaînes,
L'homme plana plus haut que les heures prochaines
Et comme tout, canaux, cité, temple abattu

S'enfonçait lentement dans la brume amassée
Sur le fond ténébreux des êtres et des temps,
Pure clarté, pistils de rayons éclatants,
Il vit s'épanouir la fleur de sa pensée.

La Gloire du verbe

306

ERNEST RAYNAUD

Versailles
(extraits)

I

Le soir, où traîne éparse au vent l'âme des roses,
Baigne d'or le feuillage et les lointains flottants ;
Le faîte du palais s'éclaire de feux roses,
Une vitre frappée en a frémi longtemps.

La Gloire fatiguée au marbre se repose,
Mais troublant le silence, il semble par instants
Qu'à travers les massifs où pleure quelque chose,
Un long sanglot d'adieu s'élève des étangs.

Tant de pompe étalée à l'ombre de la feuille,
Par ce lent crépuscule, humblement se recueille.
La dernière lueur agonise aux vitraux,

Et l'importune nuit, hâtant l'œuvre du lierre,
Des eaux venue, efface, en montant sur la pierre,
L'image de la Grâce et le nom des héros.

III

L'air est tiède. Un soleil joyeux joue à travers
Les vieux ormes touffus, et, la tête inclinée,
La déesse regarde à ses seins découverts
Une dentelle d'or et d'ombre promenée.

Sur son épaule nue ont pleuré tant d'hivers
Que par endroits sa pierre en est tout écornée,

307

Sa cuisse lutte en vain contre une herbe obstinée,
Sa guirlande effondrée emplit les gazons verts.

Mais les fleurs, que le vent mêle à sa chevelure,
Le bruit des nids, le frais parfum de la ramure,
Le soleil, la chanson de l'eau sur les graviers,

Tout s'emploie à lui faire oublier son dommage
Et, comme pour lui rendre un plus sensible hommage,
Deux pigeons amoureux se baisent à ses pieds.

Le Signe

☙

Le faune

Je fus longtemps un Faune assis sous le feuillage
Parmi des fleurs, au fond d'un parc abandonné,
Où j'épiais, de mon œil de marbre étonné,
Le vol d'un écureuil espiègle ou d'un nuage ;

Un Musée à présent me tient lieu de bocage,
Et j'ai, pour tout rappel des champs où je suis né.
Le peu de ciel que la fenêtre me ménage
Et deux brins de lilas dont mon socle est orné.

L'Exil rend plus vivace en moi votre mémoire,
Oiseaux ! qui dans le creux de ma main veniez boire
Ce qu'une aube imbrifère y délaissait de pleurs !

Ici, j'ai les saluts d'un peuple qui m'adore
Et les soins de valets dont tout l'habit se dore,
Mais mon cœur est resté là-bas parmi les fleurs !

Les Cornes du Faune

Bruges

Chose espagnole abandonnée en pleine Flandre,
Estuaire inutile oublié par la mer,
D'un dieu supplicié obstinée à t'éprendre,
Ta voix depuis mille ans répète le même air.

Les blasons de Bourgogne et d'Autriche, à travers
Les siècles, de leur gloire ont composé ta cendre ;
Et c'est d'un écu fier qu'un jour on vit descendre
Le cygne consacré sur tes canaux déserts.

Je sais ton béguinage et tes quais familiers,
Et ta rue endormie où, tout mélancolique,
Parfois passe un bonnet à poils de grenadier.

À l'ombre du beffroi qui te marque les heures,
Tu languis, oubliée ainsi qu'une relique,
Dans ta châsse d'eau morte et de saules en fleurs...

∽

Poètes oubliés

Poètes oubliés ! poètes inconnus !
Noire foule innombrable où n'atteint pas la gloire,
Ma main vous cherche au long des quais tristes et nus,
Et vous réclame, avide, aux verrous des armoires.

J'en suis récompensé lorsqu'un beau vers soudain
Rencontré me salue en sonnant sa fanfare,
Et je sens tout l'orgueil de celui qui répare,
À la face des Dieux, l'injure du Destin.

Ô roses que l'Ennui triste a décolorées,
Ô lauriers languissants résignés à mourir,
Que de fois, sous ma lampe, au déclin des soirées,
Une larme de moi vous a fait refleurir !

La Couronne des Jours

Henri de Régnier

Tapisserie

À Paul Verlaine

Un magique jardin aux merveilleuses flores,
Avec des escaliers, des rampes, des bosquets ;
Sur les arbres taillés un vol de perroquets
Mêle un éclat vivant d'ailes multicolores ;

Et, tout au fond, dans les charmilles compliquées
Que l'Automme pique de ses parcelles d'or,
Se dresse, solitaire, un vieux Palais où dort
Un lointain souvenir de fêtes évoquées ;

La dégradation douce d'un crépuscule
Enveloppe le beau jardin et s'accumule
Sur le luxe défunt des fastes accomplis ;

Dans les arbres les perroquets à vifs plumages
Volettent, comme si, troublant les longs oublis,
Quelque Belle y traînait, ses robes à ramages.

ℰ

L'Île

À Stéphane Mallarmé

Avec son chant calmeur qui soulage 1es âmes
Par l'assoupissement des moroses pensers,
La mer s'en vient mourir en rythmes cadencés,
Berçant de vieux espoirs dont 1ongtemps nous rêvâmes.

Et le désir nous prend de voguer sur les lames
Au roulis vagabond des vaisseaux balancés,
Par des pays brûlants et des climats glacés,
En de frigides nuits et des midis de flammes,

Pour voir (ô rêve inné soudainement éclos)
Sur cette immensité frissonnante des flots,
Aux confins de la mer brumeuse et matinale,

Surgir à l'horizon s'ouvrant comme un décor
Dans le magique éclat d'une aube virginale
L'Île des fleurs de pourpre et des feuillages d'or.

Apaisement

ℰℂ

312

Sites
(extraits)

IV

J'avais marché longtemps et dans la nuit venue
Je sentais défaillir mes rêves du matin,
Ne m'as-tu pas mené vers le Palais lointain
Dont l'enchantement dort au fond de l'avenue,

Sous la lune qui veille unique et singulière
Sur l'assoupissement des jardins d'autrefois
Où se dressent, avec des clochettes aux toits,
Dans les massifs fleuris, pagodes et volière ?

Les beaux oiseaux pourprés dorment sur leurs perchoirs ;
Les poissons d'or font ombre au fond des réservoirs,
Et les jets d'eau baissés expirent en murmures,

Ton pas est un frisson de robe sur les mousses,
Et tu m'as pris les mains entre tes deux mains douces
Qui savent le secret des secrètes serrures.

XXII

Sur les parterres blancs et les façades closes
Une clarté de lune et de rêve s'étend,
Et nous avons longé le bord du vieil étang
Où flotte la senteur vespérale des roses ;

La nuit lunaire est bonne aux rêves noctambules
Hasardant leur recherche au perron écroulé,
Et c'est comme un écho des pas qui l'ont foulé
Que font nos pas sur le pavé des vestibules ;

Le passé de nos cœurs est lourd de rêves morts
Et nous voulons savoir si l'urne ne recèle
En l'oubli de ses flancs de suprême parcelle,

Et c'est pourquoi, par les nostalgiques décors,
Nous allons, recherchant parmi les pompes mortes,
Si nul rais de clarté ne filtre sous les portes.

Sites

వ

Sonnets
(extraits)

IV

Les lourds couchants d'Été succombent fleur à fleur,
Et vers le fleuve grave et lent comme une année
Choit l'ombre sans oiseaux de la forêt fanée,
Et la lune est à peine un masque de pâleur.

Le vieil espoir d'aimer s'efface fleur à fleur,
Et nous voici déjà plus tristes d'une année,
Ombres lasses d'aller par la forêt fanée
Où l'un à l'autre fut un songe de pâleur

Pour avoir vu l'Été mourir, et comme lui
Lourds du regret des soirs où notre amour a lui
En prestiges de fleurs, d'étoiles et de fleuves,

Nous voilà, miroirs d'un même songe pâli,
Emporter le regret d'être les âmes veuves
Que rend douces l'une à l'autre le double Oubli.

VII

Les violons chantent derrière le décor
Où la vigne en treillis grimpe à quelque terrasse,
Et la fille du roi regarde ce qui passe,
Accoudée au balustre en son corsage d'or.

Les violons déjà chantent un pleur d'accord,
La musique déjà plus lointaine s'efface
Dans l'assourdissement de la forêt vorace
Et vers l'occident clair un écho vibre encor !

Et deux amours se sont croisés. Le rêve et l'âme
Du baladin errant et de la pâle Dame
Se sont joints, et chacun de cette heure a gardé,

Elle la louange que le passant a dite,
Et lui, sur sa perruque et sur son front fardé,
Le signe rayonnant d'une Étoile insolite.

Sonnets

છા

« *Je songe aux autres...* »

Je songe aux autres...

Qu'est-il advenu de leurs soirs, là-bas, dans l'ombre, là-bas ?
Qu'est-il advenu de leurs pas ?
De sa face hautaine ou de son âme haute,
De l'orgueil d'un ou du rire d'un autre ?
Où les a menés le malheur ou la faute ?
Qu'est-il advenu d'eux, dans leurs soirs, là-bas,
De leur douleur, de leur tristesse, de la vôtre,
Vous l'un de ceux-là et vous l'autre,
Qu'est-il advenu de vos pas ?

J'entends des flèches dans le vent
Et des larmes dans le silence.
Qu'est-il de vos destins dans les couchers en sang ?
Au fond des mornes ciels de cendres et de vent,
Votre face s'est-elle vue à la fontaine,
Eaux sans jouvence,
Où l'on s'apparaît à soi-même ?

On heurte là-bas à des portes
Et j'entends qu'on mendie au coin des carrefours ;
Mon soir est inquiet de vos jours ;
J'entends des voix basses et des voix fortes,
Celle qui prie et qui gourmande, et tour à tour,
Comme vivantes et comme mortes
Au fond des jours.

A-t-il trouvé la clef, a-t-il ouvert la porte,
Joie ou Douleur, qui fut l'hôtesse ?

S'il est advenu de leurs soirs
Ce qui advint de leurs espoirs...

Que la Nuit vienne sur nos soirs.

316

« J'ai vu fleurir ce soir... »

J'ai vu fleurir ce soir des roses à ta main ;
Ta main pourtant est vide et semble inanimée ;
Je t'écoute comme marcher sur le chemin ;
Et tu es là pourtant et la porte est fermée.

J'entends ta voix, mon frère, et tu ne parles pas ;
L'horloge sonne une heure étrange que j'entends
Venir et vibrer jusques à moi de là-bas...
L'heure qui sonne est une heure d'un autre temps.

Elle n'a pas sonné, ici, dans la tristesse,
Il me semble l'entendre ailleurs et dans ta joie,
Et plus l'obscurité de la chambre est épaisse,
Mieux il me semble qu'en la clarté je te voie.

L'ombre scelle d'un doigt les lèvres du silence ;
Je vois fleurir des fleurs de roses à ta main,
Et par delà ta vie autre et comme d'avance
De grands soleils mourir derrière ton Destin.

ॐ

« Il n'est plus rien de tout cela... »

Il n'est plus rien de tout cela qui fut mon heure,
Ma Tristesse et mon Jour, ma Joie et mon Année ;
Il n'y a pas une fontaine qui pleure
Au bout d'aucune allée
En face des fenêtres de ma demeure
Dont la façade est close et la porte scellée,

317

Et sur nul cadran mort une aiguille obstinée
Ne marque d'heure.

Le Triton d'or croupit en bronze dans l'eau noire,
La mousse engaine les statues,
L'écho se paralyse aux voix qui se sont tues,
Le livre se confond en grimoire,
Les vivants deviennent des ombres,
Les roses ont refleuri noires,
Le passé dort sous ses décombres,
Le souvenir s'effeuille et la tristesse est nue
Et tu marcherais là comme dans ma mémoire.
Aucune fontaine ne pleure
Au bout d'aucune allée.
Ma Vie, où donc es-tu allée ?
Ta face s'apparaît voilée,
Il n'est plus rien de tout cela qui fut ton heure
Et tu es morte et tu es née,
Ma Vie, avec ta Destinée.

Tel qu'en songe

ᐳᐸ

Les gardiennes

Les cygnes du bassin qui s'endorment sur l'eau,
Le vent qui balbutie aux tiges des roseaux,
L'allée où, vers le soir, tombent les feuilles mortes,
Les trois marches du seuil et la clef de la porte,
La petite maison à travers les grands arbres,
La fontaine qui filtre en son auge de marbre
Et toi-même qui t'accoudes à ton métier,

Tout cela : le jardin, la treille, l'espalier,
Ce qui fut notre jour, ce qui fut notre joie,
L'eau qui rêve, le vent qui rit, l'arbre qui ploie,
Et les heures dont tu coupais les longs fils morts,
À mesure, au tranchant de tes clairs ciseaux d'or,
Car c'est entre tes mains que les heures sont mortes,
Rien n'a changé : la clef se rouille sur la porte,
Les bras de l'espalier se crispent de l'attente,
Le cygne est endormi, la fontaine plus lente
S'attarde, et l'eau s'enfeuille en son auge de marbre,
La maison toujours luit à travers les grands arbres,
Car, avant de quitter le seuil de ma mémoire
Pour errer à jamais parmi la forêt noire,
J'ai placé, pleines d'eau et d'huile parfumée,
Près de toi la clepsydre et la lampe allumée.

಄

Odelette

Un petit roseau m'a suffi
Pour faire frémir l'herbe haute
Et tout le pré
Et les doux saules
Et le ruisseau qui chante aussi ;
Un petit roseau m'a suffi
À faire chanter la forêt.

Ceux qui passent l'ont entendu
Au fond du soir, en leurs pensées,
Dans le silence et dans le vent,
Clair ou perdu,
Proche ou lointain...

Ceux qui passent en leurs pensées
En écoutant, au fond d'eux-mêmes,
L'entendront encore et l'entendent
Toujours qui chante.

Il m'a suffi
De ce petit roseau cueilli
À la fontaine où vint l'Amour
Mirer, un jour,
Sa face grave
Et qui pleurait,

Pour faire pleurer ceux qui passent
Et trembler l'herbe et frémir l'eau :
Et j'ai, du souffle d'un roseau,
Fait chanter toute la forêt.

ℬ

Odelette IV

Si j'ai parlé
De mon amour, c'est à l'eau lente
Qui m'écoute quand je me penche
Sur elle ; si j'ai parlé
De mon amour, c'est au vent
Qui rit et chuchote entre les branches ;
Si j'ai parlé de mon amour, c'est à l'oiseau
Qui passe et chante
Avec le vent ;
Si j'ai parlé,
C'est à l'écho.

Si j'ai aimé de grand amour,
Triste ou joyeux,
Ce sont tes yeux ;
Si j'ai aimé de grand amour,
Ce fut ta bouche grave et douce,
Ce fut ta bouche ;
Si j'ai aimé de grand amour,
Ce furent ta chair tiède et tes mains fraîches.
Et c'est ton ombre que je cherche.

Les Jeux rustiques et divins

℘

Portrait double

L'époque fut païenne, idolâtre et lascive
En ce siècle impudique où naquit sa beauté,
Et son torse divin sur lui n'a pas porté
Le corsage hypocrite où la gorge est captive.

Le peintre, par deux fois, d'un pinceau qui s'avive
Au ton de l'incarnat d'un modèle vanté,
Sur la toile a repeint ce beau corps et tenté
Qu'en un double portrait sa grâce se survive.

Dans l'un elle est assise et caresse son sein
Dont le ferme contour a l'antique dessin
De la coupe où ses doigts effeuillent une rose ;

Mais dans l'autre, plus belle, elle m'est apparue,
Statue entière où frise un angle d'ombre fauve
Car elle y est debout et rit d'y être nue.

Contraste

La chair tiède où le sang gonfle, anime et nourrit
Ta peau voluptueuse et souple qu'il colore
D'une rougeur de pêche et d'un reflet d'aurore,
T'a faite, en ton corps, femme et femme par l'esprit.

Ton oreille est docile et ta bouche sourit
À toute la nature odorante et sonore,
Et ta jeune beauté semble toujours éclore,
Sensible à ce qui naît, chante, embaume et fleurit ;

Mais Elle, taciturne à jamais, la Statue
Qui, immobile au bronze, attentive, s'est tue,
Semble écouter en elle et méditer tout bas,

Dans le métal durci qui moule sa stature
Et la dresse debout et se croisant les bras,
Le secret anxieux de la matière obscure.

Les Médailles d'argile

ജ

À Stéphane Mallarmé

Ceux-ci, las dès l'aurore et que tente la vie,
S'arrêtent pour jamais sous l'arbre qui leur tend
Sa fleur délicieuse et son fruit éclatant
Et cueillent leur destin à la branche mûrie.

Ceux-là, dans l'onyx dur et que la veine strie,
Après s'être penchés sur l'eau les reflétant
Dans la pierre à son tour et qui déjà l'attend
Figurent le profil de leur propre effigie.

D'autres n'ont rien cueilli et ricanent dans l'ombre
En arrachant l'ortie aux fentes du décombre,
Le triste hibou borgne ulule à leur côté.

Et vous seul ébloui d'une gloire inconnue,
Vous marchez dans la vie et dans la vérité
Vers l'invisible étoile en vous-même apparue.

La Cité des Eaux

ℬ

Edgar Degas

Ton œil inexorable et ta main sans pitié,
Dans le geste, le mouvement, et l'attitude,
Ont poursuivi, pendant cinquante ans d'âpre étude,
Le vrai toujours mobile et toujours épié.

Ce dur précepte, tu ne l'as pas oublié.
Que la chair devant toi se montre et se dénude
Ou que, de mille atours parée, elle s'élude,
Tu dénonces son vain orgueil humilié !

Si bien même, DEGAS, quelque Danseuse ailée
D'un bond aérien tente son envolée,
L'illusion bien vite à ton regard s'éteint,

Car tu sais nous montrer, quand retombe la gaze
Et que pose au tréteau le chausson de satin,
Le poids du corps qui pèse au talon qu'il écrase.

છ

Paul Gauguin

Je vous revois tel que vous étiez, PAUL GAUGUIN,
Le torse large sous votre tricot marin,
Face rude sculptée avec un doigt robuste
Dans une chair puissante, impérieuse et fruste
Où coulait sous la peau le sang de vos aïeux
Incas. je vous revois, Gauguin, je vois vos yeux
Qui semblaient regarder très loin vers quelque rêve
Où déferlait la mer au sable d'une grève.
Vous étiez fort, massif, osseux, tanné, pesant,
Gauguin, moitié pilote et moitié paysan,
Et vous parliez, d'une voix rauque, avec des pauses,
Puis tout à coup, et les paupières demi-closes,
Vous vous taisiez. Alors : récifs, clartés, parfums,
S'évoquait l'Île avec ses femmes aux corps bruns
En leur jeune beauté naïve et sculpturale,
Tahiti la divine et sa lumière australe ;
Vous vous taisiez, et l'on croyait alors soudain
Entendre déferler au rivage lointain
De l'Île heureuse que votre art a faite sienne
Ton flot phosphorescent, Mer Océanienne.

Vestigiae Flammae

Adolphe Retté

Le crépuscule des fleurs

Toute la flore – comme une qui va mourir en plein soleil implacable de midi – du bouton d'or aux plus extravagantes orchidées. Nul être humain, nul animal : le globe est couvert de fleurs – moi, rêveur solitaire au milieu.

Je fais un geste : tout s'assombrit ; le soleil se détache du ciel, dégringole et s'enfuit, étoile filante de moins en moins visible. Il stagne un jour lie-de-vin ; les fleurs se teignent de nuances sombrement violettes. – J'essaie de cueillir un bouquet : chaque corolle perd sa tige, se désagrège, tombe en fine poudre…

Je ferme les yeux : un jour verdâtre filtre ; les fleurs pâlissent, pâlissent ; les voici blanches, aux tons de cire, cadavéreuses. Des ailes sans corps s'ouvrent et se ferment – silencieusement…

Je rouvre les yeux : des cyclones géants, grondants, circulent, fauchent les fleurs, les emportent en une valse furibonde. Les cyclones se groupent en un qui vient à moi et me balaie. Je tourne, je tourne d'une vitesse folle : les molécules de mon corps se disjoignent et se muent en pâles pétales pulvérisés…

Puis une sphère de fleurs – blanches, si glacées, sans parfums – gravite – et moi, solitaire – par-delà les planètes, vers la voie lactée, serpent qui se mord la queue ; elle nous cerne de neuf cercles concentriques et tourne elle-même, en sens inverse de notre mouvement, si rapidement qu'elle semble immobile. L'espace et le temps sont abolis : froid pérennel, blancheur virante ; moi, incorporelle entité…

Tout s'arrête ; je retombe – je reviens de millions de lieues…

Trois heures du matin sonnent ; les meubles craquent bizarrement ; la glace reflète un bouquet de chrysanthèmes qui se fane, épars sur le marbre de la cheminée.

ဆ

Épilogue
(extraits)

I

Naguère, les soucis ondulaient en plaintes de hautbois,
Velours ! et tel sanglot – rires virides qui s'éploient –
Triomphait d'une Isis adorablement grêle
Gloire d'un parc bleuâtre où roucoulent des tourterelles.

Vers l'azur étrange vibrant d'oiseaux fous de blancheur,
Vers la nue, ombre fatidique et geste de géant
    Chassant un vain tumulte d'heures,
Isis, jadis déesse, tu pâlis et c'est, ton cœur,
Le parc des lys flétris et des pavots saignants.

Quelle année ! – c'est donc fini cette féerie ?
Quoi l'hiver, tout l'hiver embrume notre front ?
Voici venir la vie sans ailes et la grise raison ;
Mes yeux s'ennuient : ah ! c'est fini la comédie !

Comme un qui s'est penché sur mon âme, j'y vois
    Sombrer des tartanes désemparées
    Et mille étendards d'autrefois
    S'effilent dans l'eau fanée ;
    Comme un qui leurre l'avenir,

Comme un qui craint l'aube de demain, je me mémore
Les bleus jardins du doux rien faire et du dormir
　　Où des Chimères crachaient de l'or
　　Dans le sang figé des porphyres...
« Quoi notre Isis, reine d'hier, il faudra donc l'ensevelir ? »

　　« Tais-toi, laisse en paix ces poussières
　　C'est le Passé, te dis-je, le Passé ;
　　Ne sois pas celui qu'une ombre exaspère –
Et si ton âme a froid, si ton âme se traîne et veut oublier :
Voici Circé rieuse et son philtre opiacé. »
« Ah ! boire... ah ! m'enfuir encore aux pourpres d'un rêve
　　　　　　　　　　　　　　　　　　　　　d'aurore –
Mais non : c'est bien dès lors que je suis mort. »

Thulé des brumes

ຊໆ

Anadyomène

Mes goélands altiers envolés sur la mer
Trempaient leur aile pâle en l'écume des vagues,
Et vers toi mon rêve, à travers le vent amer,
Sanglotait pour avoir adoré tes yeux vagues.

L'aurore en fleurs et les printemps de la floride
Ont parfumé les flots qui te sacrent divine,
Anadyomène, radieuse Océanide
Dont les yeux dorment, lourds d'une ivresse divine.

La mer était harmonieuse et toi, sa fille,
Tu vins tressant des lys mollement inclinés ;

Le soleil s'exilait tel un roi détrôné –
Mais la mer souriait comme une jeune fille.

Or tes yeux – songes d'or, d'ombre et de volupté –
Reflétèrent la mer et le soleil saignant :
Farouche, tu régnais sur mes soirs frémissants,
Vénus Anadyomène, immense Volupté !

L'Archipel en fleurs

Arthur Rimbaud

Voyelles

A noir, E blanc, I rouge, V vert, O bleu : voyelles,
Je dirai quelque jour vos naissances latentes :

A, noir corset velu des mouches éclatantes
Qui bombinent autour des puanteurs cruelles,

Golfes d'ombre ; E, candeurs des vapeurs et des tentes,
Lances des glaciers fiers, rois blancs, frissons d'ombelles ;
I, pourpres, sang craché, rire des lèvres belles
Dans la colère ou les ivresses pénitentes ;

U, cycles, vibrements divins des mers virides,
Paix des pâtis semés d'animaux, paix des rides
Que l'alchimie imprime aux grands fronts studieux ;

Ô, suprême Clairon plein des strideurs étranges,
Silences traversés des Mondes et des Anges :
– Ô l'Oméga, rayon violet de Ses Yeux !

&

Le bateau ivre

Comme je descendais des Fleuves impassibles,
Je ne me sentis plus guidé par les haleurs :
Des Peaux-Rouges criards les avaient pris pour cibles,
Les ayant cloués nus aux poteaux de couleurs.

J'étais insoucieux de tous les équipages,
Porteur de blés flamands ou de cotons anglais.
Quand avec mes haleurs ont fini ces tapages,
Les Fleuves m'ont laissé descendre où je voulais.

Dans les clapotements furieux des marées,
Moi, l'autre hiver, plus sourd que les cerveaux d'enfants,
Je courus ! Et les Péninsules démarrées
N'ont pas subi tohu-bohus plus triomphants.

La tempête a béni mes éveils maritimes.
Plus léger qu'un bouchon j'ai dansé sur les flots
Qu'on appelle rouleurs éternels de victimes,
Dix nuits, sans regretter l'œil niais des falots !

Plus douce qu'aux enfants la chair des pommes sûres,
L'eau verte pénétra ma coque de sapin
Et des taches de vins bleus et des vomissures
Me lava, dispersant gouvernail et grappin.

Et dès lors, je me suis baigné dans le Poème
De la Mer, infusé d'astres, et lactescent,
Dévorant les azurs verts ; où, flottaison blême
Et ravie, un noyé pensif parfois descend ;

Où, teignant tout à coup les bleuités, délires
Et rythmes lents sous les rutilements du jour,
Plus fortes que l'alcool, plus vastes que nos lyres,
Fermentent les rousseurs amères de l'amour !

Je sais les cieux crevant en éclairs, et les trombes
Et les ressacs et les courants : je sais le soir,
L'Aube exaltée ainsi qu'un peuple de colombes,
Et j'ai vu quelquefois ce que l'homme a cru voir !

J'ai vu le soleil bas, taché d'horreurs mystiques,
Illuminant de longs figements violets,

330

Pareils à des acteurs de drames très antiques
Les flots roulant au loin leurs frissons de volets !

J'ai rêvé la nuit verte aux neiges éblouies,
Baiser montant aux yeux des mers avec lenteurs,
La circulation des sèves inouïes,
Et l'éveil jaune et bleu des phosphores chanteurs !

J'ai suivi, des mois pleins, pareille aux vacheries
Hystériques, la houle à l'assaut des récifs,
Sans songer que les pieds lumineux des Maries
Pussent forcer le mufle aux Océans poussifs !

J'ai heurté, savez-vous, d'incroyables Florides
Mêlant aux fleurs des yeux de panthères à peaux
D'hommes! Des arcs-en-ciel tendus comme des brides
Sous l'horizon des mers, à de glauques troupeaux !

J'ai vu fermenter les marais énormes, nasses
Où pourrit dans les joncs tout un Léviathan !
Des écroulements d'eau au milieu des bonaces,
Et les lointains vers les gouffres cataractant !

Glaciers, soleils d'argent, flots nacreux, cieux de braises !
Échouages hideux au fond des golfes bruns
Où les serpents géants dévorés des punaises
Choient, des arbres tordus, avec de noirs parfums !

J'aurais voulu montrer aux enfants ces dorades
Du flot bleu, ces poissons d'or, ces poissons chantants.
– Des écumes de fleurs ont bercé mes dérades
Et d'ineffables vents m'ont ailé par instants.

Parfois, martyr lassé des pôles et des zones,
La mer dont le sanglot faisait mon roulis doux
Montait vers moi ses fleurs d'ombre aux ventouses jaunes
Et je restais, ainsi qu'une femme à genoux...

Presque île, ballottant sur mes bords les querelles
Et les fientes d'oiseaux clabaudeurs aux yeux blonds.
Et je voguais, lorsqu'à travers mes liens frêles
Des noyés descendaient dormir, à reculons !

Or moi, bateau perdu sous les cheveux des anses,
Jeté par l'ouragan dans l'éther sans oiseau,
Moi dont les Monitors et les voiliers des Hanses
N'auraient pas repêché la carcasse ivre d'eau ;

Libre, fumant, monté de brumes violettes,
Moi qui trouais le ciel rougeoyant comme un mur
Qui porte, confiture exquise aux bons poètes,
Des lichens de soleil et des morves d'azur ;

Qui courais, taché de lunules électriques,
Planche folle, escorté des hippocampes, noirs,
Quand les juillets faisaient crouler à coups de triques
Les cieux ultramarins aux ardents entonnoirs ;

Moi qui tremblais, sentant geindre à cinquante lieues
Le rut des Béhémots et les Maelstroms épais,
Fileur éternel des immobilités bleues,
Je regrette l'Europe aux anciens parapets !

J'ai vu des archipels sidéraux ! et des îles
Dont les cieux délirants sont ouverts au vogueur :
– Est-ce en ces nuits sans fonds que tu dors et t'exiles,
Million d'oiseaux d'or, ô future Vigueur ?

Mais, vrai, j'ai trop pleuré ! Les Aubes sont navrantes.
Toute lune est atroce et tout soleil amer :
L'âcre amour m'a gonflé de torpeurs enivrantes.
Ô que ma quille éclate ! Ô que j'aille à la mer !

Si je désire une eau d'Europe, c'est la flache
Noire et froide où vers le crépuscule embaumé

Un enfant accroupi plein de tristesses, lâche
Un bateau frêle comme un papillon de Mai.

Je ne puis plus, baigné de vos langueurs, ô lames,
Enlever leur sillage aux porteurs de cotons,
Ni traverser l'orgueil des drapeaux et des flammes,
Ni nager sous les yeux horribles des pontons.

℅

Vénus Anadyomène

Comme d'un cercueil vert en fer blanc, une tête
De femme à cheveux bruns fortement pommadés
D'une vieille baignoire émerge, lente et bête,
Avec des déficits assez mal ravaudés ;

Puis le col gras et gris, les larges omoplates
Qui saillent ; le dos court qui rentre et qui ressort ;
Puis les rondeurs des reins semblent prendre l'essor ;
La graisse sous la peau paraît en feuilles plates ;

L'échine est un peu rouge, et le tout sent un goût
Horrible étrangement ; on remarque surtout
Des singularités qu'il faut voir à la loupe...

Les reins portent deux mots gravés : *Clara Venus* ;
– Et tout ce corps remue et tend sa large croupe
Belle hideusement d'un ulcère à l'anus.

℅

Tête de faune

Dans la feuillée, écrin vert taché d'or,
Dans la feuillée incertaine et fleurie
De fleurs splendides où le baiser dort,
Vif et crevant l'exquise broderie,

Un faune effaré montre ses deux yeux
Et mord les fleurs rouges de ses dents blanches.
Brunie et sanglante ainsi qu'un vin vieux,
Sa lèvre éclate en rires sous les branches.

Et quand il a fui – tel qu'un écureuil –
Son rire tremble encore à chaque feuille,
Et l'on voit épeuré par un bouvreuil
Le Baiser d'or du Bois, qui se recueille.

ം

Oraison du soir

Je vis assis, tel qu'un ange aux mains d'un barbier,
Empoignant une chope à fortes cannelures,
L'hypogastre et le col cambrés, une Gambier
Aux dents, sous l'air gonflé d'impalpables voilures.

Tels que les excréments chauds d'un vieux colombier,
Mille Rêves en moi font de douces brûlures :
Puis par instants mon cœur triste est comme un aubier
Qu'ensanglante l'or jeune et sombre des coulures.

Puis, quand j'ai ravalé mes rêves avec soin,
Je me tourne, ayant bu trente ou quarante chopes,
Et me recueille, pour lâcher l'âcre besoin :

Doux comme le Seigneur du cèdre et des hysopes,
Je pisse vers les cieux bruns, très haut et très loin,
Avec l'assentiment des grands héliotropes.

Poésies

છ

Après le Déluge

Aussitôt que l'idée du Déluge se fut rassise,
Un lièvre s'arrêta dans les sainfoins et les clochettes
mouvantes et dit sa prière à l'arc-en-ciel à travers la toile
de l'araignée.

Oh ! les pierres précieuses qui se cachaient, – les fleurs
qui regardaient déjà.

Dans la grande rue sale les étals se dressèrent, et l'on tira
les barques vers la mer étagée là-haut comme sur les
gravures.

Le sang coula, chez Barbe-Bleue, – aux abattoirs, – dans
les cirques, où le sceau de Dieu blêmit les fenêtres. Le sang
et le lait coulèrent.

Les castors bâtirent. Les « mazagrans » fumèrent dans
les estaminets.

Dans la grande maison de vitres encore ruisselante les
enfants en deuil regardèrent les merveilleuses images.

Une porte claqua, – et sur la place du hameau, l'enfant
tourna ses bras, compris des girouettes et des coqs des
clochers de partout, sous l'éclatante giboulée.

335

Madame*** établit un piano dans les Alpes. La messe et les premières communions se célébrèrent aux cent mille autels de la cathédrale.

Les caravanes partirent. Et le Splendide-Hôtel fut bâti dans le chaos de glaces et de nuit du pôle.

Depuis lors, la Lune entendit les chacals piaulant par les déserts de thym, – et les églogues en sabots grognant dans le verger. Puis, dans la futaie violette, bourgeonnante, Eucharis me dit que c'était le printemps.

Sourd, étangs, – Écume, roule sur le pont et par-dessus les bois ; – draps noirs et orgues, – éclairs et tonnerre, – montez et roulez ; – Eaux et tristesses, montez et relevez les Déluges.

Car depuis qu'ils sont dissipés, – oh les pierres précieuses s'enfouissant, et les fleurs ouvertes ! – c'est un ennui ! et la Reine, la Sorcière qui allume sa braise dans le pot de terre, ne voudra jamais nous raconter ce qu'elle sait, et que nous ignorons.

☙

Parade

Des drôles très solides. Plusieurs ont exploité vos mondes. Sans besoins, et peu pressés de mettre en œuvre leurs brillantes facultés et leur expérience de vos consciences. Quels hommes mûrs ! Des yeux hébétés à la façon de la nuit d'été, rouges et noirs, tricolores, d'acier piqué d'étoiles d'or ; des faciès déformés, plombés, blêmis, incendiés ; des enrouements folâtres ! La démarche cruelle des oripeaux ! – Il y a quelques jeunes, – comment regarderaient-ils Chérubin ? – pourvus de voix effrayantes et de quelques ressources dangereuses. On les envoie prendre du dos en ville, affublés d'un *luxe* dégoûtant.

336

Ô le plus violent Paradis de la grimace enragée ! Pas de comparaison avec vos Fakirs et les autres bouffonneries scéniques. Dans des costumes improvisés avec le goût du mauvais rêve ils jouent des complaintes, des tragédies de malandrins et de demi-dieux spirituels comme l'histoire ou les religions ne l'ont jamais été. Chinois, Hottentots, bohémiens, niais, hyènes, Molochs, vieilles démences, démons sinistres, ils mêlent les tours populaires, maternels, avec les poses et les tendresses bestiales. Ils interpréteraient des pièces nouvelles et des chansons « bonnes filles ». Maîtres jongleurs, ils transforment le lieu et les personnes et usent de la comédie magnétique. Les yeux flambent, le sang chante, les os s'élargissent, les larmes et des filets rouges ruissellent. Leur raillerie ou leur terreur dure une minute, ou des mois entiers.

J'ai seul la clef de cette parade sauvage.

Illuminations

Georges Rodenbach

Vieux quais

Il est une heure exquise à l'approche des soirs,
Quand le ciel est empli de processions roses
Qui s'en vont effeuillant des âmes et des roses
Et balançant dans l'air des parfums d'encensoirs.

Alors, tout s'avivant sous les lueurs décrues
Du couchant dont s'éteint peu à peu la rougeur,
Un charme se révèle aux yeux las du songeur :
Le charme des vieux murs au fond des vieilles rues.

Façades en relief, vitraux coloriés,
Bandes d'Amours captifs dans le deuil des cartouches,
Femmes dont la poussière a défleuri les bouches,
Fleurs de pierre égayant les murs historiés.

Le gothique noirci des pignons se décalque
En escaliers de crêpe au fil dormant de l'eau,
Et la lune se lève au milieu d'un halo
Comme une lampe d'or sur un grand catafalque.

Oh ! les vieux quais dormants dans le soir solennel,
Sentant passer soudain sur leurs faces de pierre
Les baisers et l'adieu glacé de la rivière
Qui s'en va tout là-bas sous les ponts en tunnel.

Oh ! les canaux bleus à l'heure où l'on allume
Les lanternes, canaux regardés des amants
Qui devant l'eau qui passe échangent des serments
En entendant gémir des cloches dans la brume.

Tout agonise et tout se tait : on n'entend plus
Qu'un très mélancolique air de flûte qui pleure,
Seul, dans quelque invisible et noirâtre demeure
Où le joueur s'accoude aux châssis vermoulus !

Et l'on devine au loin le musicien sombre,
Pauvre, morne, qui joue au bord croulant des toits ;
La tristesse du soir a passé dans ses doigts,
Et dans sa flûte à trous il fait chanter de l'ombre.

℘

Seul

Vivre comme en exil, vivre sans voir personne
Dans l'immense abandon d'une ville qui meurt,
Où jamais l'on n'entend que la vague rumeur
D'un orgue qui sanglote ou du Beffroi qui sonne.

Se sentir éloigné des âmes, des cerveaux
Et de tout ce qui porte au front un diadème ;
Et, sans rien éclairer, se consumer soi-même
Tel qu'une lampe vaine au fond de noirs caveaux.

Être comme un vaisseau qui rêvait d'un voyage
Triomphal et joyeux vers le rouge équateur
Et qui se heurte à des banquises de froideur
Et se sent naufrager sans laisser un sillage.

Oh ! vivre ainsi ! tout seul, tout seul ! voir se flétrir
La blanche floraison de son Âme divine,
Dans le dédain de tous et sans qu'aucun devine,
Et seul, seul, toujours seul, se regarder mourir !

La Jeunesse blanche

Au fil de l'âme

I

Ne plus être qu'une âme au cristal aplani
Où le ciel propagea ses calmes influences ;
Et, transposant en soi des sons et des nuances,
Mêler à leurs reflets une part d'infini.
Douceur ! c'est tout à coup une plainte de flûte
Qui dans cette eau de notre âme se répercute ;
Là meurt une fumée ayant des bleus d'encens...
Ici chemine un bruit de cloche qui pénètre
Avec un glissement de béguine ou de prêtre,
Et mon âme s'emplit des roses que je sens...
Au fil de l'âme flotte un chant d'épithalame ;
Puis je reflète un pont debout sur des bruits d'eaux
Et des lampes parmi les neiges des rideaux...
Que de reflets divers mirés au fil de l'âme !
Mais n'est-ce pas trop peu ? n'est-ce pas anormal
Qu'aucun homme ne soit arrivé de la ville
Pour ajouter sa part, de mirage amical
Aux Choses en reflets dans notre âme tranquille ?
Nulle présence humaine et nul visage au fil
De cette âme qui n'a reflété que des cloches.
Ah ! se sentir tout à coup la tiédeur d'un profil,
Des yeux posés sur toi, des lèvres vraiment proches...
Fraternelle pitié d'un passant dans le soir
Par qui l'on n'est pas seul, par qui vit le miroir !

II

On dirait d'une ville en l'âme se mirant
Avec des peupliers sur les bords, soupirant
Sans qu'on puisse savoir, par un subtil triage,
Si, dans l'eau qui gémit, c'est le bruit du feuillage
Ou si l'eau se lamente avec sa propre voix.

On dirait d'une ville aux innombrables toits...
– C'est triste, toutes ces fenêtres éclairées
Au bord de l'âme, au bord de l'eau – tristes soirées !
Triste ville de songe en l'âme s'encadrant
Qui pensivement porte un clocher et l'enfonce
Dans cette eau sans refus que son mirage fonce ;
Et voici qu'à ce fil de l'âme le cadran
Fond et se change en un clair de lune liquide...
Le cadran, or et noir, a perdu sa clarté ;
Le temps s'est aboli sur l'orbe déjà vide
Et dans l'âme sans heure on vit d'éternité.

III

Mon âme a pris la lune heureuse pour exemple.
Elle est là-haut, couleur de ruche, avec les yeux
Calmes et dilatés dans sa face très ample.
Or mon âme, elle aussi, dans un ciel otieux,
Toute aux raffinements que son caprice crée,
N'aime plus que sa propre atmosphère nacrée.
Qu'importe, au loin la vie et sa vaste rumeur...
Mon âme, où tout désir se décolore et meurt,
N'a vraiment plus souci que d'elle et ne prolonge
Rien d'autre que son songe et son divin mensonge
Et ne regarde plus que son propre halo.
Ainsi, du haut du ciel, sans remarquer la ville
Ni les tours, ni les lis dans le jardin tranquille,
La lune se contemple elle-même dans l'eau !

Le Règne du silence

છ૭

Aquarium mental

I

L'eau sage s'est enclose en des cloisons de verre
D'où le monde lui soit plus vague et plus lointain ;
Elle est tiède, et nul vent glacial ne l'aère ;
Rien d'autre ne se mire en ces miroirs sans tain
Où, seule, elle se fait l'effet d'être plus vaste
Et de se prolonger soi-même à l'infini !
D'être recluse, elle s'épure, devient chaste,
Et son sort à celui du verre s'est uni,
Pour n'être ainsi qu'un seul sommeil moiré de rêves !
Eau de l'aquarium, nuit glauque, clair-obscur,
Où passe la pensée en apparences brèves
Comme les ombres d'un grand arbre sur un mur.
Tout est songe, tout est solitude et silence
Parmi l'aquarium, pur d'avoir renoncé,
Et même le soleil, de son dur coup de lance,
Ne fait plus de blessure à son cristal foncé.
L'eau désormais est toute au jeu des poissons calmes.
Éventant son repos de leurs muettes palmes ;
L'eau désormais est toute aux pensifs végétaux,
Dont l'essor, volontiers captif, se ramifie,
Qui, la brodant comme de rêves, sont sa vie
Intérieure, et sont ses canevas mentaux.
Et, riche ainsi pour s'être enclose, l'eau s'écoute
À travers les poissons et les herbages verts ;
Elle est fermée au monde et se possède toute
Et nul vent ne détruit son fragile univers.

II

L'aquarium où le regard descend et plonge
Laisse voir toute l'eau, non plus en horizon,
Mais dans sa profondeur, son infini de songe,

Sa vie intérieure, à nu sous la cloison.
Ah ! plus la même, et tout autre qu'à la surface !

D'ordinaire l'eau veille, horizontale, au loin.
On la dirait vouée à ce seul subtil soin
D'être impressionnable au vent léger qui passe ;
De ne vouloir qu'être un clavier pour les roseaux ;
Et ne vouloir qu'être un hamac pour les oiseaux,
Grâce aux mailles que font les branches réfléchies ;
Et ne vouloir qu'être un miroir silencieux
Où les étoiles sont tout à coup élargies ;
Et surtout ne vouloir, dans son calme otieux,
Que s'orner de reflets, de couleurs accueillies,
Fard délayé du visage des Ophélies !

Vains jeux ! Ils sont la vie apparente de l'eau,
Une identité feinte, un vague maquillage...

Mais dans l'aquarium s'assagit l'eau volage
Qui s'isole parmi des moires en halo.
Le mystère est à nu, qu'on ne soupçonnait guère !
C'est l'âme enfin de l'eau qui se dévoile ici :
Fourmillement fiévreux sous le cristal transi ;
Zones où de gluants monstres se font la guerre ;
Végétation fine, herbes, perles, lueurs ;
Et cauteleux poissons doucement remueurs ;
Et gravier supportant quelque rose actinie,
Dont on ne sait si c'est un sexe ou un bijou ;
Et ces bulles sans but, venant on ne sait d'où,
Dont se constelle et se brode l'eau trop unie
Comme s'il tombait un chapelet d'argent !

Ah ! tout, ce que le glauque aquarium enchâsse !
Ici l'eau n'est pas toute à la vie en surface,
À n'être qu'un écran docile s'imageant...
La voici, recueillie, en sa maison de verre
N'aimant plus que ce qui, dans elle, verdoie, erre
Et lui fait au dedans un Univers meilleur !

Ainsi mon âme, seule, et que rien n'influence !
Elle est, comme en du verre, enclose en du silence,
Toute vouée à son spectacle intérieur,
À sa sorte de vie intime et sous-marine,
Où des rêves ont lui dans l'eau tout argentine.
Et que lui fait alors la Vie ? Et qu'est-ce encor
Ces reflets de surface, éphémère décor ?

III

Ophélie a laissé sombrer à pic ses nattes
Qui se sont peu à peu tout à fait dénouées ;
Ses yeux ouverts sur l'eau sont comme deux stigmates ;
Ses mains pâles sont si tristement échouées ;
Pourtant elle sourit, sentant sur son épaule
Ruisseler tout à coup sa chevelure immense,
Qui la fait ressembler au mirage d'un saule.
« Suis-je ou ne suis-je pas ? » a songé sa démence...
Les cheveux d'Ophélie envahissent l'eau grise,
Tumulte inextricable où sa tête s'est prise ;
Est-ce le lin d'un champ, est-ce sa chevelure,
L'embrouillamini vert qui rouit autour d'elle ?
Ophélie étonnée a tâché de conclure :
« Suis-je ou ne suis-je pas ? » songe-t-elle, fidèle
Au souvenir des mots d'Hamlet, seigneur volage.

Ses cheveux maintenant se nouent comme un feuillage
Qui jusqu'au bout de l'eau, sans fin, se ramifie.
Ophélie est trop morte, elle se liquéfie...
Les bagues ont quitté ses mains devenant nulles,
Ses derniers pleurs à la surface font des bulles ;
Ses beaux yeux, délogés des chairs qui sont finies,
Survivent seuls, au fond, comme deux actinies.

Et ses cheveux verdis, dont la masse persiste
Dans les herbes aquatiques qui leur ressemblent,
Sont si dénaturés, d'avoir trempé qu'ils semblent
Un fouillis végétal issu de cette eau triste.

344

IV

L'aquarium est si bleuâtre, si lunaire ;
Fenêtre d'infini, s'ouvrant sur quel jardin ?
Miroir d'éternité dont le ciel est le tain.
Jusqu'où s'approfondit cette eau visionnaire,
Et jusqu'à quel recul va-t-elle prolongeant
Son azur ventilé par des frissons d'argent ?
C'est comme une atmosphère en fleur de serre chaude...
De temps en temps, dans le silence, l'eau se brode
Du passage d'un lent poisson entr'aperçu,
Qui vient, oblique, part, se fond, devient fluide ;
Fusain vite effacé sur l'écran qui se vide,
Ébauche d'un dessin mort-né sur un tissu.
Car le poisson s'estompe, entre dans une brume,
Pâlit de plus en plus, devient presque posthume.
Traînant comme des avirons émaciés
Ses nageoires qui sont déjà tout incolores.
Départs sans nul sillage, avec peine épiés,
Comme celui des étoiles dans les aurores.
Quel charme amer ont les choses qui vont finir !
Et n'est-ce pas, ce lent poisson, une pensée
Dont notre âme s'était un moment nuancée
Et qui fuit et qui n'est déjà qu'un souvenir ?

V

Ah ! mon âme sous verre, et si bien à l'abri !
Toute elle appartient dans l'atmosphère enclose ;
Ce qu'elle avait de lie ou de vase dépose ;
Le cristal contigu n'en est plus assombri.
Transparence de l'âme et du verre complice,
Que nul désir n'atteint, qu'aucun émoi ne plisse !
Mon âme s'est fermée et limitée à soi ;
Et, n'ayant pas voulu se mêler à la vie,
S'en épure et de plus en plus se clarifie,
Âme déjà fluide où cesse tout émoi ;

Mon âme est devenue aquatique et lunaire ;
Elle est toute fraîcheur, elle est toute clarté,
Et je vis comme si mon âme avait été
De la lune et de l'eau qu'on aurait mis sous verre.

Les Vies encloses

Fidèle souvenance

I

J'ai dans ma vie un lieu joli,
Un joli lieu d'intime amour et de fête
Secrète :
Un pan de ciel, avec un pli,
Des feuilles vertes sur la tête,
Des feuilles mortes sous les pieds, un joli
Lien d'Amour grand comme un lit
De fillette.

Au loin sur la mer une voile partait.

II

J'ai dans ma vie un joli lieu
De rêve doux et de retraite sainte.
Lieu parfumé par les baumes ; un peu de bleu
Vers l'Orient, c'est la forêt et son étreinte
Aux mille bras ; un peu
De vent vers l'Occident, c'est la mer et sa plainte.

Au loin sur la terre une vieille chantait.

III

J'ai dans ma vie un joli
Lieu d'amour dont mon âme est toute pleine.
Refuge cher, tout au loin du vulgaire oubli,
Margelle en fleurs tout au bout d'une plaine,

Puits de fraîcheur où se réfléchit
Le rare éclat d'un regard d'infini
Qui doucement sommeille enseveli
Sous les frissons velus de la Verveine
Bleue et de la blême Marjolaine.

Au loin sur la mer une voile partait.

IV

J'ai dans ma vie une minute d'or
Qui tinta si longtemps, qu'elle retinte encor
En ce lieu si tendre, où je m'enfuis quand je pleure,
Et c'est là, qu'en berçant l'heure
D'autrefois dans un ineffable leurre
Je songe comme on dort,
Et c'est là qu'en dormant, Dieu veuille que je meure !

Au loin sur la terre une vieille chantait.

LA VOIX DES CHOSES

Élu ! qui pour jamais peut en soi maintenir
    L'Idéale grandeur d'un pieux Souvenir.

∽

La chanson de l'oseraie

I

Des longs pleurs dorés de blés qu'on vanne
Pleuvent du crible noir de la nuit,

Et, barré par la croix d'une vanne,
Le linceul de la rivière luit
Au travers de spectres qu'il profile
Et dont semblent les têtes vers lui
Prosterner leurs sanglots à la file.

> Le Râle du vent sourd
> Loure et reloure une houle d'amour.

II

De l'aube rose et de la rosée
Monte un vol, gazouilleur, comme un chœur
De baisers, d'un chevet d'épousée.
Couleur du soleil, couleur de cœur,
Flambe l'osier jaune et violâtre !
Il pétillera de l'or vainqueur,
Cet hiver, dans la bourse et dans l'âtre !

> Le Râle du vent sourd
> Loure et reloure une houle d'amour.

III

Tel qu'un vaste cliquetis d'épées,
Midi vibre en les osiers trembleurs.
Les amants, des cheveux des cépées,
Tresseront, sous leurs doigts cajoleurs,
La Ruche d'usage pour l'abeille,
Ruche offerte au miel des vierges fleurs,
Et pour les noces une corbeille.

> Le Râle du vent sourd
> Loure et reloure une houle d'amour.

IV

A fui l'abeille vers l'oseraie,
Fui la corbeille sans orangers :
Les vieux troncs morts dont le soir s'effraie
Sifflent un bruit de crânes rongés...
Pour baiser, la gouine eut l'étrivière,
Pour collier, trois brins d'osier chargés
D'une pierre, et, pour lit, la rivière !...

Le Râle du vent sourd
Loure et reloure une houle d'amour.

La Mort du Rêve

Maurice Rollinat

Edgar Poe

Edgar Poe fut démon, ne voulant pas être Ange.
Au lieu du Rossignol, il chanta le Corbeau ;
Et dans le diamant du Mal et de l'Étrange
Il cisela son rêve effroyablement beau.

Il cherchait dans le gouffre où la raison s'abîme
Les secrets de la Mort et de l'Éternité,
Et son âme où passait l'éclair sanglant du crime
Avait le cauchemar de la Perversité.

Chaste, mystérieux, sardonique et féroce,
Il raffine l'Intense, il aiguise l'Atroce ;
Son arbre est un cyprès ; sa femme, un revenant.

Devant son œil de lynx le problème s'éclaire :
– Oh ! comme je comprends l'amour de Baudelaire
Pour ce grand Ténébreux qu'on lit en frissonnant !

૪૦

Sonnet à la nuit

Mère des cauchemars amoureux et funèbres,
Madone des voleurs, complice des tripots,
Ô nuit, qui fais gémir les hiboux, tes suppôts,
Dans le recueillement de tes froides ténèbres,

Que tu couvres de poix opaque ou que tu zèbres
Les objets las du jour et friands de repos,
Je t'aime, car tu rends mon esprit plus dispos,
Et tu calmes mon cœur, mon sang et mes vertèbres.

Mais, hélas ! dans ta brume où chancellent mes pas,
Mon regard anxieux devine et ne voit pas ;
Et j'écarquille en vain mes prunelles avides !

Oh ! que n'ai-je les yeux du chacal ou du lynx
Pour scruter longuement les grands spectres livides
Que j'entends palpiter sous ta robe de sphinx !

ॐ

Villanelle du diable

À *Théodore de Banville*

L'Enfer brûle, brûle, brûle.
Ricaneur au timbre clair,
Le Diable rôde et circule.

Il guette, avance ou recule
En zigzags, comme l'éclair ;
L'Enfer brûle, brûle, brûle.

Dans le bouge et la cellule,
Dans les caves et dans l'air
Le Diable rôde et circule.

Il se fait fleur, libellule,
Femme, chat noir, serpent vert ;
L'Enfer brûle, brûle, brûle.

Puis, la moustache en virgule,
Parfumé de vétyver,
Le Diable rôde et circule.

Partout où l'homme pullule,
Sans cesse, été comme hiver,
L'Enfer brûle, brûle, brûle.

De l'alcôve au vestibule
Et sur les chemins de fer
Le Diable rôde et circule.

C'est le Monsieur noctambule
Qui s'en va, l'œil grand ouvert.
L'Enfer brûle, brûle, brûle.

Là, flottant comme une bulle,
Ici, rampant comme un ver,
Le Diable rôde et circule.

Il est grand seigneur, crapule,
Écolier ou magister.
L'Enfer brûle, brûle, brûle.

En toute âme il inocule
Son chuchotement amer :
Le Diable rôde et circule.

Il promet, traite et stipule
D'un ton doucereux et fier,
L'Enfer brûle, brûle, brûle.

Et se moquant sans scrupule
De l'infortuné qu'il perd,
Le Diable rôde et circule.

Il rend le bien ridicule
Et le vieillard inexpert.
L'Enfer brûle, brûle, brûle.

Chez le prêtre et l'incrédule
Dont il veut l'âme et la chair,
Le Diable rôde et circule.

Gare à celui qu'il adule
Et qu'il appelle « mon cher ».
L'Enfer brûle, brûle, brûle.

Ami de la tarentule,
De l'ombre et du chiffre impair,
Le Diable rôde et circule.

– Minuit sonne à ma pendule :
Si j'allais voir Lucifer ? …
L'Enfer brûle, brûle, brûle ;
Le Diable rôde et circule !

ᴔ

Un bohême

Toujours la longue faim me suit comme un recors ;
La ruelle sinistre est mon seul habitacle ;
Et depuis si longtemps que je traîne mes cors,
J'accroche le malheur et je bute à l'obstacle.

Paris m'étale en vain sa houle et ses décors :
Je vais sourd à tout bruit, aveugle à tout spectacle ;
Et mon âme croupit au fond de mon vieux corps
Dont la pâle vermine a fait son réceptacle.

Fantôme grelottant sous mes haillons pourris,
Épave de l'épave et débris du débris,
J'épouvante les chiens par mon aspect funeste !

Je suis hideux, moulu, racorni, déjeté !
Mais je ricane encore en songeant qu'il me reste
Mon orgueil infini comme l'éternité.

Les Névroses

SAINT-POL-ROUX

La pluie purificatrice

Les arrosoirs volants s'épanchent sur la geôle
Où le serpent noua la rogue humanité ;
Sous les orteils divins, c'est comme un vaste saule
Éparpillant ses longs rameaux d'humidité.

Néanmoins, j'ai quitté la tuile maternelle
Et je m'offre sans linge au ciel extravagant ;
Même je fuis l'égide parvule d'une aile,
Ayant soif du pardon que pleure l'ouragan.

Saintes perles de l'altière Mélancolie,
Entreprenez l'âpre lessive des péchés
De cette viande laide autrefois si jolie ;

Et viens, Cygne, au vieux parc de mes os débauchés,
Réaliser le vœu de ma chasuble en pluie
Moyennant le remords de la Ténèbre enfuie !

℅

Message au poète adolescent

Pèlerin magnifique en palmes de mémoire
(Ô tes pieds nus sur le blasphème des rouliers !)
Néglige les crachats épars dans le grimoire
Injuste des crapauds qui te sont des souliers.

356

Enlinceulant ta rose horloge d'existence,
Évoque ton fantôme à la table des fols
Et partage son aigle aux ailes de distance
Afin d'apprivoiser la foi des tournesols.

De là, miséricorde aux bons plis de chaumière
Avec un front de treille et la bouche trémière,
Adopte les vieux loups qui bêlent par les champs

Et régénère leur prunelle douloureuse
Au diamant qui rit dans la houille des temps
Comme l'agate en fleur d'une chatte amoureuse.

ℰↄ

L'araignée qui chante

À Jean de Tinan

De l'absence est en train de se tisser entre nous deux : l'araignée va chanter.

Laisse là ces puérils présages, poëte, et, sans prêter aux bagatelles du dehors l'ouïe, cultive ton sablier.

Notre présent va se casser en deux, ô ma déjà presque voilée, j'hériterai de l'avenir et le passé t'accueillera : l'araignée chante.

Le bonheur c'est d'y croire avec sagesse, or c'est avec folie que tu crois au malheur.

Sagesse, folie, défunts jumeaux de sa lointaine voix, vous me parvenez ainsi qu'un zéro de silence : l'araignée a chanté !

Tablettes

છ

Alouettes

Les coups de ciseaux gravissent l'air.

Déjà le crêpe de mystère que jetèrent les fantômes du vêpre sur la chair fraîche de la vie, déjà le crêpe de ténèbre est entamé sur la campagne et sur la ville.

Les coups de ciseaux gravissent l'air.

Ouïs-tu pas la cloche tendre du bon Dieu courtiser de son tisonnier de bruit les yeux, ces belles-de-jour, les yeux blottis dessous les cendres de la nuit ?

Les coups de ciseaux gravissent l'air.

Surgis donc du somme où comme morts nous sommes, ô Mienne, et pavoise ta fenêtre avec les lis, la pêche et les framboises de ton être.

Les coups de ciseaux gravissent l'air.

Viens-t'en sur la colline où les moulins nolisent leurs ailes de lin, viens-t'en sur la colline de laquelle on voit jaillir des houilles éternelles le diamant divin de la vaste alliance du ciel.

Les coups de ciseaux gravissent l'air.

Du faîte emparfumé de thym, lavande, romarin, nous assisterons, moi la caresse, toi la fleur, à la claire et sombre fête des heures sur l'horloge où loge le destin, et nous regarderons là-bas passer le sourire du monde avec son ombre longue de douleur.

Les coups de ciseaux gravissent l'air.

୧୦

Cigales

À Paul Valéry

Le Temps récite le rosaire du Soleil.

En ces heures couleur de trésor d'église, des joues d'ange que l'on mangera sourient sur les bras verts des candélabres dont les bobèches d'herbe sèche vocalisent. Par les rubans blancs du vallon blond, dont un coteau semble une idylle de Théocrite et l'autre une bucolique de Virgile, viennent et vont des pèlerins en blouse, ceints d'un diadème qui repousse, tenace, malgré la boule de toile moyennant quoi la main tous les vingt pas l'efface, péremptoire. Dans un verger messire Épouvantail bat la mesure au-dessus d'un pupitre aux notes de cerise exécutées sur le fifre par un berger d'ouailles qui bêlent sous un vol vivace d'hirondelles tricotant l'espace. Ce pendant, devant son seuil enjolivé de chèvrefeuilles, un vieillard d'avant-garde aiguise l'annuelle faulx, comme s'il lustrait avecque de la bise une lame de fond.

Le Temps récite le rosaire du Soleil.

୧୦

Sous le carillon de Bruges

Prière à la sainte Ursule de Memling

Dire li on di plan tchi ping dire lang, souris, carillon ;
Mooris Maeterlinck est le prince de Gand ! Dire li an di
plon tchi pang dire ling, muse, carillon ; le roi de Bruges,
c'est Memling !
— « Ô la si blanche fée de l'hospice aux murailles anciennes,
ô la si blonde vierge de la châsse aux couleurs de miracle
et fines lignes d'infini, ô la si bleue voisine de la mystique
épouse du triptyque, ô la si frêle sœur de Mélisande et de
Maleine, sainte Ursule de nacre, poupée du ciel, image
du génie, sainte Ursule, ange et gardienne de la cité morte,
vois, un poète en détresse t'apporte son âme éprouvée par
les péchés du monde, afin que, ce corbeau lavé dans ta
caresse de colombe, il puisse, pèlerin joli, retrouver du
sourire aux choses de la route et, l'œil frais, le front clair,
la foi solide, aborder l'œuvre farouche qui l'espère en les
antres sacrés de la Forêt féconde ! »
Dire li on di plan tchi ping dire lang, souris, carillon ;
Mooris Maeterlinck est le prince de Gand ! Dire li an di
plon tchi pang dire ling, muse, carillon ; le roi de Bruges,
c'est Memling !

Bruges, 3 juin 1895.

∽

L'écho de la caverne

À Édouard Dubus

Pénétrant dans l'énorme escargot de granit comme dans sa conscience, le Pèlerin jeta vers la spirale, sur un ton de panégyrique, ces paroles :

– « Mystère, tu sais bien que ce publicain n'a rien à craindre, l'eau de son âme étant vêtue de cygnes et ses rives enjolivées de flûtes futures ! »

Le miroir de verbe aussitôt rejeta, sur un ton de réquisitoire, ces paroles :

– « Mystère, je sais bien que ce pharisien a tout à craindre, l'eau de son âme étant vêtue de chats pourris et ses rives hérissées de serpents qui sifflent. »

Et le Pèlerin sortit de l'énorme escargot de granit comme de sa conscience.

Ꮍ

Chauves-souris

Mienne, évitons les éteignoirs manipulés par des bras maigres jusqu'à l'invisibilité.

Regarde-les s'évertuer contre les choses de clarté.

Mienne, évitons les éteignoirs manipulés par des bras maigres jusqu'à l'invisibilité.

Les voici sur les yeux des jardins, les voilà sur les fleurs des visages.

Mienne, évitons les éteignoirs manipulés par des bras maigres jusqu'à l'invisibilité.

Si ces bras n'étaient courts, il en serait fait déjà de ce premier essaim d'étoiles.

Mienne, évitons les éteignoirs manipulés par des bras maigres jusqu'à l'invisibilité.

Notre amour étant de la lumière aussi, rentrons vite jouer, paupières closes, à la mort rose, dans le lin du rêve,

Ô Mienne, afin de dépister les éteignoirs manipulés par des bras maigres jusqu'à l'invisibilité.

Mais, d'abord, faisant œuvre de vie c'est-à-dire divine, commençons la fille ou le garçon dont le lointain sourire se devine entre nos caresses que le destin rend une, – et préparons ainsi notre immortalité commune !

La Rose et les épines du chemin

ALBERT SAMAIN

« *Mon âme est une infante...* »

Mon âme est une infante en robe de parade,
Dont l'exil se reflète, éternel et royal,
Aux grands miroirs déserts d'un vieil Escurial,
Ainsi qu'une galère oubliée en la rade.

Aux pieds de son fauteuils, allongés noblement,
Deux lévriers d'Écosse aux yeux mélancoliques
Chassent, quand il lui plaît, les bêtes symboliques
Dans la forêt du Rêve et de l'Enchantement.

Son page favori, qui s'appelle Naguère,
Lui dit d'ensorcelants poèmes à mi-voix,
Cependant qu'immobile, une tulipe aux doigts,
Elle écoute mourir en elle leur mystère...

Le parc alentour d'elle étend ses frondaisons,
Ses marbres, ses bassins, ses rampes à balustres,
Et, grave, elle s'enivre à ces songes illustres
Que recèlent pour nous les nobles horizons.

Elle est là résignée, et douce, et sans surprise,
Sachant trop pour lutter comme tout est fatal,
Et se sentant, malgré quelque dédain natal,
Sensible à la pitié comme l'onde à la brise.

Elle est là résignée, et douce en ses sanglots.
Plus sombre seulement quand elle évoque en songe
Quelque Armada sombrée à l'éternel mensonge,
Et tant de beaux espoirs endormis sous les flots.

Des soirs trop lourds de pourpre où sa fierté soupire,
Les portraits de Van Dyck aux beaux doigts longs et purs
Pâles en velours noir sur l'or vieilli des murs,
En leurs grands airs défunts la font rêver d'empire.

Les vieux mirages d'or ont dissipé son deuil,
Et dans les visions où son ennui s'échappe,
Soudain – gloire ou soleil – un rayon qui la frappe
Allume en elle tous les rubis de l'orgueil.

Mais d'un sourire triste elle apaise ces fièvres ;
Et, redoutant la foule aux tumultes de fer,
Elle écoute la vie – au loin – comme la mer…
Et le secret se fait plus profond sur ses lèvres.

Rien n'émeut d'un frisson l'eau pâle de ses yeux,
Ou s'est assis l'Esprit voilé des Villes mortes ;
Et par les salles, où sans bruit tournent les portes,
Elle va, s'enchantant de mots mystérieux.

L'eau vaine des jets d'eau là-bas tombe en cascade,
Et, pâle à la croisée, une tulipe aux doigts,
Elle est là, reflétée aux miroirs d'autrefois,
Ainsi qu'une galère oubliée en la rade.

Mon Âme est une infante en robe de parade.

∽

Automne

À pas lents, et suivis du chien de la maison,
Nous refaisons la route à présent trop connue.

Un pâle automne saigne au fond de l'avenue
Et des femmes en deuil passent à l'horizon.

Comme dans un préau d'hospice ou de prison,
L'air est calme et d'une tristesse contenue ;
Et chaque feuille d'or tombe, l'heure venue,
Ainsi qu'un souvenir, lente, sur le gazon.

Le silence entre nous marche... Cœurs de mensonges,
Chacun, las du voyage, et mûr pour d'autres songes,
Rêve égoïstement de retourner au port.

Mais les bois ont, ce soir, tant de mélancolie
Que notre cœur s'émeut à son tour et s'oublie
À parler du passé, sous le ciel qui s'endort,

Doucement, à mi-voix, comme d'un enfant mort...

℘

Dilection

Musicienne du silence.
Stéphane Mallarmé

J'adore l'indécis, les sons, les couleurs frêles,
Tout ce qui tremble, ondule, et frissonne, et chatoie,
Les cheveux et les yeux, l'eau, les feuilles, la soie,
Et la spiritualité des formes grêles ;

Les rimes se frôlant comme des tourterelles,
La fumée où le songe en spirales tournoie,

La chambre au crépuscule, où Son profil se noie
Et la caresse de Ses mains surnaturelles ;

L'heure de ciel au long des lèvres câlinée,
L'âme comme d'un poids de délice inclinée,
L'âme qui meurt ainsi qu'une rose fanée,

Et tel cœur d'ombre chaste, embaumé de mystère,
Où veille, comme le rubis d'un lampadaire,
Nuit et jour, un amour mystique et solitaire.

ఐ

Keepsake

Sa robe était de tulle avec des roses pâles,
Et rose-pâle était sa lèvre, et ses yeux froids,
Froids et bleus comme l'eau qui rêve au fond des bois.
La mer Tyrrhénienne aux langueurs amicales

Berçait sa vie éparse en suaves pétales.
Très douce elle mourait, ses petits pieds en croix ;
Et, quand elle chantait, le cristal de sa voix
Faisait saigner au cœur ses blessures natales.

Toujours à son poing maigre un bracelet de fer,
Où son nom de blancheur était gravé « Stéphane »,
Semblait l'anneau rivé de l'exil très amer.

Dans un parfum d'héliotrope diaphane
Elle mourait, fixant les voiles sur la mer,
Elle mourait parmi l'automne... vers l'hiver...

Et c'était comme une musique qui se fane...

Le vase

C'était un vase étrange ; on y voyait courir,
Pantelante sous la torche des Érinnyes,
Une foule mouvante en spires infinies...
Et l'argile vivante avait l'air de souffrir.

Quelque ouvrier terrible avait dû la pétrir
Avec de la chair âpre et des pleurs d'agonies ;
Des hydres s'y tordaient, et les Voix réunies
Clamaient la double horreur de naître et de mourir.
Ivres, les Passions fracassaient des cymbales ;
L'Avarice et la Haine, ourdissant leurs cabales,
Insultaient la Justice avec des bras sanglants.

Et seul un lys, élu pour les miséricordes,
Priait dans la lumière, et sur l'enfer des hordes
Versait son âme triste et noble en parfums blancs.

૪૦

L'hermaphrodite

Vers l'archipel limpide où se mirent les îles,
L'Hermaphrodite nu, le front ceint de jasmin,
Épuise ses yeux verts en un rêve sans fin ;
Et sa souplesse torse empruntée aux reptiles,

Sa cambrure élastique, et ses seins erectiles
Suscitent le désir de l'impossible hymen.
Et c'est le monstre éclos, exquis et surhumain,
Au ciel supérieur des formes plus subtiles.

La perversité rôde en ses courts cheveux blonds.
Un sourire éternel, frère des soirs profonds,
S'estompe en velours d'ombre à sa bouche ambiguë ;

Et sur ses pâles chairs se traîne avec amour
L'ardent soleil païen, qui l'a fait naître un jour
De ton écume d'or, ô Beauté suraiguë.

ꝏ

Visions

I

J'ai rêvé d'une jungle ardente aux fleurs profondes
Moite dans des touffeurs de musc et de toisons,
D'une jungle du Sud, ivre de floraisons,
Où fermentait l'or des pourritures fécondes.

J'étais tigre parmi les tigresses lubriques,
Dont l'échine ondulait de lentes pâmoisons.
J'étais tigre… et dans l'herbe, où suaient les poisons,
L'amour faisait vibrer nos croupes électriques.

Le feu des nuits sans lune exaspérait nos moelles.
Dans l'ombre, autour de nous fourmillantes étoiles,
Des yeux phosphorescents s'allumaient à nous voir.

Un orage lointain prolongeait ses décharges.
Et des gouttes d'eau chaude, ainsi que des pleurs larges
Voluptueusement tombaient du grand ciel noir.

Extrême-Orient

Le fleuve au vent du soir fait chanter ses roseaux.
Seul je m'en suis allé. – J'ai dénoué l'amarre,
Puis je me suis couché dans ma jonque bizarre,
Sans bruit, de peur de faire envoler les oiseaux.

Et nous sommes partis, tous deux, au fil de l'eau,
Sans savoir où, très lentement. – Ô charme rare,
Que donne un inconnu fluide où l'on s'égare !...
Par instants, j'arrêtais quelque frêle rameau.

Et je restais, bercé sur un flot d'indolence,
À respirer ton âme, ô, beau soir de silence...
Car j'ai l'amour subtil du crépuscule fin ;

L'eau musicale et triste est la sœur de mon rêve.
Ma tasse est diaphane et je porte, sans fin,
Un cœur mélancolique où la lune se lève.

II

La vie est une fleur que je respire à peine,
Car tout parfum terrestre est douloureux au fond.
J'ignore l'heure vaine, et les hommes qui vont,
Et dans l'île d'Émail ma fantaisie est reine.

Mes bonheurs délicats sont faits de porcelaine,
Je n'y touche jamais qu'avec un soin profond ;
  Et l'azur fin qu'exhale en fumant mon thé blond,
En sa fuite odorante emporte au loin ma peine.

369

J'habite un kiosque rose au fond du merveilleux.
J'y passe tout le jour à voir de ma fenêtre
Les fleuves d'or parmi les paysages bleus ;

Et, poète royal en robe vermillon,
Autour de l'évantail fleuri qui l'a fait naître,
Je regarde voler mon rêve, papillon.

III

Je n'ai plus le grand cœur des époques nubiles,
Où mon sang eût jailli, superbe, en maints combats.
Le sang coule si rare en l'Empire si las !
Et le fer truculent meurtrit nos yeux débiles.

Trop riche du trésor des papyrus falots,
Notre âme sous son poids de sagesse succombe.
Nos dieux sont décrépits, et la misère en tombe.
L'espérance est avare, et nous naissons vieillots.

Tournant sur ses genoux ses pouces symbolique,
Notre esprit séculaire, encombré de reliques,
Tisse l'or compliqué des rêves précieux.

Craintive et repliée au centre de sa vie,
Notre âme est sans amour, sans haine, sans envie ;
Et l'Ennui dans nos cœurs neige, silencieux…

Au jardin de l'infante

෴

Soir de printemps

Premiers soirs de printemps : tendresse inavouée...
Aux tiédeurs de la brise écharpe dénouée...
Caresse aérienne... Encens mystérieux...
Urne qu'une main d'ange incline au bord des cieux...
Oh ! quel désir ainsi, troublant le fond des âmes,
Met ce pli de langueur à la hanche des femmes ?
Le couchant est d'or rose et la joie emplit l'air,
Et la ville, ce soir, chante comme la mer.
Du clair jardin d'avril la porte est entrouverte,
Aux arbres légers tremble une poussière verte.
Un peuple d'artisans descend des ateliers ;
Et, dans l'ombre où sans fin sonnent les lourds souliers,
On dirait qu'une main de Véronique essuie
Les fronts rudes tachés de sueur et de suie.
La semaine s'achève, et voici que soudain,
Joyeuse d'annoncer la Pâques de demain,
Les cloches, s'ébranlant aux vieilles tours gothiques,
Et revenant du fond des siècles catholiques,
Font tressaillir quand même aux frissons anciens
Ce qui reste de foi dans nos vieux os chrétiens !
Mais déjà, souriant sous ses voiles sévères,
La nuit, la nuit païenne apprête ses mystères ;
Et le croissant d'or fin qui monte dans l'azur
Rayonne, par degrés plus limpide et plus pur.
Sur la ville brûlante, un instant apaisée,
On dirait qu'une main de femme s'est posée ;
Les couleurs, les rumeurs s'éteignent peu à peu ;
L'enchantement du soir s'achève... et tout est bleu !
Ineffable minute où l'âme de la foule
Se sent mourir un peu dans le jour qui s'écoule...
Et le cœur va flottant vers de tendres hasards
Dans l'ombre qui s'étoile aux lanternes des chars.
Premiers soirs de printemps : brises, légères fièvres !
Douceur des yeux !... Tiédeur des mains !... Langueur des lèvres !

Et l'Amour, une rose à la bouche, laissant
Traîner à terre un peu de son manteau glissant,
Nonchalamment s'accoude au parapet du fleuve
Et, puisant au carquois d'or une flèche neuve,
De ses beaux yeux voilés, cruel adolescent,
Sourit, silencieux, à la Nuit qui consent.

&

Élégie

L'heure comme nous rêve accoudée aux remparts.
Penchés vers l'occident, nous laissons nos regards
Sur le port et la ville, où le peuple circule,
Comme de grands oiseaux tourner au crépuscule.
Des bassins qu'en fuyant la mer a mis à sec
Monte humide et puissante une odeur de varech.
Derrière nous, au fond d'une antique poterne,
S'ouvre, nue et déserte, une cour de caserne
Immense avec de vieux boulets ronds dans un coin.
Grave et mélancolique un clairon sonne au loin...
Cependant par degrés le ciel qui se dégrade
D'ineffables lueurs illumine la rade.
Et mon âme aux couleurs mêlée intimement
Se perd dans les douceurs d'un long enchantement.
L'écharpe du couchant s'effile en lambeaux pâles.
 Ce soir, ce soir qui meurt, s'imprègne dans nos moelles,
Et, d'un cœur malgré moi toujours plus anxieux,
Je le suis maintenant qui sombre dans tes yeux
Comme un beau vaisseau d'or chargé de longs adieux !
Nul souffle sur la rade. Au loin une sirène
Mugit... La nuit descend insensible et sereine,
La nuit... Et tout devient, on dirait, éternel :

Les mâts, le lacis fin des vergues sur le ciel,
Les quais noirs encombrés de tonneaux et de grues,
Les grands vapeurs fumant des routes parcourues,
Le bras de la jetée allongé dans la mer,
Les entrepôts obscurs luisants de rails de fer,
Et, bizarre, étageant ses masses indistinctes,
Là-bas, la ville anglaise avec ses maisons peintes.
La nuit tombe... Les voix d'enfants se sont éteintes,
Et ton cœur comme une urne est rempli jusqu'au bord
Quand brillent çà et là les premiers feux du port.

Le Chariot d'or

Marcel Schwob

L'obus

La Seine, au Pont des Arts, a pris de noires teintes.
L'eau clapoteuse bat les fûts verts des piliers,
Gravit en murmurant les marches d'escaliers.
Les lanternes des quais se sont toutes éteintes.

Soudain, sur les deux bords retentissent des plaintes,
Hennissements, sursauts, jurons de cavaliers,
Piétinements confus, pesants de fusiliers,
Les cloches du beffroi tintent très haut par quintes.

Un sifflement sonore ulule dans la nuit,
Miaulement mortel d'un tigre qu'on poursuit
Et qui, saignant du cœur, se redresse et succombe.

Entre les quais obscurs fuse une gerbe d'or ;
La détonation soulève l'eau qui dort
Au fulgurant éclat des flammes de la bombe.

Écrits de jeunesse

80

Ballade pour Gérard de Nerval
pendu à la fenêtre d'un bouge

Au coupe-gorge noir, sous le tombant du jorne[1]
Où tu faisais flamber ton regard andalou,
Quand tu me rouscaillais[2] ton amour en bigorne[3]
Je suis branché[4] pour toi, sinistre maritorne !

Le macchoux[5], qui te chauffe[6] en loupeur[7], ton loulou,
Le benoist[8] qui te couve avec un œil paterne,
M'a pendu pour venger l'honneur de ton bilou[9].
Je gigote en râlant sous ta rouge lanterne !

À l'aube, trifouillant au détour d'une borne,
Mon cadavre entrouvert par son crochet filou,
Roulé dans le ruisseau, buté contre une sorne,
Le biffin[10] trouvera que ma charogne corne[11],
Et son ombre flottant, pâle, entre chien et loup,
Peu à peu s'enfuira parmi le brouillard terne...
Ah ! qu'as-tu fait de moi, blême et sanglant marlou ?
Je gigote en râlant sous ta rouge lanterne !

Ô blafarde Cafarde[12] au pâle reflet morne,
Ouvrant sur mes sanglots ton châsse[13] veule et flou,
Fromage qu'une goule insatiable écorne,
Où la Sorgue[14] a mordu, ne laissant qu'une corne,
Bonnet jaune accroché tout là-haut à son clou,
Plains-moi, pendu de même au bord de la vanterne[15].
De mon gaviot[16] gonflé blase[17] un dernier glou-glou,
Je gigote en râlant sous ta jaune lanterne !

---

(1) jour. (2) disais. (3) argot. (4) pendu. (5) maq... (6) aime. (7) paresseux.
(8) maq... (9) c ... (10) chiffonnier. (11) pue. (12) lune. (13) œil. (14) nuit.
(15) fenêtre. (16) ventre. (17) souffle.

ENVOI

Prince des Cieux, on dit que ta foudre lanterne.
Mais écoute les pleurs qui gloussent dans le trou
    De mon gosier béant, serré comme un écrou –
    Je gigote en râlant sous ta jaune lanterne !

ဢ

L'emballage

Le poupard était bon : le raille nous aggriffe,
Marons pour estourbir notre blot dans le sac.
Il fallait être mous tous deux comme une chiffe
Pour se laisser paumer sur un coup de fric-frac.

Nous sommes emballés sans gonzesse, sans riffe,
Où nous faisions chauffer notre dard et son crac
Chez le bistro du coin, la sorgue, quand on briffe
En se palpant de près, la marmite et son mac.

Le Mazarot est noir ; pas de rouges bastringues,
Ni de perroquets verts chez les vieils mannezingues ;
Il faut être rupin, goupiner la mislocq.

Bouffer sans mettre ses abatis sur la table
Et ne pas jaspiner le jars devant un diable ;
Nous en calancherons, de turbiner le chocq.

Poèmes argotiques

Fernand Séverin

L'asile

Mon heure est là. Le soir est tombé sur ma vie.
Abdiquant, sans regret, mon héroïque envie,
J'ai regagné, du pas résigné des vaincus,
Le seuil, aimé trop tard, où nul ne m'attend plus.
Dans le ciel clair et froid court un frisson d'automne.
Parfois, interrompant la plainte monotone,
Le grand appel perdu que jette un cor lointain
Me fait, languissamment, sourire à mon destin...

Mais tout est dit. Plus rien ne me trouble, à cette heure,
Que le pressentiment de la chère demeure.
Elle est là : je la sens plus que je ne la vois.
La douceur de la lune, éparse sur les bois,
Voile de plus en plus cet heureux coin de terre
D'un indicible attrait de paix et de mystère ;
Dans l'air, autour de moi, passe un conseil d'oubli ;
Je ne sais quoi de bon, de grand, de recueilli,
Pénètre davantage, à chaque pas vers elle,
Mon âme, où gronde encor l'ancienne querelle.
Qu'importent désormais les orages d'été ?
Elle savoure enfin le calme souhaité,
Toute tremblante encore à la seule pensée
D'un monde où les plus doux l'ont mille fois blessée.

80

« Ô penseur ! la beauté... »

Ô penseur ! La beauté du printemps dans les bois
T'a saisi, ce matin, pour la première fois,
Et malgré toi l'odeur de la terre t'enivre...

Tes jours se sont passés à méditer en vain
L'énigme que propose à l'homme son destin,
Et ton front studieux a pâli sur maint livre.

À quoi bon ? Laisse aux dieux leur sublime secret,
Et, pendant que tu vis, savoure sans regret
Ce qu'il tient de douceur dans ce simple mot : vivre...

Poèmes

EMMANUEL SIGNORET

Chant pour l'amante

Deux amants sont un peuple assemblé.
Goethe

Vierge aux pieds blancs posés sur l'éternelle cime,
Jadis la fleur du hêtre embauma ton flanc pur.
Reçois, toi qui guidas mes vaisseaux sur l'abîme,
L'offrande d'ambroisie en des coupes d'azur !

Jadis j'ai vu briller plus que la chair des femmes
Tes épaules d'argent sous nos soleils amers :
Tu visites mon cœur, vierge, élevant des flammes
Comme aux creux de tes mains tu portas l'eau des mers !

C'est l'heure de rosée et l'astre est sur la plaine :
Entends les bûcherons chanter dans la forêt !
Tous les blés sont en fleurs ; mais mon âme est trop pleine :
Une face du monde en tes traits m'apparaît.

Au bois, l'astre triomphe : il fait fumer les sèves,
Sois-moi l'ombre des lys, douce au cœur des bannis ;
Toi dont le pas sonnait sur le sable des grèves,
Et qui portais des fleurs, des essaims et des nids !

Le feu gonfle le flanc des terres, et, sonore,
Tressaille en jets de fleurs hors du rosier brûlant.
Ne regrettes-tu pas les blancheurs de l'aurore ?
— Sous les feuillages gît le troupeau somnolent. —

Sur le volcan cendreux une flamme s'élance,
Le pâle coudrier près des laves grandit,
L'ormeau mélancolique au zéphyr se balance,
Au loin la mer silencieuse resplendit !

Le feu ! voici le feu ! le grand soleil s'effondre.
Les astres sur la mer montent et sur ses bords
Un peuple de bergers lèvent pour leur répondre
Des flambeaux rayonnants sur la cendre des morts.

D'un laurier radieux j'illustrerai tes tempes :
Vierge ! ton cœur est doux comme un soleil levant.
Lorsque l'aube d'été fera pâlir les lampes,
Sur mon luth douloureux mets tes mains en rêvant.

Ô toi ! dont le sourire alimente mon songe ;
Il est une montagne aux deux vallons secrets.
— Dans les flots de la mer que le soleil se plonge
Ou qu'en ses voiles blancs l'aube coure aux forêts.

℘

Élégie XIII
ou les Présents des grâces

I

Calixte tant nommé par les lèvres dorées
De la tendre élégie ! aux plages inspirées
Que d'écume et de feux la mer latine bat,
Le char flexible et pur des trois Grâces s'abat.

L'une porte une rose et soudain me l'accorde,
L'autre dont l'esprit sonne à l'héroïque corde
Que me tendit Phœbus suave et meurtrier
Fait couler sur ma tempe un abondant laurier,
Et la troisième, au bord des solitaires ondes
D'où les yeux de Vénus brillèrent sur les mondes,
Veut, tant mon haut sanglot à son doux cœur est cher,
Par un lien de myrte à son corps m'attacher.

II

Construites d'une larme, ô mes Grâces parfaites !
Touchez ces cœurs nourris d'éphémères ardeurs :
Pitié pour les absents en proie aux faux prophètes !
Cœurs que j'aime, goûtez ces délicates fêtes ;
Le front de la Victoire a de belles pudeurs.

Le Premier Livre des Élégies

381

Robert de Souza

Azurine et l'or

Du mural treillage au treillage
   Longeant les tuiles roses en bordure,
   Et de l'humble crête de la toiture
Aux stalactites mouvantes des feuillages
Monte le jasmin qui s'insinue, monte, et s'enlace
   De toits en toits et d'arbre en arbre,
   Et de faîte en faîte éthéré,
Monte, s'insinue, et sinue et s'enlace
   Jusque la nuit courbe du ciel,
   Où se divisent et se renouent ses branches
À feuiller d'ombre l'immensité céleste de la charmille
   Épanouie des parures étoilées
   Que piquent, et palpitantes, pointillent
   Les fleurs aiguës par myriades blanches !...
   Ah ! le jasmin fit pour nous, ce soir, merveille !
D'épaissir la charmille trop claire du ciel
D'une pénombre si suavement exaltée !

   Sous les mystères qui haussent la feuillée,
   Et qui vers nous par tant d'effluves fourmillent,
L'heure est d'amour et d'azurante reposée !

Et l'enchantez d'une somnolence mi-close
Toute prise des moiteurs chaudes de vos arômes
Ô fleurs-étoiles filantes et pleurantes
   Dont les chutes efflorescentes
Traversent d'éclairs-cillants la somnolence
Où nos voluptes flottent, mi-closes...

Que vos fleurs de jasmin ajourent la charmille
  Étoiles,
Ainsi, sans plus, et chaque nuit !
Et de votre imperceptible cœur pâle,
  Étoiles,
Ainsi chaque nuit
Comme si de vos ténus battements d'ailes
  Vous éventiez,
Des ombres bleu-tendres de la nuit
Et de son haleine parfumée !…

           Fumerolles

Laurent Tailhade

Vitrail

Un crépuscule d'or baigne le sanctuaire.

Dans la nef où s'inscrit l'orgueil obituaire
Des châsses, les prélats d'ivoire et de granit
Joignent leurs mains que fit un dévot statuaire.

Tenant la crosse avec le *sigillum* bénit,
Les Anges éplorés se voilent de leurs ailes,
Près des enfeus royaux dont l'albâtre jaunit.

Sur des coussins de marbre noir, les damoiselles
S'agenouillent, un long rosaire entre leurs doigts,
Blondes, parmi les lis, Amour, que tu cisèles :

Ce pendant que, le front cerné d'amicts étroits
Et susurrant une oraison mélancolique,
Des moines sont pâmés à l'ombre de la Croix.

Un soir de flamme et d'or hante la basilique,
Ravivant les émaux ternis et les couleurs
Ancestrales de l'édifice catholique.

Et soudain – cuivre, azur, pour prechère aux douleurs –
Le vitrail que nul art terrestre ne profane
Jette sur le parvis d'incandescentes fleurs.

Car l'ensoleillement du coucher diaphane
Dans l'ogive où s'exalte un merveilleux concept
Intègre des lueurs d'ambre et de cymophane,

Les douze Apôtres, les cinq Prophètes, les sept
Sages, appuyés sur les Vertus cardinales,
Se profilaient en la rosace du transept.

Améthystes ! Béryls ! Sardoines ! Virginales
Émeraudes au front chenu des Confesseurs,
Montrant le Livre où sont inscrites leurs annales.

Les Martyrs en surplis d'écarlate, les sœurs
Marthe et Marie aux pieds du Maître qui s'incline
Et le vol blanc des Séraphins intercesseurs.

Bernard dans les vallons, Benoit sur la colline,
Les Sibylles qu'Arnaud de Moles attesta,
Près du Roi Christ féru du coup de javeline.

Et plus haut – en plein ciel – un chœur d'enfants porte à
Notre-Dame, sur le vélin des banderoles,
Ces mots d'amour : « *Ave, felix cœli porta !* »

Telle, incarnant aux yeux les divines paroles,
Chaque verrière dans l'or mystique reluit,
Comme un jardin semé d'aveuglantes corolles.

Mais l'ombre gagne et le vain prestige s'enfuit
Et les arceaux quittés n'ont plus de fleurs écloses
Pour les répandre sur la robe de la Nuit :

Le sacrilège Nuit par qui meurent les roses.

Poèmes élégiaques

&

Troisième sexe

En veston gris, en chapeaux mous, par les quinconces,
Avec des mouvements câlins et paresseux,
Rôdent les icoglans parisiaques, ceux,
Ô Prudhomme, qu'au feu céleste tu dénonces.

Les tantes ! peuple hilare et nocturne pour qui
Tout sergent de ville est un oncle débonnaire,
Près des *Ambassadeurs* où chahute Bonnaire,
Où les gommeux boivent de l'ale et du raki.

Dans les temples indoux que tapisse la cure
Infaillible de tous les bobos, sans mercure,
Ils lèvent les banquiers en rut, impudemment :

Et le poëte Untel, venu de Picardie,
Accordant pour leur los sa syntaxe hardie,
Les célèbres en vers faux, avec étonnement.

છ

Ballade

D'expérimenter judicieusement ce qu'on appelait les forces de la Nature ; et ce qu'elle produisait jadis organisé, nous autres, nous le faisons cristalliser.

Goethe, *Le Second Faust*

Wagner, chimiste qu'exténue
Le grimoire du nécromant,
Distille, au fond de sa cornue,
La salamandre et l'excrément,
Et le crapaud que, doctement,
Assaisonne la verte oseille,
Pour que soit clos, en un moment,
L'homuncule dans la bouteille.

Catarrheux, il étreint la Nue.
Fi de la Belle-au-Bois-Dormant !
Fi de la galloyse charnue,
Du mignon et de la jument !
Gaûtama ! le renoncement
Absolu que Ton Doigt conseille
Préside à cet accouchement :
L'homuncule dans la bouteille.

Plus de vérole saugrenue !
Plus d'argent-vif ou d'orpiment !
Hélène, avec sa beauté nue,
Intoxique le jeune Amant.
… vous donc tout simplement,
Au coin du feu, sous une treille :
Puis décantez modestement
L'homuncule dans la bouteille.

ENVOI

Fleurs des gitons, Prince Charmant,
Nonpareille est cette merveille
Offerte à votre étonnement :
L'homuncule dans la bouteille.

၈၁

Ballade
sur le propos d'immanente syphilis

Toi, jeune homme, ne te désespère point : car tu as
un ami dans le Vampire malgré ton opinion contraire.
En comptant l'acarus sarcopte qui produit la gale,
tu auras deux amis.
Les Chants de Maldoror, chant Ier.

Du noble avril musqué de lilas blancs
Hardeaux paillards ne chôment la nuitée.
Mâle braguette et robustes élans
Gardent au bois pucelle amignottée.
Jouvence étreint Daphnis et Galathée.
Un doux combat pâme sur les coussins
Ton flanc menu, Bérengère, et tes seins
Jusques au temps que vendange soit meure.
Or, en ces jours lugubres et malsains,
Amour s'enfuit, mais Vérole demeure.

L'embasicète aux harnais trop collants
Cherche, par les carrefours, sa pâtée,
– Nourris, Vénus, les mornes icoglans ! –

Ce pendant que matrulle Dosithée
Ouvre aux cafards la porte assermentée.
Las ! nonobstant baudruches et vaccins,
Durable ennui croît des plaisirs succincts.
Aux bords du Guadalquivir et de l'Eure,
Il faut prendre conseil des médecins :
Amour s'enfuit, mais Vérole demeure.

Maint prurigo végète sur vos flancs,
L'humeur peccante a votre chair gâtée,
Jeunes héros des entretiens brûlants !

Que l'hydrargyre et l'iode en potée
Lavent ce don cruel d'Épiméthée,
Robé par lui chez les dieux assassins,
Vivez encor pour tels joyeux larcins !
Et Priapus vous gard' de la male heure,
De Krysinska, des lopes, des roussins :
Amour s'enfuit, mais Vérole demeure.

ENVOI

Prince d'amour que fêtent les buccins,
Imitez la continence des Saints,
Jeune Adelsward, gravez la chantepleure
De Valentine au trescheur de vos seings ;
Amour s'enfuit, mais Vérole demeure.

Poèmes aristophanesques

Paul Valéry

Hélène

Azur ! c'est moi... Je viens des grottes de la mort
Entendre l'onde se rompre aux degrés sonores,
Et je revois les galères dans les aurores
Ressusciter de l'ombre au fil des rames d'or.

Mes solitaires mains appellent les monarques
Dont la barbe de sel amusait mes doigts purs ;
Je pleurais. Ils chantaient leurs triomphes obscurs
Et les golfes enfuis aux poupes de leurs barques.

J'entends les conques profondes et les clairons
Militaires rythmer le vol des avirons ;
Le chant clair des rameurs enchaîne le tumulte,

Et les Dieux, à la proue héroïque exaltés
Dans leur sourire antique et que l'écume insulte,
Tendent vers moi leurs bras indulgents et sculptés.

∞

Orphée

... Je compose en esprit, sous les myrtes, Orphée
L'Admirable !... Le feu, des cirques purs descend ;
Il change le mont chauve en auguste trophée
D'où s'exhale d'un dieu l'acte retentissant.

Si le dieu chante, il rompt le site tout-puissant ;
Le soleil voit l'horreur du mouvement des pierres ;
Une plainte inouïe appelle éblouissants
Les hauts murs d'or harmonieux d'un sanctuaire.

Il chante, assis au bord du ciel splendide, Orphée !
Le roc marche, et trébuche ; et chaque pierre fée
Se sent un poids nouveau qui vers l'azur délire !

D'un Temple à demi nu le soir baigne l'essor,
Et soi-même il s'assemble et s'ordonne dans l'or
À l'âme immense du grand hymne sur la lyre !

℘

« *Un feu distinct…* »

Un feu distinct m'habite, et je vois froidement
La violente vie illuminée entière…
Je ne puis plus aimer seulement qu'en dormant
Ses actes gracieux mélangés de lumière.

Mes jours viennent la nuit me rendre des regards,
Après le premier temps de sommeil malheureux ;
Quand le malheur lui-même est dans le noir épars
Ils reviennent me vivre et me donner des yeux.

Que si leur joie éclate, un écho qui m'éveille
N'a rejeté qu'un mort sur ma rive de chair,
Et mon rire étranger suspend à mon oreille,

Comme à la vide conque un murmure de mer,
Le doute, – sur le bord d'une extrême merveille,
Si je suis, si je fus, si je dors ou je veille ?

Narcisse parle

Narcissa placandis manibus

Ô Frères ! tristes lys, je languis de beauté
Pour m'être désiré dans votre nudité,
Et vers vous, Nymphe, Nymphe, ô Nymphe des fontaines,
Je viens au pur silence offrir mes larmes vaines.

    Un grand calme m'écoute, où j'écoute l'espoir.
La voix des sources change et me parle du soir ;
J'entends l'herbe d'argent grandir dans l'ombre sainte,
Et la lune perfide élève son miroir
Jusque dans les secrets de la fontaine éteinte.

Et moi ! De tout mon cœur dans ces roseaux jeté,
Je languis, ô saphir, par ma triste beauté !
Je ne sais plus aimer que l'eau magicienne
Où j'oubliai le rire et la rose ancienne.

    Que je déplore ton éclat fatal et pur,
Si mollement de moi fontaine environnée,
Où puisèrent mes yeux dans un mortel azur
Mon image de fleurs humides couronnée !

Hélas ! L'image est vaine et les pleurs éternels !
À travers les bois bleus et les bras fraternels,
Une tendre lueur d'heure ambiguë existe,
Et d'un reste du jour me forme un fiancé
Nu, sur la place pâle où m'attire l'eau triste...
Délicieux démon, désirable et glacé !

    Voici dans l'eau ma chair de lune et de rosée,
Ô forme obéissante à mes yeux opposée !
Voici mes bras d'argent dont les gestes sont purs !...

392

Mes lentes mains dans l'or adorable se lassent
D'appeler ce captif que les feuilles enlacent,
Et je crie aux échos les noms des dieux obscurs !...

Adieu, reflet perdu sur l'onde calme et close,
Narcisse... ce nom même est un tendre parfum
Au cœur suave. Effeuille aux mânes du défunt
Sur ce vide tombeau la funérale rose.

Sois ma lèvre, la rose effeuillant le baiser
Qui fasse un spectre cher lentement s'apaiser,
Car la nuit parle à demi-voix, proche et lointaine,
Aux calices pleins d'ombre et de sommeils légers.
Mais la lune s'amuse aux myrtes allongés.

Je t'adore, sous ces myrtes, ô l'incertaine
Chair pour la solitude éclose tristement
Qui se mire dans le miroir au bois dormant.
Je me délie en vain de ta présence douce,
L'heure menteuse est molle aux membres sur la mousse
Et d'un sombre délice enfle le vent profond.

Adieu, Narcisse... Meurs ! Voici le crépuscule.
Au soupir de mon cœur mon apparence ondule,
La flûte, par l'azur enseveli module
Des regrets de troupeaux sonores qui s'en vont.
Mais sur le froid mortel où l'étoile s'allume,
Avant qu'un lent tombeau ne se forme de brume,
Tiens ce baiser qui brise un calme d'eau fatal !
L'espoir seul peut suffire à rompre ce cristal.
La ride me ravisse au souffle qui m'exile
Et que mon souffle anime une flûte gracile
Dont le joueur léger me serait indulgent !...

Évanouissez-vous, divinité troublée !
Et, toi, verse à la lune, humble flûte isolée,
Une diversité de nos larmes d'argent.

Valvins

Si tu veux dénouer la forêt qui t'aère
Heureuse, tu te fonds aux feuilles, si tu es
Dans la fluide yole à jamais littéraire,
Traînant quelques soleils ardemment situés

Aux blancheurs de son flanc que la Seine caresse
Emue, ou pressentant l'après-midi chanté,
Selon que le grand bois trempe une longue tresse,
Et mélange ta voile au meilleur de l'été.

Mais toujours près de toi que le silence livre
Aux cris multipliés de tout le brut azur,
L'ombre de quelque page éparse d'aucun livre

Tremble, reflet de voile vagabonde sur
La poudreuse peau de la rivière verte
Parmi le long regard de la Seine entrouverte.

೮೦

L'amateur de poèmes

SI je regarde tout à coup ma véritable pensée, je ne me
console pas de devoir subir cette parole intérieure sans
personne et sans origine ; ces figures éphémères ; et cette
infinité d'entreprises interrompues par leur propre facilité,
qui se transforment l'une dans l'autre, sans que rien ne
change avec elles. Incohérente sans le paraître, nulle
instantanément comme elle est spontanée, la pensée, par
sa nature, manque de style.

MAIS je n'ai pas tous les jours la puissance de proposer à mon attention quelques êtres nécessaires, ni de feindre les obstacles spirituels qui formeraient une apparence de commencement, de plénitude et de fin, au lieu de mon insupportable fuite.

UN poème est une durée, pendant laquelle, lecteur, je respire une loi qui fut préparée ; je donne mon souffle et les machines de ma voix ; ou seulement leur pouvoir, qui se concilie avec le silence.

JE m'abandonne à l'adorable allure : lire, vivre où mènent les mots. Leur apparition est écrite. Leurs sonorités concertées. Leur ébranlement se compose, d'après une méditation antérieure, et ils se précipiteront en groupes magnifiques ou purs, dans la résonance. Même mes étonnements sont assurés : ils sont cachés d'avance, et font partie du nombre.

MÛ par l'écriture fatale, et si le mètre toujours futur enchaîne sans retour ma mémoire, je ressens chaque parole dans toute sa force, pour l'avoir indéfiniment attendue. Cette mesure qui me transporte et que je colore, me garde du vrai et du faux. Ni le doute ne me divise, ni la raison ne me travaille. Nul hasard, mais une chance extraordinaire se fortifie. Je trouve sans effort le langage de ce bonheur ; et je pense par artifice, une pensée toute certaine, merveilleusement prévoyante, – aux lacunes calculées, sans ténèbres involontaires, dont le mouvement me commande et la quantité me comble : une pensée singulièrement achevée.

Album de vers anciens

395

Psyché

Que te dirai-je à Toi, qui viens de l'inconnu,
En ce pays de solitude,
Chercher, entre le soir des feuillages touffus,
La sereine demeure
Où se lèvent pour Toi, chantantes, à cette heure,
Tes souveraines sœurs ?
Chère âme, qui viens du fond des ombres,
Comme une reine de Saba,
Dans la gloire d'une splendeur sombre,
Qui es là, et que je n'aperçois pas,
Et dont les mains frappent doucement.

Et dont les mains, avec des scintillements
De diamants,
Frappent doucement.

Je ne sais ce qu'il faut te dire ;
Laisse-moi t'accueillir
Presque en silence ;

Laisse-moi te sourire.
Et vois comme je m'efforce en ta présence,
De toute ma faiblesse et de mon humble amour,
À répondre à ce que tu désires.

Vois combien, pour atteindre à tes rêves,
Je me hausse et je m'élève,
Et tends toute mon âme
Pour approcher de Toi,
Pour que là où tu es je sois ;

Comme je tends mes mains tremblantes
Vers toi qui t'inclines et te penches vers moi.

Et vous, mes sœurs, comme d'humbles servantes,
Surgissez et venez.
Et sur l'hôte inconnu, qui nous vient couronné
De roses dans la nuit,
De vos blanches mains de femmes,
Splendides, fiers et hauts,
En signe de nos âmes
Élevez vos flambeaux.

⁊

L'attente

Du monde invisible et d'aurore
Où me guidaient mes anges pieux,
Qui viendra me rouvrir les yeux ?
Voici le jour. Je rêve encore.

Le doux enchantement des airs
Qui passent sur les roseraies,
Dans mes prunelles assurées
Vient comme une aube au fond des mers.

Heures et choses incertaines ;
Au loin dans des bosquets de fleurs,
Me chantent mes divines sœurs,
Et j'écoute leurs voix lointaines.

Je tremble et de joie et d'effroi.
Nue, en ma chevelure blonde,

J'attends que le soleil m'inonde,
Et qu'une ombre tombe de moi.

బు

Mirage

Ce murmure n'est pas la voix des eaux,
Ni l'aile des vents en ces roseaux,
C'est une âme qu'un songe irise,
Dont les lèvres jouent avec quelques sons,
Comme des vagues, où de la brise
Scintille de lune et de chansons.
Nulle de ses pensées qui dépasse
Le bleu cercle que sur son front
Ces pâles aigues-marines tracent.
C'est une fée. Aux bords où s'éteint
La vaste rumeur des flots incertains,
Dans sa grotte de nacre incrustée,
Elle est assise, jusqu'au matin,
En une attitude enchantée.
Entre ses longs cils blonds qui tombent
Sur ses yeux, comme des rayons,
Elle regarde en son miroir
Se jouer les images du monde.
Des plus subtiles atteintes du bonheur,
De la grâce des eaux, d'un rayon, d'une fleur,
Elle se crée des voluptés profondes.
Sa joie est faite de simples choses,
D'un peu de sable, d'un coquillage rose,
D'une perle dans la paume de sa main ;
Car nul ne sait, comme cette âme étrange,
Du seul reflet d'un sourire lointain,

Faire éclater, en un céleste songe,
Ce doux et pâle et splendide orient,
Où des reflets en des flammes se changent,
Où la lumière devient un chant.

℘

Prélude

Je voudrais te la dire,
Dans la simplicité claire
De mon bonheur,
Sans une image, sans une fleur,
En n'y mêlant que la lumière
Et l'air où je respire.

Je voudrais te la dire,
Ma première chanson,
Presque les lèvres closes,
Et comme si, tous deux, nous songions
La même chose,
En le même sourire ;

Avec des mots
Si frais, si virginaux,
Avec des mots si purs,
Qu'ils tremblent dans l'azur,

Et semblent dits
Pour la première fois au paradis.

De mon mystérieux voyage
Je ne t'ai gardé qu'une image,

399

Et qu'une chanson, les voici :
Je ne t'apporte pas de roses,
Car je n'ai pas touché aux choses,
Elles aiment à vivre aussi.

Mais pour toi, de mes yeux ardents,
J'ai regardé dans l'air et l'onde,
Dans le feu clair et dans le vent,
Dans toutes les splendeurs du monde,
Afin d'apprendre à mieux te voir
Dans toutes les ombres du soir.

Afin d'apprendre à mieux t'entendre
J'ai mis l'oreille à tous les sons,
Écouté toutes les chansons,
Tous les murmures, et la danse
De la clarté dans le silence.

Afin d'apprendre comme on touche
Ton sein qui frissonne ou ta bouche,
Comme en un rêve j'ai posé
Sur l'eau qui brille, et la lumière
Ma main légère, et mon baiser.

℘

Crépuscule
(extraits)

Surgit amari aliquid.
Lucrèce

C'est dans ce silence enchanté
De lune, d'ombre et de merveille,
Dans cette grotte que sommeille,
Disent-elles, la Vérité.

Mais on en approche, on y lance,
L'une une rose, l'autre un cri ;
Rien ne répond, et l'on s'enfuit
Terrifiées de ce silence.

Car nous tremblons que, devant nous,
Terrible, éblouissante et nue,
La Vérité, en son courroux,
Soudain apparaisse et nous tue.

Ce soir, à travers le bonheur,
Qui donc soupire, qu'est-ce qui pleure ?
Qu'est-ce qui vient palpiter sur mon cœur,
Comme un oiseau blessé ?

Est-ce une plainte de la terre,
Est-ce une voix future,
Une voix du passé ?
J'écoute, jusqu'à la souffrance,
Ce son dans le silence.

Île d'oubli, ô Paradis !
Quel cri déchire, cette nuit,
Ta voix qui me berce ?

Quel cri traverse
Ta ceinture de fleurs,
Et ton beau voile d'allégresse ?

[…]

Une aube pâle emplit le ciel triste ; le Rêve,
Comme un grand voile d'or, de la terre se lève…
Avec l'âme des roses d'hier,
Lentement montent dans les airs
Comme des ailes étendues,
Comme des pieds nus et très doux,
Qui se séparent de la terre,
Dans le grand silence à genoux.

L'âme chantante d'Ève expire,
Elle s'éteint dans la clarté ;
Elle retourne en un sourire
À l'univers qu'elle a chanté.

Elle redevient l'âme obscure
Qui rêve, la voix qui murmure,
Le frisson des choses, le souffle flottant
Sur les eaux et sur les plaines,
Parmi les roses, et dans l'haleine
Divine du printemps.

En de vagues accords où se mêlent
Des battements d'ailes,
Des sons d'étoiles,
Des chutes de fleurs,
En l'universelle rumeur
Elle se fond, doucement, et s'achève,
La chanson d'Ève.

La Chanson d'Ève

Croquis de cloître

En automne, dans la douceur des mois pâlis,
Quand les heures d'après midi tissent leurs mailles,
Au vestiaire, où les moines, en blancs surplis,
Rentrent se dévêtir pour aller aux semailles,

Les coules restent pendre à l'abandon. Leurs plis
Solennellement droits descendent des murailles,
Comme des tuyaux d'orgue ou des faisceaux de lys,
Et les derniers soleils les tachent de médailles.

Elles luisent ainsi sous la splendeur du jour,
Le drap pénétré d'or, d'encens et d'orgueil lourd,
Mais quand s'éteint au loin la diurne lumière

Mystiquement, dans les obscurités des nuits,
Elles tombent, le long des patères de buis,
Comme un affaissement d'ardeur et de prière.

℘

Soir religieux

Près du fleuve roulant vers l'horizon ses ors
Et ses pourpres et ses vagues entre-frappées,
S'ouvre et rayonne, ainsi qu'un grand faisceau d'épées
L'abside ardente avec ses sveltes contreforts.

La nef prolonge au loin ses merveilleux décors :
Ses murailles de nuit ou d'ombre enveloppées,
Ses verrières d'émaux et de bijoux jaspées
Et ses cryptes où sont couchés des géants morts.

L'âme des jours anciens a traversé la pierre
De sa douleur, de son encens, de sa prière
Et resplendit dans les soleils des ostensoirs ;

Et tel, avec ses toits lustrés comme un pennage,
Le temple entier paraît surgir au fond des soirs,
Comme une châsse énorme où dort le moyen âge.

Les Moines

ଚ୦

Londres

Et ce Londres de fonte et de bronze, mon âme,
Où des plaques de fer claquent sous des hangars,
     Où des voiles s'en vont, sans Notre-Dame
Pour étoile, s'en vont, là-bas, vers les hasards.

Gares de suie et de fumée, où du gaz pleure
De sinistres lueurs au long de murs en fer,
     Où des bêtes d'ennui bâillent à l'heure
Dolente immensément, qui tinte à Westminster.

Et debout sur les quais ces lanternes fatales,
Parques dont les fuseaux plongent aux profondeurs ;
Et ces marins noyés, sous les pétales
Des fleurs de boue où la flamme met des lueurs.

Et ces marches et ces gestes de femmes soûles ;
Et ces alcools de lettres d'or jusques aux toits ;
Et tout à coup la mort, parmi ces foules ;
Ô mon âme du soir, ce Londres noir qui traîne en toi !

Les Soirs

℘

Départ

La mer choque ses blocs de flots contre les rocs
Et les granits du quai, la mer démente,
Tonnante et gémissante, en la tourmente
De ses houles montantes.

Les baraques et les hangars comme arrachés,
Et les grands ponts, noués de fer mais cravachés
De vent ; les ponts, les baraques, les gares
Et les feux étagés des fanaux et des phares
Oscillent aux cyclones
Avec leurs toits, leurs tours et leurs colonnes.

Et ses hauts mâts craquants et ses voiles claquantes,
Mon navire d'à travers tout lève ses ancres ;
Et tout à coup fonce dans la tempête,
Bête d'éclair, parmi la mer.

Dites, vers quels rochers, vers quels écueils,
Vers quel immense et ténébreux cercueil,
Vers quel cassement d'or
De proue ou de sabord,
Dites, vers quel mirage ou quel martyre
Bondit le mors-aux-dents de mon navire ?

405

Tandis qu'hélas ! celle qui fut ma raison,
La main tendant ses pâles lampadaires,
Le regarde cingler, à l'horizon,
Du haut de vieux embarcadères.

∞

Les villes

Odeurs de poix, de peaux, d'huiles et de bitumes !
Telle qu'un souvenir lourd de rêves, debout
Dans la fumée énorme et jaune, dans les brumes
Et dans le soir, la ville inextricable bout
Et tord, ainsi que des reptiles noirs, ses rues
Noires, autour des ponts, des docks et des hangars,
Où des feux de pétrole et des torches bourrues,
Comme des gestes fous au long de murs blafards
– Batailles d'ombre et d'or – bougent dans les ténèbres.
Un colossal bruit d'eau roule, les nuits, les jours,
Roule les lents retours et les départs funèbres
De la mer vers la mer et des voiles toujours
Vers les voiles, tandis que d'immenses usines
Indomptables, avec marteaux cassant du fer,
Aux cycles d'acier virant leurs gelasines,
Tordent au bord des quais – tels des membres de chair
Écartelés sur des crochets et sur des roues –
Leurs lanières de peine et leurs volants d'ennui.

Au loin, de longs tunnels fumeux, au loin des boues
Et des gueules d'égout engloutissant la nuit ;
Quand stride un cri qui vient, passe, fuit et s'éraille :
Les trains, voici les trains qui vont broyant les ponts,
Les trains qui vont battant le rail et la ferraille,

Qui vont et vont mangés par les sous-sols profonds
Et revomis, là-bas, vers les gares lointaines,
Les trains soudains, les trains tumultueux – partis.

Sacs de froment, tonneaux de vin, ballots de laine !
Bois des îles tassant vos larges abatis,
Peaux de fauves avec vos grandes griffes mortes,
Et cornes et sabots de buffle et dents d'aurochs
Et reptiles, rayés d'éclairs, pendus aux portes.
Ô cet orgueil des vieux déserts, vendu par blocs,
Par tas ; vendu ! ce roux orgueil vaincu de bêtes
Solitaires : oursons d'ébène et tigres d'or,
Poissons des lacs, vautours des monts, lions des crêtes,
Hurleurs du Sahara, hurleurs du Labrador,
Rois de la force errante à travers l'étendue,
Hélas ! voici pour vous, voici les pavés noirs,
Les camions grinçant sous leurs bâches tendues
Et les ballots et les barils ; voici les soirs
Du Nord, les mornes soirs, obscurs de leur lumière,
Où pourrissent les chairs mortes du vieux soleil.
Voici Londres cuvant, en des brouillards de bière,
Énormément son rêve d'or et son sommeil
Suragité de fièvre et de cauchemars rouges ;
Voici le vieux Londres et son fleuve grandir
Comme un songe dans un songe, voici ses bouges
Et ses chantiers et ses comptoirs s'approfondir
En dédales et se creuser en taupinées,
Et par-dessus, dans l'air de zinc et de nickel,
Flèches, dards, coupoles, beffrois et cheminées,
– Tourments de pierre et d'ombre – éclatés vers le ciel.

Soifs de lucre, combat du troc, ardeur de bourse !
Ô mon âme, ces mains en prière vers l'or,
Ces mains monstrueuses vers l'or – et puis la course
Des millions de pas vers le lointain Thabor
De l'or, là-bas, en quelque immensité de rêve,
Immensément debout, immensément en bloc ?

407

Des voix, des cris, des angoisses, – le jour s'achève,
La nuit revient – des voix, des cris, le heurt, le choc
Des renaissants labeurs, des nouvelles batailles
En tels bureaux menant, de leurs plumes de fer,
À la lueur du gaz qui chauffe les murailles,
La lutte de demain contre la lutte d'hier,
L'or contre l'or et la banque contre la banque...

S'anéantir mon âme en ce féroce effort
De tous ; s'y perdre et s'y broyer ! Voici la tranque,
La charrue et le fer qui labourent de l'or
En des sillons de fièvre. Ô mon âme éclatée
Et furieuse ! ô mon âme folle de vent
Hagard, mon âme énormément désorbitée,
Salis-toi donc et meurs de ton mépris fervent !
Voici la ville en or des rouges alchimies,
Où te fondre l'esprit en un creuset nouveau
Et t'affoler d'un orage d'antinomies
Si fort qu'il foudroiera ton cœur, et ton cerveau !

Les Flambeaux noirs

ℰᴐ

Le roc

Sur ce roc carié que ronge et bat la mer,
Quels pas voudront me suivre encor, dites, quels pas ?

C'est là que j'ai bâti mon âme.
– Dites, serai-je seul dedans mon âme ?
Mon âme, hélas ! maison d'ébène,
Où s'est fendu, sans bruit, un soir,
Le grand miroir de mon espoir.

Dites, serai-je seul avec mon âme,
En ce nocturne et angoissant domaine ?
Serai-je seul avec mon orgueil noir,
Assis en un fauteuil de haine ?
Serai-je seul avec ma pâle hyperdulie
Pour Notre-Dame la Folie ?

Serai-je seul avec la mer
En ce nocturne et angoissant domaine ?

Des crapauds noirs, velus de mousse,
Y dévorent du clair soleil, sur la pelouse.

Un grand pilier ne soutenant plus rien,
Comme un homme, s'érige en une allée
D'épitaphes de marbre immensément dallée.

Sur ce roc carié que fait gémir la mer,
Dites, serai-je seul dedans mon âme ?

Aurai-je enfin l'atroce joie
De voir, nerfs par nerfs, comme une proie,
La démence attaquer mon cerveau,
Et, malade têtu, sorti de la prison
Et des travaux forcés de sa raison,
D'appareiller vers un espoir nouveau ?

Dites ! ne plus sentir sa vie escaladée
Par les talons de fer de chaque idée ;
Ne plus l'entendre infiniment en soi
Ce cri toujours identique, ou crainte, ou rage,
Vers le grand inconnu qui dans les cieux voyage.

Sur ce roc carié que dévaste la mer,
Vieillir, triste rêveur de l'escarpé domaine ;
N'entendre plus se taire, en sa maison d'ébène,
Qu'un silence total dont auraient peur les morts ;

Traîner de longs pas lourds en de sourds corridors ;
Voir se suivre toujours les mêmes heures,
Sans espérer en des heures meilleures ;
Pour à jamais clore telle fenêtre ;
Tel signe au loin ! – un présage vient d'apparaître ;
Autour des vieux salons, aimer les sièges vides
Et les chambres dont les grands lits ont vu mourir,
Et, chaque soir, sentir, les doigts livides,
La déraison sous ses tempes, mûrir.

Sur ce roc carié que ruine la mer,
Dites, serai-je seul enfin avec la mer,
Dites, serai-je seul enfin dedans mon âme ?

Et puis, un jour, mourir ; redevenir rien.
Être quelqu'un qui plus ne se souvient
Et qui s'en va sans glas qui sonne,
Sans cierge en main ni sans personne,
Sans que sache celui qui passe,
Joyeux et clair dans la bonace
Que l'angoissant domaine,
Qui fut mon âme et fut ma peine
N'est plus sur ces rochers, là-haut,
Qu'un sombre et gémissant tombeau.

∞

La ville

Tous les chemins vont vers la ville.

Du fond des brumes,
Là-bas, avec tous ses étages

Et ses grands escaliers et leurs voyages
Jusqu'au ciel, vers de plus hauts étages,
Comme d'un rêve, elle s'exhume.

Là-bas,
Ce sont des ponts tressés en fer
Jetés, par bonds, à travers l'air ;
Ce sont des blocs et des colonnes
Que dominent des faces de gorgonnes ;
Ce sont des tours sur des faubourgs,
Ce sont des toits et des pignons,
En vols pliés, sur les maisons ;
C'est la ville tentaculaire,
Debout,
Au bout des plaines et des domaines
Des clartés rouges
Qui bougent
Sur des poteaux et des grands mâts,

Même à midi, brûlent encor
Comme des œufs monstrueux d'or,
Le soleil clair ne se voit pas :
Bouche qu'il est de lumière, fermée
Par le charbon et la fumée,

Un fleuve de naphte et de poix
Bat les môles de pierre et les pontons de bois.
Les sifflets crus des navires qui passent
Hurlent la peur dans le brouillard :
Un fanal vert est leur regard
Vers l'océan et les espaces.

Des quais sonnent aux entrechocs de leurs fourgons,
Des tombereaux grincent comme des gonds,
Des balances de fer font choir des cubes d'ombre
Et les glissent soudain en des sous-sols de feu ;
Des ponts s'ouvrant par le milieu,

411

Entre les mâts touffus dressent un gibet sombre
Et des lettres de cuivre inscrivent l'univers,
Immensément, par à travers
Les toits, les corniches et les murailles,
Face à face, comme en bataille.

Par au-dessus, passent les cabs, filent les roues,
Roulent les trains, vole l'effort,
Jusqu'aux gares, dressant, telles des proues
Immobiles, de mille en mille, un fronton d'or.
Les rails raméfiés rampent sous terre
En des tunnels et des cratères
Pour reparaître en réseaux clairs d'éclairs
Dans le vacarme et la poussière.

C'est la ville tentaculaire.

La rue – et ses remous comme des câbles
Noués autour des monuments –
Fuit et revient en longs enlacements ;
Et ses foules inextricables

Les mains folles, les pas fiévreux,
La haine aux yeux,
Happent des dents le temps qui les devance.
À l'aube, au soir, la nuit ;
Dans le tumulte et la querelle, ou dans l'ennui,
Elles jettent vers le hasard l'âpre semence
De leur labeur que l'heure emporte.
Et les comptoirs mornes et noirs
Et les bureaux louches et faux
Et les banques battent des portes
Aux coups de vent de leur démence.

Dehors, une lumière ouatée,
Trouble et rouge, comme un haillon qui brûle,
De réverbère en réverbère se recule.

La vie, avec des flots d'alcool est fermentée.
Les bars ouvrent sur les trottoirs
Leurs tabernacles de miroirs
Où se mirent l'ivresse et la bataille ;
Une aveugle s'appuie à la muraille
Et vend de la lumière, en des boîtes d'un sou ;
La débauche et la faim s'accouplent en leur trou
Et le choc noir des détresses charnelles
Danse et bondit à mort dans les ruelles.

Et coup sur coup, le rut grandit encore
Et la rage devient tempête :
On s'écrase sans plus se voir, en quête
Du plaisir d'or et de phosphore ;
Des femmes s'avancent, pâles idoles,
Avec, en leurs cheveux, les sexuels symboles.
L'atmosphère fuligineuse et rousse
Parfois loin du soleil recule et se retrousse
Et c'est alors comme un grand cri jeté
Du tumulte total vers la clarté :
Places, hôtels, maisons, marchés,
Ronflent et s'enflamment si fort de violence
Que les mourants cherchent en vain le moment de silence
Qu'il faut aux yeux pour se fermer.

Telle, le jour – pourtant, lorsque les soirs
Sculptent le firmament, de leurs marteaux d'ébène,
La ville au loin s'étale et domine la plaine
Comme un nocturne et colossal espoir ;
Elle surgit : désir, splendeur, hantise ;
Sa clarté se projette en lueurs jusqu'aux cieux,
Son gaz myriadaire en buissons d'or s'attise,
Ses rails sont des chemins audacieux
Vers le bonheur fallacieux
Que la fortune et la force accompagnent ;
Ses murs se dessinent pareils à une armée
Et ce qui vient d'elle encore de brume et de fumée

Arrive en appels clairs vers les campagnes.

C'est la ville tentaculaire,
La pieuvre ardente et l'ossuaire
Et la carcasse solennelle.

Et les chemins d'ici s'en vont à l'infini
Vers elle.

Les Campagnes hallucinées

∞

Les usines

Se regardant avec les yeux cassés de leurs fenêtres
Et se mirant dans l'eau de poix et de salpêtre
D'un canal droit, tirant sa barre à l'infini,
Face à face, le long des quais d'ombre et de nuit
Par à travers les faubourgs lourds
Et la misère en guenilles de ces faubourgs,
Ronflent terriblement les fours et les fabriques.

Rectangles de granit, cubes de briques,
Et leurs murs noirs durant des lieues,
Immensément, par les banlieues ;
Et sur leurs toits, dans le brouillard, aiguillonnées
De fers et de paratonnerres,
Les cheminées.
Et les hangars uniformes qui fument ;
Et les préaux, où des hommes, le torse au clair
Et les bras nus, brassent et ameutent d'éclairs
Et de tridents ardents, les poix et les bitumes ;

Et de la suie et du charbon et de la mort ;
Et des âmes et des corps que l'on tord
Et des sous-sols plus sourds que des Avernes ;
Et des files, toujours les mêmes, de lanternes
Menant l'égout des abattoirs vers les casernes.

Se regardant de leurs yeux noirs et symétriques,
Par la banlieue à l'infini,
Ronflent le jour, la nuit,
Les usines et les fabriques.

Oh les quartiers rouillés de pluie et leurs grand-rues !
Et les femmes et leurs guenilles apparues
Et les squares, où s'ouvre, en des caries
De plâtras blanc et de scories,
Une flore pâle et pourrie.

Aux carrefours, porte ouverte, les bars :
Étains, cuivres, miroirs hagards,
Dressoirs d'ébène et flacons fols
D'où luit l'alcool
Et son éclair vers les trottoirs.
Et des pintes qui tout à coup rayonnent,
Sur le comptoir, en pyramides de couronnes ;
Et des gens soûls, debout,
Dont les larges langues lappent, sans phrases,
Les ales d'or et le whisky, couleur topaze.

Par à travers les faubourgs lourds
Et la misère en pleurs de ces faubourgs,
Et les troubles et mornes voisinages,
Et les haines s'entre-croisant de gens à gens
Et de ménages à ménages,
Et le vol même entre indigents,
Grondent, au fond des cours, toujours,
Les haletants ronflements sourds
Des usines et des fabriques symétriques.

415

Ici : entre des murs de fer et de pierre,
Soudainement se lève, altière,
La force en rut de la matière :
Des mâchoires d'acier mordent et fument ;
De grands marteaux monumentaux
Broient des blocs d'or, sur des enclumes,
Et, dans un coin s'illuminent les fontes
En brasiers tors et effrénés qu'on dompte.

Tournent, pareils aux ailes dans le vent
Des moulins fous, sous les rafales.
Un jour de cour avare et ras
Frôle, par travers les carreaux gras
Et humides d'un soupirail,
Chaque travail.

Automatiques et minutieux,
Des ouvriers silencieux
Règlent le mouvement
D'universel tictacquement
Qui fermentent de fièvre et de folie
Et déchiquette, avec ses dents d'entêtement,
La parole humaine abolie.

Plus loin : un vacarme tonnant de chocs
Monte de l'ombre et s'érige par blocs ;
Et, tout à coup, cassant l'élan des violences,
Des murs de bruit semblent tomber
Et se taire, dans une mare de silence,
Tandis que les appels exacerbés
Des sifflets crus et des signaux
Hurlent toujours vers les fanaux,
Dressant leurs feux sauvages,
En buisson d'or, vers les nuages.

Et tout autour, ainsi qu'une ceinture,
Là-bas, de nocturnes architectures,

Voici les docks, les ports, les ponts, les phares
Et les gares folles de tintamarres ;
Et plus lointains encor des toits d'autres usines
Et des cuves et des forges et des cuisines
Formidables de naphte et de résines
Dont les meutes de feu et de lueurs grandies
Mordent parfois le ciel, à coups d'abois et d'incendies.

Au long du vieux canal à l'infini,
Par à travers l'immensité de la misère
Des chemins noirs et des routes de pierre,
Les nuits, les jours, toujours,
Ronflent les continus battements sourds,
Dans les faubourgs,
Des fabriques et des usines symétriques.

L'aube s'essuie
À leurs carrés de suie ;
Midi et son soleil hagard
Comme un aveugle, errent par leurs brouillards ;
Seul, quand les semaines, au soir,
Laissent leur nuit dans les ténèbres choir,
Le han du colossal effort cesse, en arrêt,
Comme un marteau sur une enclume,
Et l'ombre, au loin, sur la ville, paraît
De la brume d'or qui s'allume.

Les Villes tentaculaires

Paul Verlaine

Parsifal

À Jules Tellier

Parsifal a vaincu les Filles, leur gentil
Babil et la luxure amusante – et sa pente
Vers la Chair de garçon vierge que cela tente
D'aimer les seins légers et ce gentil babil ;

Il a vaincu la Femme belle, au cœur subtil,
Étalant bras frais et sa gorge excitante ;
Il a vaincu l'Enfer et rentre sous la tente
Avec un lourd trophée à son bras puéril,

Avec la lance qui perça le Flanc suprême !
Il a guéri le roi, le voici roi lui-même,
Et prêtre du très saint Trésor essentiel.

En robe d'or il adore, gloire et symbole,
Le vase pur où resplendit le Sang réel.
– Et, ô ces voix d'enfants chantant dans la coupole !

Saint-Graal

∞

La dernière fête galante

Pour une bonne fois séparons-nous,
Très chers messieurs et si belles mesdames.
Assez comme cela d'épithalames,
Et puis là, nos plaisirs furent trop doux.

Nul remords, nul regret vrai, nul désastre !
C'est effrayant ce que nous nous sentons
D'affinités avecque les moutons
Enrubannés du pire poétastre.

Séparons-nous, je vous le dis encore.
Ô que nos cœurs qui furent trop bêlants,
Dès ce jourd'hui réclament, trop hurlants,
L'embarquement pour Sodome et Gomorrhe !

L'Impudent

❧

Colombine

Léandre le sot,
Pierrot qui d'un saut
De puce
Franchit le buisson,
Cassandre sous son
Capuce,

Arlequin aussi,
Cet aigrefin si

Fantasque
Aux costumes fous,
Ses yeux luisant sous
    Son masque,

– Do, mi, sol, mi, fa, –
Tout ce monde va,
    Rit, chante
Et danse devant
Une belle enfant
    Méchante

Dont les yeux pervers
Comme les yeux verts
    Des chattes
Gardent ses appas
Et disent : « À bas
    Les pattes ! »

– Eux ils vont toujours ! –
Fatidique cours
    Des astres,
Oh ! dis-moi vers quels
Mornes ou cruels
    Désastres

L'implacable enfant,
Preste et relevant
    Ses jupes,
La rose au chapeau,
Conduit son troupeau
    De dupes ?

Fêtes galantes

ෝ

420

Intérieur

À grands plis sombres une ample tapisserie
De haute lice, avec emphase descendrait
Le long des quatre murs immenses d'un retrait
Mystérieux où l'ombre au luxe se marie.

Les meubles vieux, d'étoffe éclatante flétrie,
Le lit entr'aperçu vague comme un regret,
Tout aurait l'attitude et l'âge du secret,
Et l'esprit se perdrait en quelque allégorie.

Ni livres, ni tableaux, ni fleurs, ni clavecins ;
Seule, à travers les fonds obscurs, sur des coussins,
Une apparition bleue et blanche de femme

Tristement sourirait – inquiétant témoin –
Au lent écho d'un chant lointain d'épithalame,
Dans une obsession de musc et de benjoin.

ℰↄ

À Horatio

Ami, le temps n'est plus des guitares, des plumes,
Des créanciers, des duels hilares à propos
De rien, des cabarets, des pipes aux chapeaux
Et de cette gaîté banale où nous nous plûmes.

Voici venir, ami très tendre qui t'allumes
Au moindre dé pipé, mon doux briseur de pots,
Horatio, terreur et gloire des tripots,
Cher diseur de jurons à remplir cent volumes,

Voici venir parmi les brumes d'Elseneur
Quelque chose de moins plaisant, sur mon honneur,
Qu'Ophélia, l'enfant aimable qui s'étonne.

C'est le spectre, le spectre impérieux ! Sa main
Montre un but et son œil éclaire et son pied tonne,
Hélas ! et nul moyen de remettre à demain !

႘

Sonnet boiteux

À Ernest Delahaye

Ah ! vraiment c'est triste, ah ! vraiment ça finit trop mal.
Il n'est pas permis d'être à ce point infortuné.
Ah ! vraiment c'est trop la mort du naïf animal
Qui voit tout son sang couler sous son regard fané.

Londres fume et crie. Ô quelle ville de la Bible !
Le gaz flambe et nage et les enseignes sont vermeilles.
Et les maisons dans leur ratatinement terrible
Épouvantent comme un sénat de petites vieilles.

Tout l'affreux passé saute, piaule, miaule et glapit
Dans le brouillard rose et jaune et sale des *sohos*
Avec des *indeeds* et des *all rights* et des *haôs*.

Non vraiment c'est trop un martyre sans espérance,
Non vraiment cela finit trop mal, vraiment c'est triste :
Ô le feu du ciel sur cette ville de la Bible !

Le clown

À *Laurent Tailhade*

Bobèche, adieu ! bonsoir, Paillasse ! arrière, Gille !
Place, bouffons vieillis, au parfait plaisantin,
Place ! très grave, très discret et très hautain,
Voici venir le maître à tous, le clown agile

Plus souple qu'Arlequin et plus brave qu'Achille,
C'est bien lui, dans sa blanche armure de satin ;
Vides et clairs ainsi que des miroirs sans tain,
Ses yeux ne vivent pas dans son masque d'argile.

Ils luisent bleus parmi le fard et les onguents,
Cependant que la tête et le buste, élégants,
Se balancent sur l'arc paradoxal des jambes.

Puis il sourit. Autour le peuple bête et laid,
La canaille puante et *sainte* des Iambes
Acclame l'histrion sinistre qui la hait.

༄

Art poétique

À *Charles Morice*

De la musique avant toute chose,
Et pour cela préfère l'Impair

Plus vague et plus soluble dans l'air,
Sans rien en lui qui pèse ou qui pose.

Il faut aussi que tu n'ailles point
Choisir tes mots sans quelque méprise :
Rien de plus cher que la chanson grise
Où l'Indécis au Précis se joint.

C'est des beaux yeux derrière des voiles,
C'est le grand jour tremblant de midi,
C'est, par un ciel d'automne attiédi,
Le bleu fouillis des claires étoiles !

Car nous voulons la Nuance encor,
Pas la Couleur, rien que la nuance !
Oh ! la nuance seule fiance
Le rêve au rêve et la flûte au cor !

Fuis du plus loin la Pointe assassine,
L'esprit cruel et le rire impur,
Qui font pleurer les yeux de l'Azur,
Et tout cet ail de basse cuisine !

Prends l'éloquence et tords-lui son cou !
Tu feras bien, en train d'énergie,
De rendre un peu la Rime assagie.
Si l'on n'y veille, elle ira jusqu'où ?

Ô qui dira les torts de la Rime !
Quel enfant sourd ou quel nègre fou
Nous a forgé ce bijou d'un sou
Qui sonne creux et faux sous la lime ?

De la musique encore et toujours !
Que ton vers soit la chose envolée
Qu'on sent qui fuit d'une âme en allée
Vers d'autres cieux à d'autres amours.

Que ton vers soit la bonne aventure
Éparse au vent crispé du matin
Qui va fleurant la menthe et le thym...
Et tout le reste est littérature.

ℰᴑ

Luxures

À Léo Trézenik

Chair ! ô seul fruit mordu des vergers d'ici-bas,
Fruit amer et sucré qui jutes aux dents seules
Des affamés du seul amour, bouches ou gueules,
Et bon desserts des forts, et leurs joyeux repas,

Amour ! le seul émoi de ceux que n'émeut pas
L'horreur de vivre, Amour qui presses sous tes meules
Les scrupules des libertins et des bégueules
Pour le pain des damnés qu'élisent les sabbats,

Amour, tu m'apparais aussi comme un beau pâtre
Dont rêve la fileuse assise auprès de l'âtre
Les soirs d'hiver dans la chaleur d'un sarment clair,

Et la fileuse c'est la Chair, et l'heure tinte
Où le rêve étreindra la rêveuse, – heure sainte
Ou non ! qu'importe à votre extase, Amour et Chair ?

ℰᴑ

Langueur

À Georges Courteline

Je suis l'Empire à la fin de la décadence,
Qui regarde passer les grands Barbares blancs
En composant des acrostiches indolents
D'un style d'or où la langueur du soleil danse.

L'âme seulette a mal au cœur d'un ennui dense,
Là-bas on dit qu'il est de longs combats sanglants.
Ô n'y pouvoir, étant si faible aux vœux si lents,
Ô n'y vouloir fleurir un peu cette existence !

Ô n'y vouloir, ô n'y pouvoir mourir un peu !
Ah ! tout est bu ! Bathylle, as-tu fini de rire ?
Ah ! tout est bu, tout est mangé ! Plus rien à dire !

Seul, un poème un peu niais qu'on jette au feu,
Seul, un esclave un peu coureur qui vous néglige,
Seul, un ennui d'on ne sait quoi qui vous afflige !

Jadis et Naguère

Francis Vielé-Griffin

Mare vorax

Je suis venu vers toi, Mer, comme vont tes fleuves
Impétueux et forts, rongeant le frein des rives,
Tes fleuves triomphants dans leurs courses déclives,
Les fleuves souriants et doux où tu t'abreuves ;

Je suis venu noyer mon cœur en tes flots gris,
Mon cœur et ma pensée altière d'insurgé ;
Moi dont le rêve aventureux a voyagé
Confiant vers la gloire acerbe du mépris ;

Ô Mer, je suis venu vers toi, l'Insatiable,
Vers le gouffre oublieux et vers l'immense tombe,
Engloutir mon orgueil en l'abîme où retombe
La buée éphémère au mirage implacable ;

Mer, prends mon cœur, avec ses rêves chers et vains,
Et mon amour futile et son ambition,
Mer, dans l'oubli passif de toute vision,
Je veux errer parmi le deuil de tes grands pins ;

Car, par la plaine ensoleillée et dans l'ivresse,
J'ai marché, radieux de gloire anticipée ;
Mer d'oubli, sois le but de ma folle équipée :
Voici que sombre au large un soleil en détresse...

૭૭

Plein air

Ta chevelure éparpillée,
Énonde et coule en l'herbe verte
Comme un ruisseau clair sablé d'or ;
Et, sur ta gorge mi-couverte,
Un vague rayon danse ou dort ;
Distraitement, lèvre entrouverte,
Tu ris au ciel par la feuillée...

Ô douce chose printanière,
Ô jeune femme, ô fleur superbe,
Épanouis ta nudité
Royale emmi tes sœurs de l'herbe ;
L'inconsciente vanité
Rutile sur ta lèvre acerbe
Et rayonne dans ta crinière.

Reste ainsi : l'ombre violette
Se joue aux roses plis des hanches ;
Ouvre tes grands yeux puérils
Où rit l'orgueil de tes chairs blanches...
Oh ! fut-il en d'autres avrils
Pareille fête sous les branches ?
Et qu'elle est vaine la palette !

౩

« *Les feuilles, cette matinée...* »

Les feuilles, cette matinée,
Sont toutes satinées,

428

La pluie est tiède ;
Les chants d'hier reviennent en refrains,
Ce gai matin,
Et, si j'oublie, ta voix me vient en aide ;

Et si même ta mémoire défaille,
Je reprends l'air qui mène, vaille que vaille,
Les mots qu'il laisse, au hasard, se poursuivre ;
Que chantions-nous
Avec des mots si doux
Que même ainsi, sans suite, ils nous enivrent ?

Cueille d'avril

☙

L'étape

Arrête-toi,
Écoute-moi, mon frère, qui passes ;
Tais-toi :
Je sais notre âme tendre et lasse,
Que tu marchais sans regarder, ni voir,
Vers quelque espoir
Ancien et cher – ou jeune, à peine aimé,
Comme un rire entrevu qu'on suit, moqueur,
Ou comme un long regard perdu qu'on va cherchant
Marchant,
Marchant – d'octobre en mai ;
Je sais ton cœur, mon cœur.

Vois ; pense avec mes paroles choisies ;
Malgré le lourd flux de ton sang

Qui bat ta tempe, flots sur flots,
Rêve en mes paroles choisies :
Avec ton gai sifflet par les genêts
Et tout le blond soleil éblouissant
– Si bien que tu marchais les yeux mi-clos
Sur la route qui te menait –
Tu n'étais joyeux que de quelque espoir ?

C'est d'Elle ? avec un baiser à cueillir ?
Je sais ton cœur – on n'est pas gai à moins !
Vers son baiser qui sait vieillir
Marche, ivre, donc – au long des jeunes foins ;
On n'est pas ivre à moins.

Si ce n'est d'elle – assieds-toi ; tu es triste ;
Hors celle-là, il n'est pas d'autres joies ;
La vie est grave et la mort est sinistre :
Avec son envergure au vol démesuré,
Son ombre sur la vie est d'un oiseau de proie.

Certes, tu n'auras pas désespéré ;
Serrant ta volonté autour de toi
– Comme on serre un manteau trempé de pluie –
Tu marches droit,
Tu te sais immortel et tu défies
Le temps que tu sais leurre ;
Mais tu as peur de mourir, même une heure
– Une heure !… Tu le vois bien, l'heure t'étreint,
Mon frère humain.

Tu es triste ;
Tout souvenir est un tombeau sans Christ ;
La route qui t'a mené jusqu'ici
D'un vieux souci vers un jeune souci
– Si tu te retournais, la main au front,
Ainsi que celui qui regarde au loin,

Ainsi que font
Aux portes des tombeaux les hauts veilleurs de marbre –
La route est toute de croix bordée,
Et d'arbre en arbre…
Ton bel amour, ta jeune idée !

Si bien que tout sourire d'un sanglot se fausse,
Et que ton cher espoir se fait atroce.
Ô crois-moi, qui me souviens de demain :
La haute joie est douloureuse et telle
Qu'en sa douleur l'âme exulte immortelle ;
Pleurer est doux par-dessus toutes choses ;
Assieds-toi près de moi ;
Quand j'ai pleuré la tête entre les mains,
J'ai vu, entre mes doigts, ce lent jour gris tout rose :
Alors, mon âme eut foi.

Et toi, ma sœur, qui passes ;
Je te sais triste, aussi, bien que tu fasses,
Bien que tu pares de gaîtés l'inquiétude,
Bien que tu traînes aux cailloux, fleurdelysés,
Les pans altiers de ta robe de prude,
Ou bien que tes lèvres soient pleines de baisers
Que ta main prend et lance – ainsi qu'une pauvresse
Qui, pour se croire riche, vide à poignées,
Aux autres mendiants, sa sébile d'aumône ;
Ton âme est en détresse,
Fille de l'homme.

Hors ta petite fièvre
Jolie au gré du désir, ton miroir,
Que sais-tu de ta grâce ? Si, même, elle est ?
La tristesse t'a fait signe chaque soir
Montrant la vie, aussi, et ce qu'elle valait,
Si bien qu'en tremble un peu ta pauvre lèvre
Et que ton long regard s'en est voilé.
Assieds-toi là, ma sœur, et pleure :

431

Pleurer est beau par-dessus toutes choses ;
Il n'est qu'une heure, elle demeure,
Éternelle en métamorphoses ;
L'heure de pitié sainte et d'amour surhumain
Qui pleure jusqu'à sourire... enfin.

Les Cygnes

౭౨

« *Vous si claire...* »

« Vous si claire et si blonde et si femme,
Vous tout le rêve des nuits printanières,
Vous gracieuse comme une flamme
Et svelte et frêle de corps et d'âme,
Gaie et légère comme les bannières ;
Et ton rire envolé comme une gamme,
En écho, par les clairières – »

« Vous ma fierté tout enorgueillie,
Vous seul but, seule voie, seule fin,
Vous de qui seul je me rêvais cueillie,
Vous mon poème et ma soif et ma faim,
Quel soir est tombé, quelle heure est vieillie ? »

« Moi je m'en fus vers des fleuves dorés,
Roulant du Sud vers les plaines hyperborées ;
Quêteur des sources ignorées,
J'ai suivi la rive des fleuves dorés :
Les vents me poussaient à l'encontre des flots
Et je n'entendais plus mes propres sanglots ;
De l'envergure de mes voiles essorées
J'ai suivi la rive, à l'encontre des flots. »

« Je m'en suis allée en le rire des brises
Par le verger de Juin tout gemmé des cerises,
Dans l'arôme des fleurs et la chanson des cèdres,
Par un vague sentier propice aux méprises,
Tout glissant et sourd, à travers les grands cèdres :
J'ai cherché mon chemin jusqu'aux heures grises. »

« Moi je vins en un lieu qu'abrite une montagne,
Sous un ciel gris et froid dont la tristesse gagne,
Je me sentais las de la lutte et sans rêve ;
J'échouai ma barque et je gravis la grève
Et je m'en suis venu à travers la campagne,
Au crépuscule où la lune se lève. »

« Voici le carrefour – toutes routes s'y joignent –
Le sentier des hasards mène en fatals circuits :
Pour la suprême fois avant qu'ils ne s'éloignent
Nos cœurs battent d'accord sous le rêve des nuits. »

« Vois, ma fierté faiblit et je suis lâche en l'ombre... »

« Vois ma pudeur se meurt et se donne et te veut... »

« ... Il semble qu'une étoile, vois ! vacille et sombre... »

« ... Écoute : la forêt, au loin, là-bas, s'émeut... »

Joies

ൟ

433

« *Ne croyez pas…* »

Ne croyez pas,
– Pour ce qu'avril rit rose
Dans les vergers,
Ou pâlit de l'excès voluptueux des fleurs –,
Que toutes choses
Sont nos gais cœurs,
Et qu'il n'est plus une soif à étancher.
Ne croyez pas,
– Glorieux des gloires automnales,
Ivres des vins jaillis que boit l'épi qu'on foule –,
Qu'il n'est plus une faim que rien ne saoûle :
Car Décembre est en marche dans la nuit pâle.

Oui, mais ne croyez pas
– Parce qu'autour de vous toute âme est vile,
Et que la foule adore son vice servile,
Parce que, sur la plaine où le Mystère halète
Courbant l'épi, froissant la feuille, d'ailes inquiètes,
Grandit la ville –,
Ne croyez pas,
– Bien que tout cœur soit bas, –
Que le vieil Angélus sonne à jamais le glas ;
Croyez, sachez, criez à pleine voix
Que l'Amour est vainqueur et que l'Espoir est roi !

Fleurs du chemin et chansons de la route

℘

Thrène

Si l'on te disait : Maître !
Le jour se lève ;
Voici une aube encore, la même, pâle ;
Maître, j'ai ouvert la fenêtre,
L'aurore s'en vient encor du seuil oriental,
Un jour va naître !
– Je croirais t'entendre dire : Je rêve.

Si l'on te disait : Maître, nous sommes là,
Vivants et forts,
Comme ce soir d'hier, devant ta porte ;
Nous sommes venus en riant, nous sommes là,
Guettant le sourire et l'étreinte forte,
– On nous répondrait : Le Maître est mort.

Des fleurs de ma terrasse,
Des fleurs comme au feuillet d'un livre,
Des fleurs, Pourquoi ?
Voici un peu de nous, la chanson basse
Qui tourne et tombe,
– Comme ces feuilles-ci tombent et tournoient –
Voici la honte et la colère de vivre
Et de parler des mots – contre ta tombe.

෨

« *Si, seulement, le soir...* »

Si, seulement, le soir...
Mais l'ombre est longue et tourne lentement ;
Ta pensée gagne en moi, comme la nuit :

Deuil clair où luit le millier des astres,
Tristesse à la clarté hautaine et vaste,
Froid souffle de ton immortalité...
Quelle fièvre brûle en moi comme un été :
Les feuilles dont je foulais le désastre
Bruissent et tu marches à mon côté.
Alors, j'ai crié vers ceux-là d'antan
D'une voix si jeune que je l'écoutais rire
Dans l'écho de la nuit
Et je me suis assis contre cet arbre
Pour tout vous dire,
Et puis...

Maître, cette heure-là est lointaine et se fane ;
À peine, dans les branches, est-ce l'ombre diaphane
D'une feuille jouant avec le clair de lune ;
À la pointe d'une herbe, c'est la goutte posée
Où toute la nuit claire scintille et se résume
Et qu'un souffle fait choir dans l'oubli de l'allée,
Larme qu'on n'essuie pas et qui brûle la joue
Et glisse vers la lèvre et tombe dans la boue
Ne laisse à la douleur que sa saveur salée...

L'heure unanime est loin qui fut la nôtre
Et rien n'est plus de cet enivrement
Dont frémirent d'accord, mêlant leur rêve au vôtre,
Dans la joie et la foi de vivre et de survivre,
Vingt cœurs fiévreux et fiers du clair sang des vingt ans :
La mort surprit les uns, la vie a pris les autres.

Sans doute le groupe adolescent t'a suivi, Maître,
Beaux de cet avenir où je m'attarde seul
À relever le rideau blanc de la fenêtre,
Le voile du passé tombé comme un linceul...

La nuit recule !

Le jour renaît : c'est hier et puis sa veille ;
La torche consumée surgit des cendres et brûle :
L'autre année reverdit, et celle qui fut devant
Accourt accorte et claire en robe d'amarante ;

Voici, flèches d'aurore vibrer dans l'air qui chante
Le vol matutinal et d'or de mille abeilles ;
Je monte à ton côté, dans la rumeur des treilles,
Les marches de l'été :
Juin se lève, là-bas, et brandit dans le vent
La bannière éperdue de sa haute futaie
Que le fleuve incertain ne mire qu'en tremblant.

Ah ! qu'elle vit, ardente, intime et vaste,
Cette heure de pas et de paroles !
Ne sont morts que nos jours néfastes
Et que nos minutes frivoles ;
Ne meurent que les pauvres dires
D'envie, de haine et de honte
Et tout le sarcasme et le rire ;
Seule, la Voix grave aux mots ailés
Dans l'heure éternelle chante et monte.

Son écho soit ton mausolée.

                                    In Mémoriam Stéphane Mallarmé

RENÉE VIVIEN

Les yeux gris

Le charme de tes yeux sans couleur ni lumière
Me prend étrangement ; il se fait triste et tard,
Et, perdu sous le pli de ta pâle paupière,
Dans l'ombre de tes cils sommeille ton regard.

J'interroge longtemps tes stagnantes prunelles.
Elles ont le néant du soir et de l'hiver
Et des tombeaux : j'y vois les limbes éternelles,
L'infini lamentable et terne de la mer.

Rien ne survit en toi, pas même un rêve tendre.
Tout s'éteint dans tes yeux sans âme et sans reflet,
Comme dans un foyer de silence et de cendre...
Et l'heure est monotone ainsi qu'un chapelet.

Parmi l'accablement du morne paysage,
Un froid mépris me prend des vivants et des forts...
J'ai trouvé dans tes yeux la paix sinistre et sage
Et la mort qu'on respire à rêver près des morts.

Études et Préludes

ကဿ

Sonnet féminin

Ta voix a la langueur des lyres lesbiennes,
L'anxiété des chants et des odes saphiques,
Et tu sais le secret d'accablantes musiques
Où pleure le soupir d'unions anciennes.

Les Aèdes fervents et les Musiciennes
T'enseignèrent l'ampleur des strophes érotiques
Et la gravité des lapidaires distiques.
Jadis tu contemplas les nudités païennes.

Tu sembles écouter l'écho des harmonies
Mortes ; bleus de ce bleu des clartés infinies,
Tes yeux ont le reflet du ciel de Mytilène.

Les fleurs ont parfumé tes étranges mains creuses ;
De ton corps monte, ainsi qu'une légère haleine,
La blanche volupté des vierges amoureuses.

Cendres et Poussières

ৎ

Twilight

Ô mes rêves, voici l'heure équivoque et tendre
Du crépuscule, éclos telle une fleur de cendre.

Les clartés de la nuit, les ténèbres du jour,
Ont la complexité de mon étrange amour…

Sous le charme pervers de la lumière double,
Le regard de mon âme interroge et se trouble.

Je contemple, tandis que l'énigme me fuit,
Les ténèbres du jour, les clartés de la nuit...

L'ambigu de ton corps s'alambique et s'affine
Dans son ardeur stérile et sa grâce androgyne.

Les clartés de la nuit, les ténèbres du jour,
Ont la complexité de mon étrange amour...

&

Le bloc de marbre

Je dormais dans le flanc massif de la montagne...
Ses tiédeurs m'enivraient. Auprès de mon sommeil
Sourdait l'ardent effort des fleurs vers le soleil.
Rien ne troublait la paix large de la montagne.

Je dormais. Je semblais un astre dans la nuit,
Et l'ondoyant avril que l'amour accompagne
Tremblait divinement sur l'or de la campagne,
Sans rompre mon attente obscure dans la nuit.

Blancheur inviolée au fond de l'ombre éteinte,
J'ignorais le frisson du nuage, et le bruit
Des branches et des blés sous le vent qui s'enfuit
En sifflant... Je dormais au fond de l'ombre éteinte,

Lorsque tu m'arrachas à mon calme éternel,
Ô mon maître ! ô bourreau dont je porte l'empreinte !

Dans la douleur et dans l'effroi de ton étreinte,
Je vécus, je perdis le repos éternel...

Je devins la Statue au front las, et la foule
Insulte d'un regard imbécile et cruel
Ma froide identité sans geste et sans appel,
Pâture du regard passager de la foule.

Et je suis la victime orgueilleuse du temps,
Car je souffre au-delà de l'heure qui s'écoule.
Mon angoisse domine altièrement la houle
Gémissante qui meurt dans l'infini du temps.

Je te hais, créateur dont la pensée austère
A fait jaillir mon corps en de fiévreux instants,
Et dont je garde au cœur les rêves sanglotants...
Je connais les douleurs profondes de la terre,

Moi qui suis la victime orgueilleuse du temps.

Évocations

℘

Orgueil de poète

Je voile avec dédain le trésor qui me reste...
Mon orgueil de poète est en moi comme un mal
Tenace, suraigu, dominant, animal...
Car l'orgueil du poète est terrible et funeste...

Quand la foule amassait la farine et le mil,
Mon orgueil m'enjoignit de m'astreindre et me taire,

Inexorable autant que le lointain tonnerre
Et l'orgueil de celui qui chante dans l'exil…

Qu'ailleurs l'aube de gloire irradie et rougeoie !
Que m'importe le vent qui disperse mes vers
Dans les replis obscurs de l'obscur univers,
Puisque je n'ai chanté que pour ma seule joie ?

℘

La fusée

Vertigineusement, j'allais vers les Étoiles…
Mon orgueil savourait le triomphe des dieux,
Et mon vol déchirait, nuptial et joyeux,
Les ténèbres d'été, comme de légers voiles…

Dans un fuyant baiser d'hymen, je fus l'amant
De la Nuit aux cheveux mêlés de violettes,
Et les fleurs du tabac m'ouvraient leurs cassolettes
D'ivoire, où tiédissait un souvenir dormant.

Et je voyais plus haut la divine Pléiade…
Je montais… J'atteignais le Silence Éternel…
Lorsque je me brisai, comme un fauve arc-en-ciel,
Jetant des lueurs d'or et d'onyx et de jade…

J'étais l'éclair éteint et le rêve détruit…
Ayant connu l'ardeur et l'effort de la lutte,
La victoire et l'effroi monstrueux de la chute,
J'étais l'astre tombé qui sombre dans la nuit.

La satyresse

Ô Vierges qui goûtez la fraîcheur des fontaines,
Êtres de solitude avides d'infini,
Fuyez la Satyresse aux prunelles hautaines,
Au regard que l'éclat du soleil a terni.
Sa fauve chevelure est semblable aux crinières
Et son pas est le pas nocturne des lions.
Sa couche a le parfum du thym et des bruyères.
Elle veut l'heure intense où sombrent les rayons :
C'est l'heure qu'elle attend pour emporter sa proie,
Les seins inviolés, les fronts et les yeux purs,
Qu'elle aime et qu'elle immole à l'excès de sa joie,
Qu'elle imprègne à jamais de ses désirs obscurs.
Son passage flétrit la fraîcheur des fontaines,
Son haleine corrompt les songes d'infini
Et verse le regret des luxures hautaines
Au rêve que l'odeur des baisers a terni.

Le Vent des Vaisseaux

443

NOTICES SUR LES AUTEURS

Alphonse ALLAIS (1854-1905)
Habitué du *Chat Noir* et rédacteur en chef de sa revue pendant
cinq ans, cet humoriste fut aussi poète, conteur et journaliste.
Un des personnages clés des cercles hydropathes et fumistes,
il prit part aux manifestations des « arts incohérents ». Ses
Œuvres anthumes et *posthumes*, éditées par François Caradec
(auteur d'une belle étude biographique) ont paru en 1989.
Une sélection de ses poèmes du *Chat Noir* a été publiée dans
Les Poètes du Chat Noir d'André Velter (1996).

Albert AURIER (1865-1892)
Principalement connu pour ses critiques d'art, Aurier
débuta comme poète dans les petites revues des années
1880. Fondateur, avec Alphonse Allais, du *Faucon noir*,
Aurier donna plusieurs poèmes au *Décadent* d'Anatole Baju,
et montra un don parodique ainsi qu'un réel talent de
versificateur. Les *Œuvres posthumes de G.-A. Aurier* parurent
en 1893, avec une préface de Remy de Gourmont.

Henry BATAILLE (1872-1922)
Poète et dramaturge, Henry Bataille devint célèbre grâce
à son théâtre, qui eut beaucoup de succès pendant la
première guerre mondiale. Sa poésie garde toutefois sa place
parmi les poètes mineurs du prolongement symboliste. Son

premier livre de poèmes, *La Chambre blanche* (1895), parut avec une préface de Marcel Schwob, et on lui doit un petit livre de portraits littéraires, *Têtes et Pensées* (1901). *Le Beau Voyage* (1904) rassemble ses premiers recueils.

Paul CLAUDEL (1868-1955)
Poète et dramaturge, le jeune Claudel fréquenta les mardis de Mallarmé avant de devenir diplomate, d'abord en Amérique, ensuite en Extrême-Orient. Parmi ses principales œuvres poétiques, on notera *Connaissance de l'Est* (1900), *Les Muses* et *Cinq Grands Odes* (1910). Claudel est également l'auteur d'une des grandes pièces du théâtre symboliste, *Tête d'or* (1889) et, en 1910, de *L'Annonce faite à Marie*.

Tristan CORBIÈRE (1845-1875)
Un des grand personnages de la poésie française du XIXe siècle, Corbière ne fut guère reconnu de son vivant. Fils de marin (le romancier Edouard Corbière) Corbière chanta la mer et sa Bretagne natale, ainsi que la laideur et la mesquinerie de la métropole. Verlaine le rangea parmi les « poètes maudits ». *Les Amours jaunes* (1873) eurent une influence considérable sur le jeune Laforgue et, plus tard, sur Ezra Pound et T.S. Eliot.

Charles CROS (1842-1888)
Comme Corbière, Cros est un poète inclassable. Doué de tous les talents, il connaissait plusieurs langues (dont le sanscrit, l'hébreu, le grec ancien), inventa le phonographe (avant Edison) et fut un pionnier de la photographie en couleurs. Ami de Verlaine (qui le range parmi les « poètes maudits »), il traversa les milieux fumistes et hydropathes, et présida la réunion des zutistes en 1883. Il publia un seul recueil de son vivant, *Le Coffret de santal* (1873) ; *Le Collier de griffes* est posthume.

Jean DELVILLE (1867-1953)
Peintre belge, disciple de Péladan, il fut aussi poète et

dramaturge. Fondateur du Salon d'Art idéaliste, Delville croyait à la la mission religieuse de l'art. Parmi ses écrits, on notera le *Dialogue entre nous* (1895) et *La Mission de l'art* (1900).

Léon Deubel (1879-1913)
Pauvre, isolé et excentrique, Deubel contribua pourtant au prolongement de l'esprit symboliste, cherchant surtout à perpétuer les principes esthétiques de Mallarmé.

Edouard Dubus (1864-1895)
Ce poète mélancolique, pessimiste et ironique, est mort d'une surdose de morphine. Son recueil principal, *Quand les violons sont partis*, parut en 1892.

Edouard Dujardin (1861-1949)
Poète, romancier et dramaturge, Dujardin fonda *La Revue wagnérienne* et *La Revue indépendante* et, en 1888, publia *Les Lauriers sont coupés*, roman qui, par l'utilisation du monologue intérieur, préfigure l'*Ulysse* de James Joyce. Sa trilogie *Antonia* est une œuvre centrale dans le théâtre symboliste. On lui doit aussi un livre de souvenirs, *Mallarmé par un des siens* et *Les Premiers Poètes du vers libre*. Parmi ses recueils de poèmes, on notera *Les Hantises* (1886), *La Comédie des amours* (1891) et *Le Chevalier du Passé* (1892).

Max Elskamp (1861-1931)
Poète belge originaire d'Anvers où il vécut la plus grande partie de sa vie en reclus, Elskamp fit sa première visite à Paris, où il rencontra Mallarmé, en 1884. Avec l'artiste Henry Van de Velde, il fonda à Anvers le Salon de l'Art indépendant, où fut acueillie l'avant-garde artistique de l'époque. Son premier recueil de poèmes, *Dominical,* parut en 1892, suivi en 1893 de *Salutations* et des *Six Chansons de pauvre homme pour célébrer la semaine de Flandre* en 1895. Ces livres, illustrés par l'auteur et publiés de façon artisanale, furent regroupés dans *La Louange de la Vie* (Mercure de France, 1898), qui lui

valut un grand succès critique. En 1922, il publia *La Chanson de la rue Saint-Paul*, un de ses chefs-d'œuvre. Devenu dément, il est mort à Anvers.

Adoré FLOUPETTE
Création d'Henri Beauclair et de Gabriel Vicaire dans le recueil-canular *Les Déliquescences, poèmes décadents d'Adoré Floupette* (1884, dans une belle édition préfacée et annotée par son fidèle ami Marius Tapora, pharmacien), ce "poète décadent" ne publia pas d'autre ouvrage.

André FONTAINAS (1865-1948)
Poète fécond, traducteur, critique littéraire et critique d'art, André Fontainas, né à Bruxelles, s'établit à Paris en 1888. Parmi ses œuvres principales on notera : *Le Sang des fleurs* (1889), *Les Vergers illusoires* (1892), *Nuits d'Épiphanies* (1894) et *Les Estuaires d'Ombre* (1895). *Crépuscules* (1897) rassemble ses premiers recueils à l'exception du *Sang des Fleurs*. Un *Choix de poèmes* parut au Mercure de France en 1950.

Paul FORT (1872-1960)
Fondateur du Théâtre d'Art, prototype du théâtre symboliste, Paul Fort fut un des poètes les plus connus de son temps, élu « prince des Poètes » à l'époque où Pound visitait Paris. Avec Louis Mandin, il publia un livre de critique, *La Poésie française depuis 1850* (1927). Ses œuvres poétiques principales sont ses *Ballades*.

Georges FOUREST (1867-1945)
Cet « apprenti-décadent », ami de Laurent Tailhade, débuta au *Décadent* en 1889. Poète inventif, d'une grande facilité technique et d'un humour fin, il fit imprimer sur sa carte de visite : « oisif, avocat, loin de la Cour d'Appel. » Il fit paraître *La Négresse blonde* en 1909 et *Le Géranium oripave* en 1935.

René GHIL (1862-1925)
L'un des plus ambitieux poètes symbolistes, Ghil imita
Mallarmé avant de se brouiller avec lui, en 1888, pour une
histoire d'instrumentation verbale. Il consacra ses énergies
théoriques à discerner les correspondances entre les lettres,
les sons, les couleurs et les idées. Il évolua vers une
conception de la poésie scientifique, et consacra sa carrière
post-symboliste à une ambitieuse épopée sur le progrès
humain. Ses œuvres théoriques comprennent : *Traité du
Verbe* (1886, avec un célèbre « avant-dire » de Mallarmé),
En Méthode à l'Œuvre (1891) et *De La Poésie Scientifique*
(1909). Son *Pantoun des Pantoun* parut en 1902. Ses *Œuvres*
en trois volumes parurent chez Messein en 1938.

André GIDE (1869-1951)
Ami de Pierre Louÿs et de Paul Valéry, le jeune Gide
fréquentait les « mardis » de Mallarmé. *Les Poésies d'André
Walter*, parurent en 1891. *Le Traité du Narcisse* (1891) et
Le Voyage d'Urien (1893) témoignent de l'influence du
symolisme sur ses premières œuvres.

Iwan GILKIN (1858-1924)
Poète bruxellois, directeur de *La Jeune Belgique* et baudelairien attardé, Gilkin s'opposait à l'art social, mais surtout
à Verhaeren et à la poésie symboliste (en particulier au vers
libre). Il tenta, avec Valère Gille et Albert Giraud, de préser-
ver l'héritage parnassien en Belgique. Son recueil principal
est *La Nuit* (1897), sous-titré « Pélerinage de l'Enfer »
On lui doit aussi un beau livre de souvenirs d'enfance
bruxelloise.

Albert GIRAUD (1860-1929)
Poète belge, Giraud contribua à *La Jeune Belgique* et prit part
aux débats littéraires qui agitèrent la société littéraire belge.
Sa technique, parnassienne, contraste avec sa sensibilité
maladive et luxueuse. Ses principaux recueils sont *Pierrot
Lunaire* (1884), *Hors du siècle* (1888) et *Les Dernières fêtes (1894).*

En 1912, Schönberg choisit douze rondels de *Pierrot Lunaire* comme motifs d'une de ses compositions atonales.

Émile GOUDEAU (1849-1906)

Habitué du *Chat Noir*, rédacteur de sa revue (ainsi que des *Quat'z'Arts*) et fondateur du Club des Hydropathes, cet humoriste et décadent à mi-temps publia *Fleurs de bitume* (1878), *Poèmes ironiques* (1884) et *Poèmes parisiens* (1897). La plus grande partie de son œuvre poétique est regroupée dans *Poèmes à dire* (1898), et son livre de souvenirs, *Dix ans de bohème*, mériterait de devenir un classique.

Remy de GOURMONT (1858-1915)

Poète, romancier et critique, Gourmont est un des plus subtils et des plus intelligents commentateurs de l'époque. Les deux *Livres des Masques* et les *Promenades littéraires* restent parmi les guides essentiels de la période symboliste. La plus grande partie de son œuvre poétique est réunie dans *Divertissements* (1913). Parmi ses œuvres centrales on notera son étude *Le Latin mystique* (1892), ses romans *Sixtine* (1890) et *Les Chevaux de Diomède (1897)*.

Fernand GREGH (1873-1963)

Poète et critique prolifique, sinon prolixe, Gregh collabora à plusieurs revues, et fonda en 1906 *Les Lettres*. Adroit mais sans grande originalité, on notera parmi ses œuvres d'inspiration symboliste *La Maison de l'enfance* (1897) et *La Beauté de vivre* (1900). Il devint plus tard un représentant de la poésie « humaniste ».

Charles GUÉRIN (1873-1907)

Poète tourmenté, mélancolique mais cérébral, son recueil *Le Sang des crépuscules* (1895) fut préfacé par Mallarmé, et il collabora au *Mercure de France*, à *L'Ermitage* et à la *Revue Blanche*. Son *Homme intérieur* parut en 1904, et on lui doit une étude sur Rodenbach.

450

Théodore HANNON (1851-1916)
Poéte, peintre et éditeur belge, cet ami de Huysmans participa à *La Jeune Belgique* et fut rédacteur en chef de *L'Artiste*. Huysmans écrivit une préface à son principal recueil, *Les Rimes de joie* (1881), mais les deux amis se brouillèrent assez vite.

André-Ferdinand HÉROLD (1865-1940)
Poète, romancier, critique et chroniqueur, Hérold s'essaya avec succès à plusieurs spécialités, devenant l'un des plus féconds collaborateur des revues symbolistes. Il traduisit et adapta des pièces de théâtre. Parmi ses œuvres poétiques, signalons : *Chevaleries sentimentales* (1893), *Intermède pastoral* (1896) et *Au hasard des chemins* (1900).

Joris-Karl HUYSMANS (1848-1907)
Romancier et critique d'art, Huysmans débute avec un recueil de poèmes en prose, *Le Drageoir aux épices*, influencé par Baudelaire et Aloysius Bertrand (1874). Son roman *À Rebours* (1884) résume, à travers son héros Des Esseintes, la sensibilité et le goût des décadents. Mallarmé, qui figure parmi les poètes préférés de Des Esseintes, intitulera un des ses poèmes « Prose (pour Des Esseintes) ». Huysmans évoluera vers un naturalisme mystique et se convertira en 1892. Il est l'auteur d'un des grands romans de la symbolique médiévale, *La Cathédrale* (1898).

Vincent HYSPA (1865-1938)
Habitué du *Chat Noir*, ami d'Erik Satie (qui composa des chansons pour lui), son célèbre monologue « Le Ver solitaire » le lança dans les milieux hydropathes. Auteur de quelques poèmes d'inspiration décadente, il chantait ses poèmes humoristiques dans les cabarets de Paris. Parmi ses œuvres, on notera *Chansons d'humour* (1903).

Alfred JARRY (1873-1907)
Célèbre auteur d'*Ubu Roi* et fondateur de la pataphysique,

son seul recueil de poésie à proprement parler, *Les Minutes de Sables mémorial*, féerie finiséculaire, pleine de néologismes, de vocables scientifiques et hermétiques, parut en 1894. Son poème en prose « Du petit nombre des élus » (*Gestes et opinions du Docteur Faustroll*) est une litanie des auteurs symbolistes et décadents qu'il admire.

Gustave KAHN (1859-1936)

Un des personnages-clés dans le développement du symbolisme, Kahn fonda *La Vogue* en 1886 puis (avec Moréas et Paul Adam) *Le Symboliste* en 1887. Ses critiques et polémiques, savamment entreprises avec Moréas, Adam et parfois Fénéon, assurèrent une grande publicité à la jeune école qui tentait alors (1886-88) de se distinguer de Baju, de Ghil et des écrivains du *Décadent*. Avec Moréas, Adam et Fénéon, Kahn participa à l'écriture du *Petit Glossaire pour servir à l'intelligence des auteurs symbolistes et décadents* (1888), par « Jacques Plowert ». Il se vanta d'avoir été le premier à employer le vers libre en France. Du point de vue historique, ses *Origines du Symbolisme* (1936) est un intéressant livre de souvenirs.

Georges KHNOPFF (1860-1927)

Écrivain, poète et traducteur belge. Frère cadet de Fernand Khnopff, il collabore de 1883 à 1887 à *La Jeune Belgique*. Accusé en 1884, par *Le Lutèce*, d'avoir plagié Verlaine dans une suite de poèmes intitulée « XVIIIᵉ siècle », il est exclu en 1887 du *Parnasse de La Jeune Belgique*.

Tristan KLINGSOR (Léon Leclerc, 1874-1966)

Poète, peintre et musicien, Klingsor ne fit, à proprement parler, partie d'aucune école. Son œuvre, à la fois mystérieuse et limpide, lui appartient en propre. Ses recueils principaux sont *Tryptiques des Châtelaines* (1892), *Filles-Fleurs* (1895), *Squelettes fleuris* (1897) et *Schéhérazade* (1903).

Marie KRYSINSKA (1864-1908)
Une des seules femmes à avoir été admise à se produire au *Chat Noir*, ce poète d'origine polonaise se présentait comme l'initiatrice du vers libre en France. Ses recueils principaux sont *Rythmes pittoresques* (1890) et *Joies errantes* (1894).

Jules LAFORGUE (1860-1887)
Laforgue, qui incarne la sensibilité décadente, inspirera les premières œuvres de Pound et d'Eliot. Son premier recueil, *Les Complaintes*, parut en 1885, suivi en 1886 par *Le Concile féerique* et *L'Imitation de Notre-Dame la Lune* en 1886. Il fut un des poètes les plus cités du *Petit Glossaire* de Plowert, pour ses néologismes, ses mots valises et ses mots détournés. Ses *Derniers Vers* parurent en 1890.

Louis LE CARDONNEL (1862-1936)
Fréquentant *Le Chat Noir* entre 1884 et 1886, Le Cardonnel devint un ami d'Albert Samain, et l'un des fidèles des « mardis » de Mallarmé, rue de Rome. En 1896, il se fait ordonner prêtre. Ses *Poèmes* parurent au Mercure de France en 1904, ainsi que ses *Œuvres* en deux volumes (1928).

Grégoire LE ROY (1862-1941)
Condisciple de Maeterlinck et de Van Lerberghe au Collège Sainte-Barbe de Gand, Le Roy publie son premier recueil de poèmes, *Mon cœur pleure d'autrefois,* en 1889. Il sera repris en 1907 dans *La Chanson du Pauvre*. Il est également l'auteur d'une étude sur James Ensor.

Jean LORRAIN (1855-1906)
Poète, romancier, conteur et chroniqueur, Lorrain fut un des écrivains les plus scandaleux de son époque. Son roman *Monsieur de Phocas* fut un des romans « fin de siècle » les plus risqués, et ses contes et romans eurent un succès considérable de son vivant, par exemple *M. de Phocas* (1901). Quant à *M. de Bougrelon* (1897), il passe pour un portrait

romancé de Robert de Montesquiou, et annonce le Charlus
de Proust. Parmi son œuvre poétique, on notera : *La Forêt
bleue* (1883), *Modernités* (1885) et *Les Griseries* (1887).

Pierre LOUŸS (1870-1925)
Condisciple de Gide à l'école Alsacienne, Louÿs est
principalement connu pour ses romans (*Aphrodite*, 1896)
et ses *Chansons de Bilitis* (1895), recueil de prétendues
traductions du grec ancien, qui connurent un succès
considérable. Son premier recueil de poèmes, *Astarté*, avait
paru en 1892. Il fonda la revue *La Conque*, et fut l'auteur
de plusieurs recueils de poèmes érotiques.

O.V. de LUBICZ-MILOSZ (Oscar Vadislas de Lubicz-Milosz)
(1877-1939)
Après des débuts décadents et symbolistes, cet auteur
inclassable, d'origine lithuanienne, se consacra à l'hermétisme,
à la philosophie et à la religion. S'intéressant à la Kabbale,
il publia *Ars Magna* en 1924 et *Les Arcanes* en 1926. Son
Poème des Décadences parut en 1899, et *Les Sept solitudes* en 1906.

Maurice MAC-NAB (1856-1889)
Chansonnier et humoriste, habitué du *Chat Noir*, il publia
des *Poèmes mobiles* (1885) et des *Poèmes incongrus* (1887) chez
Léon Vanier, « bibliopole des décadents ».

Maurice MAETERLINCK (1862-1949)
Dramaturge, poète et essaiste belge, Maeterlinck obtint le
prix Nobel de la Littérature en 1911. Son théâtre – *L'Intruse*,
Les Aveugles, *Intérieur* – fut un des grands succès du
symbolisme, tandis que *Pelléas et Mélisande* (1892) devint
l'emblème d'un monde dramatique rêveur, insolite et
immatériel. Co-fondateur (avec Pierre Quillard et Saint-
Pol-Roux) de la revue *La Pléiade*, Maeterlinck publia un
recueil d'inspiration décadente, *Serres chaudes,* en 1889,
suivi d'une plaquette de *Douze chansons* en 1896.

Stéphane MALLARMÉ (1842-1898)
Le plus grand poète de l'époque, Mallarmé pratique le
symbolisme bien avant l'école qui allait le revendiquer
comme chef. Avec Verlaine, il devint un des « maîtres »
des jeunes poètes, mais, pas plus que Verlaine, ne croyait
aux « étiquettes » littéraires. Dans ses soirées poétiques,
les célèbres « mardis » qu'il tenait dans son appartement
de la rue de Rome, on pouvait rencontrer Maeterlinck,
Gide, Valéry, Symons, Wilde, parmi bien d'autres. Sa prose
(souvent aussi « difficile » que ses poèmes) révèle un grand
penseur qui ne se limite pas aux questions littéraires et
artistiques.

Louis MANDIN (1872-1944)
Poète et critique, co-auteur, avec Paul Fort, de *La Poésie
française depuis 1850* (1927), Mandin meurt en déportation
en Allemagne. Il avait publié son premier recueil de
poèmes, *Les Sommeils,* en 1905. Parmi les recueils suivants,
on retiendra *Ombres voluptueuses* (1907), *Ariel esclave* (1912)
et *Les Saisons ferventes* (1914).

Camille MAUCLAIR (1872-1975)
Ce critique et homme de lettres symboliste fut aussi metteur
en scène de théâtre, responsable de quelques-uns de plus
retentissants succès du théâtre symboliste (dont le *Pelléas et
Mélisande* de Maeterlinck). Ses œuvres poétiques principales
sont *Sonatines d'automne* (1894) et *Le Sang parle* (1904).

Louis MÉNARD (1822-1901)
Ni symboliste ni décadent, ce professeur érudit publia
quelques poèmes dans *Poèmes et Rêveries d'un païen mystique*
(1896), qui se rapprochent de l'inspiration des jeunes poètes
de l'époques.

Stuart MERRILL (1863-1915)
D'origine américaine (il est né à Long Island), ce poète joua
un rôle important dans la formation du symbolisme et dans

l'esprit d'échange franco-anglo-américain de l'époque. Il passa son enfance à Paris, et fit ses études au lycée Condorcet avec Mikhaël, Quillard et René Ghil. Il collabora aux grandes revues symbolistes et entreprit de traduire et de faire connaître la poésie française dans les pays anglophones et de faire connaître les poètes américains en France. Parmi ses recueils, on notera : *Les Gammes* (1887), *Les Fastes* (1891), *Petits Poèmes d'automne* (1895) et *Les Quatre saisons* (1900).

Victor-Emile MICHELET (1861-1938)
Poète ésotérique, lié avec Stanislas de Guaita et Maurice Barrès, Michelet publia *La Porte d'Or* en 1902, et son premier livre de théorie, *L'Ésotérisme dans l'art* en 1890. Il correspondit avec Mallarmé qui, dans une lettre à Michelet, définit l'occultisme comme « le commentaire de signes purs ».

Ephraïm MIKHAËL (1866-1890)
La mort à vingt-quatre ans de ce camarade d'école de Quillard, Ghil et Merrill fut une des grandes pertes de la génération symboliste. Mélancolique, doucement ironique, et d'un grande facilité technique, ses poèmes ont une originalité certaine. Ses *Œuvres* parurent en 1890.

Albert MOCKEL (1866-1945)
Fondateur de *La Wallonie*, le Liégeois Mockel fut un des plus subtils critiques de l'époque et un des meilleurs théoriciens du symbolisme. Il fréquenta les mardis de Mallarmé, connaissait la littérature et la philosophie allemannde, et fit de *La Wallonie* une des revues les plus cosmopolites de l'époque. Son œuvre critique – *Stéphane Mallarmé : un héros* et *Esthétique du Symbolisme* – demeure essentielle à la compréhension du symbolisme. Mockel n'est pas naturellement poète, mais ses recueils – surtout *L'Essor du Rêve*, *Chantefable un peu naïve* et *Clartés* – ont une certaine originalité.

Robert de MONTESQUIOU (1855-1921)
Un des grands dandys de l'époque (modèle, paraît-il, de
Des Esseintes, de M. de Bougrelon et du baron de Charlus),
Montesquiou ne fut pas sans talent comme poète, critique
occasionnel et amateur d'art. Parmi ses recueils, on notera
Les Chauves-souris (1892) et *Les Hortensias bleus* (1896).

Jean MORÉAS (1856-1910)
Ce poète athénien éduqué en France fut un des pincipaux
acteurs du symbolisme, et l'auteur du célèbre manifeste de
1886. Cinq ans plus tard, il rompra avec les symbolismes
pour fonder l'école romane. Il collabora avec Paul Adam
à des romans symbolistes (*Le Thé chez Miranda* et *Les
Demoiselles Goubert*), et fonda *La Vogue* puis *Le Symboliste*.
S'il se jetait volontiers dans les batailles littéraires, sa poésie
révèle une morale stoïcienne et une technique classique.
Parmi ses œuvres, on notera : *Les Syrtes* (1884), *Les Cantilènes*
(1886), *Le Pèlerin Passionné* (1891) et *Les Stances* (1901 ;
1905 ; 1920). Ses *Œuvres* en deux volumes parurent au
Mercure de France (1923,1926).

Charles MORICE (1861-1919)
Poète et critique, disciple de Verlaine (c'est à Morice que
Verlaine dédie son « Art Poétique »), Morice ne mérite pas
l'oubli où il se trouve actuellement. Son livre *La Littérature
de tout à l'heure* (1889) est un travail de synthèse et de théorie
symbolistes important et érudit, et ses vers montrent une
grande ambition philosophique ainsi qu'un réel don
poétique.

John-Antoine NAU (Eugène Torquet, 1860-1918)
Débutant dans les revues symbolistes, ce poète et romancier
gagna le premier prix Goncourt en 1903 pour son roman
Force ennemie. Ses recueils de poésies sont : *Au seuil de l'espoir*
(1897), *Hiers bleus* (1904), *Vers la fée Viviane* (1908).

Anna de NOAILLES (Comtesse Mathieu de Noailles) (1876-1933)
Poète et romancier, amie de Valéry, elle eut beacoup de succès avec son premier livre, *Le Cœur innombrable* (1901), qui fut couronné par l'Académie française. Parmi ses œuvres on notera *L'Ombre des jours* (1902), *Les Eblouissements* (1907) et *Les Vivants et les Morts* (1913).

Maurice du PLESSYS (1864-1924)
Cet homme de lettres fin et érudit collobora avec Anatole Baju aux débuts du *Décadent*, puis devint le co-fondateur, avec Moréas et Raynaud, de l'école romane.

Pierre QUILLARD (1864-1912)
Fondateur (avec Maeterlinck et Saint-Pol-Roux) de la petite revue *La Pléiade*, ce poète, traducteur et chroniqueur fut au centre du symbolisme naissant : il collabora à de nombreuses revues et publia un des premiers articles sur le théâtre symboliste. Sa pièce *La Fille aux mains coupées* (1886) demeure un des meilleurs exemples du théâtre symboliste, et ses recueils de poèmes – *La Gloire du Verbe* (1890) et *La Lyre héroïque et dolente* (1897) – sont parmi les meilleurs exemples de l'esprit et de l'atmosphère de l'époque. Il s'intéressa à la politique, et consacra ses énergies après 1900 à la cause arménienne.

Ernest RAYNAUD (1864-1936)
Collaborateur du *Décadent* sous plusieurs pseudonymes, Raynaud publia quelques faux poèmes Rimbaud qui abusèrent nombre de lettrés. Ses principaux recueils d'inspiration symboliste sont : *Le Signe* (1887), *Chairs profanes* (1889) et *Les Cornes du faune* (1890). On lui doit de beaux livres de souvenirs et de critiques, dont *La Mêlée symboliste* (3 volumes, 1918-22), *Souvenirs de Police* (1925 ; 1926) et *Baudelaire et la Religion du dandysme* (1918).

Henri de RÉGNIER (1864-1936)
Habitué des mardis de Mallarmé, en disciple (mais sans
être imitateur), Régnier mena une longue carrière, passant
de la mélancolie et de l'imprécision symboliste et décadente
à une poésie plus classique. D'une grande finesse technique,
il pratiqua avec succès le vers libre, et ses *Odelettes* furent
remarquées par le jeune Ezra Pound. Il fut élu à l'Académie
française en 1911.

Adolphe RETTÉ (1863-1930)
Poète et chroniqueur, Retté débute parmi les symbolistes
et finit par devenir un critique virulent de Mallarmé et
de ses disciples. Parmi ses œuvres notons surtout : *Cloches
dans la nuit* (1889) et *Thulé des brumes* (1891).

Arthur RIMBAUD (1854-1891)
Après un développement poétique prodigieux, Rimbaud
termine sa vie de poète en 1874, lorsqu'il part pour
l'Afrique, à l'âge de vingt et un ans. L'œuvre de cette figure
emblématique du poète maudit fut révélée au grand public
par *La Vogue* en 1886, bien après la fin de sa carrière
littéraire.

Georges RODENBACH (1855-1898)
Mort la même année que son grand ami Mallarmé, ayant
été le condisciple de Verhaeren à Gand, ce poète belge vécut
à Paris, d'où il évoqua, en prose et en vers, les grandes villes
de son pays natal. Son roman *Bruges-la-Morte* (1892)
demeure un des grands livres du symbolisme. Sa poésie,
d'après Anatole France, peint « l'âme des choses ». Il est
aussi l'auteur de contes et de nouvelles. Ses principaux
recueils sont : *Le Règne du silence* et *Les Vies encloses*.

Paul-Napoléon ROINARD (1856-1930)
Poète, critique et dramaturge, bohème à tendance
anarchisante, on doit à Roinard une des plus spectaculaires
représentations du théâtre symboliste : *Le Cantique des*

cantiques (1891), où il utilisait des parfums comme moyen d'évocation scénique. Avec Apollinaire et V.-E. Michelet, il publia *La Poésie Symboliste* en 1909. Signalons son recueil *La Mort du Rêve* (1902), et *Nos Plaies* (1886).

Maurice ROLLINAT (1846-1903)
Ses poèmes décadents, d'un baudelairisme théâtral, lui valurent un succès public dans les cabarets où il chantait ses poèmes. Son apparence physique contribua beaucoup au succès de ses représentations, et il impressionna Victor Hugo, qui lui trouva un grand talent. Son recueil principal, *Les Névroses*, parut en 1883.

SAINT-POL-ROUX (1861-1940)
Poète, dramaturge et théoricien de l'idéoréalisme, Saint-Pol-Roux est un des auteurs les plus ambitieux du symbolisme. Fondateur avec Maeterlinck et Quillard de *La Pléiade* et collaborateur du *Mercure de France* à partir de 1890, il publie en 1899 *La Dame à la faulx*, une des grandes pièces du symbolisme. En 1925, les surréalistes le revendiquent comme un de leurs précurseurs et maîtres, et lui consacrent un hommage collectif. En 1936 il assiste à la célébration du cinquantenaire du symbolisme. Ses œuuvres principales sont : *L'Ame noire du Prieur blanc* (1893) *Les Reposoirs de la procession* (1893), *La Rose et les épines du chemin 1885-1900* (1901), *Les Féeries intérieures 1885-1906* (1907), *Anciennetés* (1903).

Albert SAMAIN (1858-1900)
Poète à tendance mélancolique et crépusculaire, Samain résume par son œuvre toute une partie de l'atmosphère symboliste : mystique, suggestive, languissante et éprise du vague. Francis Jammes préfaça ses *Œuvres choisies* en 1928, et Ezra Pound fut temporairement charmé par *Au Jardin de l'infante* (1893), son recueil le plus célèbre. Il est également l'auteur d'*Aux flancs du Vase* (1898) et du *Chariot d'or* (1901).

Marcel SCHWOB

Grand érudit, conteur, critique et chercheur, Schwob écrivit aussi des poèmes accomplis et des vers en argot. Il est l'auteur, notamment, des *Vies imaginaires*, du *Roi au Masque d'Or*, du *Livre de Monelle* et d'études critiques qu'il réunit sous le titre de *Spicilège*. Ses œuvres complètes paraîtront aux Belles Lettres en 2002.

Fernand SEVERIN (1867-1931)

Ami de Van Lerberghe, ce poète d'origine namuroise collabora aux grandes revues de l'avant-garde belge – *La Wallonie, Floréal, Le Coq rouge* – et, en 1922, il publia une étude sur Van Lerberghe. Son principal recueil est *Poèmes ingénus* (1899, qui reprend ses trois premiers livres).

Emmanuel SIGNORET (1872-1900)

Disciple de Mallarmé, marqué par le désir de fusionner le classicisme et le christianisme, Signoret publia en 1891 *Le Livre de l'Amitié*, suivi des *Vers dorés* en 1896 et du *Tombeau dressé à Stéphane Mallarmé* en 1899. Gide préfaça ses *Poésies complètes* en 1908.

Robert de SOUZA (1865-1946)

Poète, occultiste et écrivain hermétique, ses œuvres poétiques principales sont : *Fumerolles* (1894) et *Sources vers le fleuve* (1897). On lui doit aussi une série de livres importants sur l'hermétisme.

Laurent TAILHADE (1854-1919)

Un des satiristes les plus redoutables de sa génération, Tailhade fut l'auteur de nombre de poèmes sérieux, et fut encouragé dans ses premières tentatives par Théodore de Banville. Il écrivit pour de nombreuses revues, souvent sous pseudonyme (et par exemple « Mithrophone Crapisson »). Provocateur, sympathisant anarchiste, Gourmont l'appelait « le bourreau hautain des hypocrisies et des avarices. » Il impressionna Pound, qui l'imita brièvement. Ses principaux livres sont : *Le Jardin des rêves* (1880), *Au Pays du Mufle* (1891, 1894, 1920) et *Poésies posthumes* (1925).

Paul VALÉRY (1871-1945)
Inspiré par Mallarmé, dont il reste un des meilleurs commentateurs, Valéry débuta dans les cercles symbolistes, avant de quitter la poésie en 1892 pour se consacrer à l'études des mathématiques et de la philosophie. Il en rapporta l'*Introduction à la méthode de Léonard de Vinci* (1895) et *La Soirée avec M. Teste* (1896). Il revint à la poésie en 1912. Ses œuvres comprennent : *La Jeune Parque* (1917), *Odes* (1920), *Le Cimetière marin* (1920) et *Charmes* (1922). On lui doit une importante œuvre critique et philosophique, et en particulier ses *Cahiers*.

Charles VAN LERBERGHE (1861-1907)
Condisciple de Maeterlinck et de Le Roy au collège Sainte-Barbe à Gand, Van Lerberghe fait partie de la grande floraison littéraire de la Belgique fin de siècle. Auteur d'un important drame symboliste, *Les Flaireurs*, il écrivit également des *Entrevisions* (1898), et une *Chanson d'Ève* (1904) qui restent parmi les grandes œuvres poétiques du symbolisme. C'est dans la ville de Bouillon, en Ardenne belge, qu'il trouva l'inspiration et le recueillement.

Emile VERHAEREN (1855-1916)
Condisciple de Rodenbach au collège Sainte-Barbe de Gand (où il précédèrent Maeterlinck, Le Roy et Van Lerberghe), Verhaeren devint un des plus grands poètes de sa génération. Ses premiers recueils, marqués par une angoisse psychologique, un pessimisme dramatique et une vision hallucinée, firent esnuite place à une vision d'amour et de progrès. Pionnier du vers libre, il fut l'un des premiers symbolistes à chanter la ville dans toute sa beauté et toute son horreur, et son œuvre inspira, parmi d'autres, les futuristes. Cet auteur prolifique publia, entre autres, les

recueils suivants : *Les Flamandes* (1883), *Les Moines* (1886), *Les Débâcles* (1888), *Les Flambeaux noirs* (1890), *Les Campagnes hallucinées* (1893), *Les Villages illusoires* (1895), *Les Villes tentaculaires* (1895), *Les Visages de la vie* (1899). On lui doit aussi plusieurs livres de prose et de critiques d'art, notamment les trois volumes d'*Impressions* et des essais sur l'art flamand.

Paul VERLAINE (1844-1896)
Sans doute le poète qui a le plus marqué sa génération, Verlaine refusa toujours d'admettre la valeur des étiquettes littéraires, et feignit d'ignorer le sens du mot « symbolisme ». Auteur des *Poètes maudits* (1884) il devint lui-même un symbole des aléas de la vie du poète. Refusant le vers libre, il travailla à assouplir le vers conventionnel, et son poème « Art Poétique » est un poème-manifeste des nouvelles tendances poétiques.

Francis VIELÉ-GRIFFIN (1864-1937)
Né à Norfolk, en Virginie, ce fils d'un général américain eut pour maîtres Verlaine et Mallarmé. Habitué des mardis de Mallarmé, il fut au centre du groupe symboliste. Collaborant aux grandes revues de l'époque, il entreprit de promouvoir le vers-libre, qu'il déploie avec une délicatesse et un rythme très fins. Il évolua vers un poésie plus classique et d'inspiration chrétienne après 1898. Il est également auteur d'une pièce de théâtre, *Ancaeus* (1887).

Renée VIVIEN (Pauline Tarn, 1877-1909)
Née à Long Island d'un père anglais et d'une mère américaine, Pauline Tarn écrivit une poésie marquée par la limpidité, le classicisme et une inspiration saphiste. Elle fut très prolifique, et parmi ses plus importants recueils, on mentionnera les trois premiers : *Études et préludes* (1901), *Cendres et poussières* (1902) et *Brumes de fjords* (1902).

REMERCIEMENTS

Nous remercions les éditeurs et ayants droit qui nous ont autorisés à reproduire les textes des auteurs suivants:

Paul Claudel, *Œuvres poétiques complètes,* © Gallimard.

Paul Fort, *Ballades françaises* et *Ballades du beau hasard,* © Flammarion.

Georges Fourest, *La Négresse blonde,* © Librairie José Corti.

René Ghil. Les ayants droit de l'auteur n'ayant pu être retrouvés, leurs droits sont réservés chez l'éditeur.

André Gide, *Les Poésies d'André Walter,* © Gallimard.

TABLE

478

Cet ouvrage
publié aux Éditions Les Belles Lettres
a été achevé d'imprimer
en novembre 2001
par Normandie Roto Impression s.a.
61250 Lonrai

N° d'éditeur : 3994
N° d'imprimeur : 012800
Dépôt légal : novembre 2001